デヴィッド・A・ナイワート

ストロベリー・デイズ

日系アメリカ人強制収容の記憶

ラッセル秀子訳

みすず書房

STRAWBERRY DAYS

How Internment Destroyed a Japanese American Community

by

David A. Neiwert

First published by Palgrave Macmillan, 2005

ストロベリー・デイズ　日系アメリカ人強制収容の記憶　目次

謝辞　iv
プロローグ　豊かな大地　1
第一章　ベルビューの開墾　11
第二章　イチゴ農場　61
第三章　ジャップはジャップだ　129
第四章　強制退去　189

目　次

第五章　当たって砕けろ　235
第六章　遠い家路　268
エピローグ　強制収容の記憶と意味　316
インタビュー協力者　338
訳者あとがき　344
原　註　*11*
文献一覧　*7*
事項索引　*4*
人名索引　*1*

謝辞

本書は長年にわたって書かれたものである。当初は、ワシントン州ベルビューの『ジャーナル・アメリカン』紙で一か月の連載記事としてスタートし、その後、本にまとめる作業を続けた。そのため、それぞれの段階で貢献してくださった方々が数多くいる。そのすべての方々を思い出すことは難しく、ここでお名前を挙げられなかった方たちにはお詫びを申し上げるしかない。

ウィング・ルーク・アジア博物館のロン・チュウとスタッフ（特にベス・タケカワ）に深謝する。一九九二年から、最初のインタビュー協力者の大半と知り合うのに大きな役割を果たしてくださった。また、大統領命令九〇六六号が発布された年を記念する展示物を通して大量の調査資料を提供してくださった。

インタビューに協力してくださった方々にも厚く御礼申し上げたい。お名前はすべて巻末の「インタビュー協力者」に記した。かつてベルビューに住んでいた二世を何人も紹介してくれたエド・スグロと、トム・マツオカのインタビューに何度も同席して手伝ってくれたマツオカの娘レイ・タケカワ、ベルビューを何時間も車で回り、当時の農場や建物がどこにあったか教えてくれたアラン・ヤブキに特別に感謝申し上げる。そして、私の延々と続く質問に我慢強く答え、本書をやりがいのある素晴らしいものにしてくれたトム・マツオカに、心より感謝申し上げたい。

また当初、本プロジェクトを始めるにあたって手を貸してくれた『ジャーナル・アメリカン』紙の元同僚、特に元記事編集者メアリー・ロスチャイルドと、元編集者ジャック・メインに感謝する。また、原稿を複数の人に読ませてくれたワシントン大学出版局の編集者マイケル・ダックワース、本書の初稿を見てくれたそのほかの何人もの匿名の同僚に謝意を表する。

ワシントン大学特別コレクション、同大学のマイクロフォーム・新聞コレクションと、政府出版物図書館、また、シアトルの歴史産業博物館（特にロレイン・マコナーギー博士）、オリンピア市のワシントン州公文書記録局のスタッフに厚く御礼申し上げる。

また、本書の上梓に当たって手を貸してくれた、たくさんの方々に感謝する。パルグレーヴ社の編集者ブレンダン・オマーリー、アイリー・スチュアート、アシスタントのメリッサ・ノーザル、同社の歴史編集者のアレッサンドラ・バスターーリ、原稿整理編集者のリック・ディレイニー、索引作成担当のレベッカ・フランチェスカッティ、制作部長のドナ・チェリー。校正者のイヴィー・カラ、キャリー・モナハン、そして特に数多くの版をすべて読んでくれた妻のリサ・ダウリングに感謝する。

最後に、もっとも重要なのは、DENSHO（伝承）プロジェクトとそのスタッフである。特に会長のトム・イケダ、インタビュープログラム・マネージャーのアリス・イトウ、職員のデーナ・ホシデ、レスリー・アライ、ジェフ・フローにはお礼の言葉もない。本書はこの方々のご協力なしでは完成しなかった。

＊

本書を娘のフィオナに捧げる。娘たちの世代が、どうか歴史を忘れないように。

プロローグ　豊かな大地

ジョン・マツオカの小さな農場は、ワシントン州ベルビューにある。畑の土は豊かな黒土だ。ジョンはその土を手ですくい、指のあいだから炭の粉のようにサラサラとこぼれ落ちる様子を見せてくれる。このあたりはかつて湖の水底にあり、その後、湿地帯になった。それだからこの黒土は肥沃なのだ。

「いい土ですよ。この土で何が生まれるかお見せしましょう」

二〇〇〇年の夏に私が農場を訪れたとき、ジョンは見せてくれた。畝に入ってイモを引っ張り、緑の葉を切り取ってからイモを箱に入れる。次の畝、また次の畝へと、〝ラセット〟や〝ユーコンゴールド〟などいろいろな種類のイモを取った。変わった形の紫のイモもあった。

噛みあとがあるイモもあり、目下、頭痛のタネだという。「ネズミですよ。一口だけかじって次のをかじるんだから、ひどいもんだ。被害が大きくなりますからね」。ワナを仕掛けることも考えているが、毒はとんでもないという。「食べ物が汚染されるようなものは絶対に使いませんよ」

箱が一袋分ほどのイモでいっぱいになると、ジョンは箱を置き、隣のトウモロコシ畑に行った。トウモロコシも三種類ほど育てていて、茎の長さで違いがわかる。どの種もジョンよりも背が高い。ジョンはもともと大男ではなかったが、八五歳のいま、おそらく若いころより何センチか縮んだという。

第二次世界大戦当時、ジョンはアイダホ州南部のテンサイ（砂糖大根）農場で働いていた。それは、近くにあった日系アメリカ人収容所を出るための手立てだった。収容所には何千人もの日系アメリカ人が収容されていた。それまでずっと働いてきたような五エーカー（一エーカー＝四〇四六平方メートル）や一五エーカーの畑とは違って、広大な五〇〇エーカーの農場で働くことになったのだ。

「あそこは広かったですね。それから、とにかくたいへんでした。たとえば、ワラを積み重ねる作業とかね。二五キログラム以上も積み上げていくんですよ。向こう側には白人の男が、こちらには私がいて、ワゴンをワラでいっぱいにしていくわけです。いったいどうやってやってるんだい、と白人は聞いてきましたよ。

私がやつほど力持ちじゃないことを向こうはわかってますからね。『熊手をワラの山にぐさっと突き刺してから、尻を地べたにつけて、ワラを飛ばして積み重ねていくんだ』と教えると、なるほどな、と納得してましたね。もちろんやつは、ただ積み重ねていくだけの馬力があるわけです。でも、私は同じようにはできないとわかってましたから」

ジョンは思い出して笑った。

彼は背を伸ばして茎のあいだに分け入り、トウモロコシを四つ慎重に選んで切り取った。箱があるところに戻ると、トウモロコシをなかに入れて、「晩ごはんにしなさい」と箱をさし出してくれた。根っから優しい人なのだ。

サマミッシュ湖上方の段丘にあるジョンの農場はどう見ても狭く、およそ四エーカーほどにしかならないが、ジョンは最大限に活用している。イモやトウモロコシのほか、レタス、キャベツ、キュウリも育てている。大量に収穫できるわけではないが、とびきり優れた品質だ。ジョンは取れた作物を、地元の高級スーパーマーケット・チェーン〈QFC〉に売る。「うちで作ったものをすべて買ってくれるんですよ」

ジョンはレタスを掘り起こし、ナイフを取り出して上半分を切り落とす。レタスの芯がむき出しになる。真ん中の茶色い点を指して、七月四日あたりにこの地域を襲った熱波のせいだと教えてくれる。この年は、どのレタスを売るべきか慎重に選ばなければいけなかったが、どれが売り物にならないか、見分ける術を身につけた。買う人を満足させるために、最高のレタスしか売らないのだ。

ジョンは昔からそういうやり方をしていた。狭い土地で質の高い作物を作り、隣の農家よりも優れた農家になる。そうすることによって、うまくやって来た。ほかの日系アメリカ人も同じだった。

戦時中、ジョンはほかの農場でも働いていた。これも収容所の外に出るための手立てだった。アイダホ州南部にあった巨大なミノドカ収容所を出て、妻と一緒にミシガンの田舎にある農家に移った。古い友人が紹介してくれた働き口だった。この農家は養鶏をおもに扱っていたが、畑をやってくれる人手を探していた。ジョンはこの農場で小作農をすることに決めた。

ジョンにとって、これは新しい経験だった。最初の一年は零細食品店とのネットワーク作りを学ばなければいけなかった。それまでは、取れた作物を包装作業用の小屋に運ぶだけで良かったからだ。ジョンは新しいやり方をすぐに身につけた。

二年目はトマトが大量に実った。地元の農村青年教育グループ〈4Hクラブ〉の若者を雇って、早めに収穫させた。まだ青いままの実も取るなら、赤い実をいくらでも持って行っていいという約束を聞いて、近所の農家は首をかしげた。

これには理由があった。「最初の霜は九月の第一週に降ります。それまでには青いトマトを取って納屋にぜんぶしまっておくんです。ものすごい量ですよ。霜が降りるとトマトはダメになる。ほかの作物を売っていたとき、菜園を持っている小売店の男が、うちもトマトを作ってるんだと言ってました。でも霜が降りて、茶色いブツブツができてしまう。そこからすぐに傷んできて、食べないと駄目になってしまうんです。その小売店の男が、どうして茶色くなったんだろう、と聞いてくるので、霜にやられたんだよと教えてやりました。来週にはうちのトマトが熟すからそのときにまた見せてやるよと。

それで次の週、うちのトマトを見せたんです。なんでおたくのは傷んでなくて、うちのは茶色い斑点があるんだろう、そう言うのでこう答えました。おたくは売るのが専門だけど、私は作るのが専門だからね、と。

トマトは一三キロ用の箱に詰められるんです。青いトマトを摘み取ったときは一箱二ドルでした。それが霜が降りた二週間後には、一箱一八ドルにつり上がったんです。

ものすごく儲けましたよ。そうなると、味をしめてね。トウモロコシの貯蔵庫に、干したタマネギもあったんです。…ほかの日系人農家が、うちのトラックを使いたいと言ってきた。どうぞ使ってくれ、その代わり一月に入ったらすぐに、うちの干しタマネギを売ってくれ、値段はいくらでも構わないから、と答えました。一一月のことでした。干しタマネギの値段は一月には二倍になったんです。それでまた儲けたもんですよ」思い出して、ジョンは笑った。

ここベルビューでは、一九五〇年から農業をやっている。当時はもっと広い四〇エーカーの農場で、それで生活をしていた。五〇年代後半からは趣味になった。農業をやめてベルビューの郵便局で働き始めたからだ。地主のアルモンド・デスモンドも、農業をやめることに決めた。

「夏には、時間がたっぷりありあまることはわかってました。それで、アルモンド、うちの子たちはもう畑はやりたくないらしいから、やめなきゃならない、と言ったんです。でも、四エーカーほどちょっと土いじりしたいから売ってくれないかと。そうしたら、ほしいだけ取ればいい、いくらでもいいよと言ってくれてね。それで四エーカーの土地を借りることにして、郵便局で仕事を始めました。隅から隅まで耕しましたよ。どうやってあんなことができたのか、自分でもわかりません」

当時、畑は小さな湖と湿地の隣にあった。公園用の土地として理想的で、最終的には公園になった。ジョンの地主はベルビュー市になった。

「地主のアルモンドは三年間税金を払った。それから市の公園管理部が湿地にするから低地を買いたいと言ってきたんです。アルモンドは税金を払わなくていいように売ることにしました。そのときに、ジョンが畑をやれるなら、と条件を出してくれた。だから私はいま、土地代を公園管理部に払ってるんですよ。

当時、私がやめたらどうするんですかと聞いたところ、湿地にする、と言われました。でも、農地はあまりないので需要が大きいんです。だから、ここはそのまま畑にすることにしたそうですよ。借りたい人は借りられるように。嬉しかったですよ。こんないい土地を湿地にするのはもったいないですからね。とびきりの作物ができますから」

ジョンが最後に畑に出たのは二〇〇〇年の夏だった。その秋、五〇年間続けた農業をやめることに決めて、土地をベルビュー市の公園管理部に返した。

この古い農場を残すべき理由はもう一つある。ここはかつてのベルビューの面影をそのまま残している場所なのだ。農場のまわりの風景を見てみると、そのコントラストがはっきりとわかる。

かつてここにあった森やほかの農場は姿を消した。この農場とファントム湖の小さな公園のまわりには、広大な住宅地が広がっている。家のほとんどはこの二〇年のあいだに建てられたものだ。どれも画一的なデザインで、同じような家に見える。かなり裕福なことがうかがえる区画もある。だが、シアトルによく見られるようなビクトリア調の優雅な大邸宅は、ベルビューにはほとんど見られない。嫌になるほど現代的な風景だ。このだだっぴろい住宅地は、この五〇年間のベルビューを象徴している。それは、ワシントン湖にかかる浮橋を渡ってシアトルに通勤する人たちが住む、郊外都市だ。

もう少し広い地域を見渡してみると、ベルビューはただの郊外都市ではなく現代的なメガロポリスだということがわかる。ダウンタウンの中心地にはミラーガラスのきらめく三〇階建ての建物が立ち並んでいる。それはワシントン湖の西側、わずか何キロかのところにある大都市シアトルの風景を形作る、巨大な高層ビルの縮小版だ。道路は片側五、六車線にも広がり、高速道路はたくさんの車線や出口、ランプがあり、この街を北と南に分けている。北側の端にはマイクロソフト社の建物が広がっている。世界でもっとも強大なソフトウェア企業で、一万人以上の社員がここで働いている。ベルビューにはほかにも大小のハイテク企業がたくさんある。その社員のほとんどはイーストサイド地域に住んでいる。イーストサイドとは、シアトルの住民がワシントン湖の東側の地域に付けた呼び名だ。ワシントン湖は五〇キロメートルほどの長さの湖で、その西岸はシアトル全体に広がっている。

イーストサイド地域のなかでも、ベルビューは特に魅力的だ。同地域には、ほかにもカークランド、レドモンド、レントンの大半、イサクア、ボセル、ウディンヴィルや、サマミッシュ高原の外端部などがある。ベルビューはこの郊外地域一帯のビジネスと文化の中心地で、それがベルビューのアイデンティティだ。

ベルビューは『ワシントン・ポスト』紙のコラムニスト、ジョエル・ギャロウが「エッジシティ」と呼んだ現象を体現している。かつて郊外だった地域に沿ってできた現代的な都市だ。ギャロウの説明そのまま、住宅地というよりはウィークデイの労働人口を抱え、オフィス街になっている。地元では、仕事やショッピング、娯楽など、いろいろな活動の中心地としてみなされている。オフィススペースは四六万平方メートルで、小売店の総面積は五万五〇〇〇平方メートルだ。三〇年前は住宅と田舎の混じった地域だった(1)。

ベルビューはほかの都市と同じように、その都会としての短い歴史を振り返ったとき、そこに住む人種の画一性が目立っている。まるで意図的にそう作られたかのように白人がほとんどだ。だが、この街を都市に変身させたのと同じ力が人種構成を変えた。大勢のマイノリティがここに押し寄せ、いまベルビューは過去最大のマイノリティ人口を誇っている。

二〇〇〇年の国勢調査によると、ベルビューの全人口一〇万九五六九人のうち、白人人口は七四・三パーセントだ。一九九〇年の国勢調査当時は八六・五パーセントが白人だったから、目に見えた変化がある。マイノリティのうちもっとも多いのはアジア系で、九〇年の一〇パーセント以下から上昇して、人口の一七・四パーセントを占めている(2)。

ベルビューの商業地域の中心、ベルビュー・スクエア・ショッピングセンターを少し見てみれば一目瞭然だ。ここはイーストサイド地域のなかで、もっとも老舗の高級ショッピング街だ。アジア系が目立って増えていることがわかる。大半の人は、かつてこの地域が白人の郊外社会だったことを覚えている。いまショッピングモールでは、毎年、「日本祭り」が開かれ、アジア系アメリカ人の老若男女があふれる。

この二〇年間、ジャパンマネーはベルビュー変遷に重要な役割を果たしてきた。アメリカ任天堂の本社がベルビューにあることが大きな理由だ(マイクロソフトの隣にある)。任天堂の重役はベルビューに住んでいる人が多い。社員もイーストサイド地域に住んでいるため、彼らのカネがこの地域に落とされる。また、日本の企業はダウンタウン中心街の主なプロジェクトづくりに関わってきた。ベルビュー・スクエア・ショッピングセンターの所有者で開発業者のケンパー・フリーマンの手を借りて。

現在見られるこのようなベルビューの風景は、皮肉であり、ある種の〝正義〟が感じられる。ベルビューが白人色の強い街として知られるようになる前、ここは「ジャップタウン」として知られていた。当時、ベルビューのアイデンティティは、有名なストロベリー・フェスティバルを基盤として、イチゴを育てて売っていた人たちと切っても切れないものだった。日系アメリカ人のコミュニティは、ベルビューを形作り、経済の活力を生み出した。彼らが開墾したから、ここは人が住めるような土地になったのだ。根深い人種差別と陰謀説という化け物が生んだヒステリアのなか彼らが追い出されたとき、この街は当時の特徴をほとんど失ってしまった。このとき日系人を追い出した主な人物の一人は、ベルビューという街を作り上げ、ベルビュー・スクエア・ショッピングセンターを作ったミラー・フリーマンだった。同センターの現在のオーナー、ケンパー・フリーマンは彼の孫だ。

さらに重要なことは、ベルビュー開発の要の時期において日系人が強制的に立ち退きを命じられたことによって、この街が、片田舎から主に白人が住む現代的な郊外の街になったという点だ。それは一部は計画によって、一部は歴史のいたずらによって起きた。二〇世紀はじめによく見られた人種差別は、経済競争と資本主義的社会ダーウィン主義とかたく結びついていて、見分けがつかないこともある。これに相まって政府の取った過剰な措置と大衆のヒステリアが、地域と共存し活力に満ちていたマイノリティのコミュニティを葬ってしまった。

第二次世界大戦当時の日系アメリカ人収容は正しかったのかどうか、近年議論が起きている。とりわけ、二〇〇一年九月一一日に起きた同時多発テロがきっかけで、国家の安全を確証するために「人種プロファイリング」に頼ろうという生々しい欲求が生まれた。ベルビューの日系人農家たちの物語は、はっきりとした明確さと現実を持って、この議論に血肉を与える。それは、一九四二年、アメリカ政府が日系人に対して行なったことは、戦時中の国家資源をばかばかしいほどムダにし、憲法の精神を傷付けただけでなく、倫理的、公民的、そしてあらゆる面で、恐ろしい過ちだったという事実だ。

集団的な有罪推定という憲法違反にもとづき、何千という国民の生活と仕事が根こそぎにされた。アメリカを愛する忠実な国民に、敵性外国人というレッテルが貼られ、辱められた。持ち物や財産、仕事が奪われ、ひとかけらの補償さえ提示されなかった。家族がばらばらになり、その固い絆が壊され、ベルビューにあったような日系人のコミュニティが崩壊した。

本書は、そのようなコミュニティの衰退の物語だ。当時の平均的な日系人の生活を描いたものになっている。一九四二年春、強制的に退去させられたほとんどの日系人は農業に携わっていたからだ。一世の七割ほどが農業に従事し、二世の大半も農業かその運搬関係を行なっていた。

ジョン・マツオカの農場は、当時の面影を残す最後の一片だ。当時、片田舎だったベルビューには、日系人のコミュニティが広がっていた。小さな農場で、白人の隣人たちとなごやかに共存し、ほかのアメリカ人と同じようにアメリカンドリームを信じ、よりよい生活をめざして汗水を垂らし働いていた。ジョンの兄、トム・タケオ・マツオカもその一人だ。

日系人収容は、そのすべてを永遠に変えてしまった。西海岸全域で数十年のあいだ、豊かな作物を地域の白人に提供していた小さな農業コミュニティはほとんど壊滅し、現代的な郊外がいやというほど広がるようになった。ある意味でそれは〝発展〟だったともいえるだろう。だが、倫理と公民権が、その犠牲となったのだ。

第一章　ベルビューの開墾

トム・マツオカがベルビューで築いた暮らしは、ある日いきなり断ち切られてしまった。マツオカは、ベルビューで最初の日系人社会が根付き始めたころにやって来て、町の発展に大きな役割を果たした。アメリカで生まれ、日本で教育を受け、またアメリカに戻ったいわゆる「帰米」で、農家の娘を妻にした。妻と二人で、ベルビューのあるイーストサイド地域の農業を発展させて、日系人社会の牽引役になった。ベルビューはマツオカにたくさん楽しい思い出を与えてくれた地だった。

だがマツオカにとってベルビューのもっとも鮮烈な思い出は、そこに住んだ最後の日、一九四一年一二月七日のできごとだ。六〇年以上も前のその日をマツオカは昨日のことのように覚えている。時間というものは伸縮自在だ、とは彼のお気に入りのセリフだ。「少し前に起きたことのような気もするし、ずっと前のような気もするんですよ」。九八年の生涯がいかにあっという間に過ぎたか考えると、唖然としてしまうという。

いまマツオカはワシントン州南西部、コロンビア川の近くにあるリッジフィールドという小さな町で、静かな余生を送っている。自らの手で作り上げた街ベルビューから二七〇キロメートルほど離れたところだ。年を取って足元がおぼつかなくなり、ささやかな家の庭をゆっくりと慎重に歩く。だが頭ははっきりしていて、昔のことを実によく覚えている。いきいきと踊り出すような目をして、昔話をしてはよく微笑む。長年、日光や風雨のなか働いてきたにもかかわらず、肌は不思議なほどなめらかだ。あらゆる天候に長年さらされた銅像のように。

マツオカは町のはずれの小道にある、小さな家に住んでいる。かつては、いろいろな作物を作り出した広い庭で、土いじりをして一日の大半を過ごしていた。その後体がきつくなり少し庭を小さくして、九〇歳を過ぎてからは、ほとんど家のなかで一日を過ごしている。部屋のなかは、この一世紀の思い出の品でこまごまと飾られている。

小さな庭でも、マツオカはものを育てるのがうまかった。ここリッジフィールドに住む前、五〇年ほどいたモンタナ州では、農場をやっていた。

ベルビューに住んでいたのはその前のことだ。若いころ、ワシントン湖をはさんでシアトルの対岸にある、小さな農業の町ベルビューにやって来た。結婚して子どもを育て、商売は繁盛していた。コミュニティのリーダー的存在で、人々の尊敬を集め、日系人と白人、何百人もの人に頼られていた。野球とバスケットボールのチームをまとめ、コーチをしていた。ベルビューで栄えていた作物の州外輸出業界の中心的な存在だった。

だがそれはすべて、ある真夜中、ドアを叩く音で終わりを告げてしまった。

＊

トム・タケオ・マツオカ。1998年、ワシントン州リッジフィールドの自宅で。
（デヴィッド・ナイワート撮影）

トム・マツオカのベルビューの記憶は遠いものになってしまった。だがマツオカは、イーストサイド地域の日系人コミュニティと、それがベルビューの黎明期で果たした役割を体現する存在だ。この地域の歴史が語られるとき、日系人コミュニティの存在に触れられることはほとんどない(1)。けれども当初、まだ自治体として認可されていなかったとき、ベルビュー人口の一〇から一五パーセント以上は日系人が占めていた。一九四一年、ベルビューの全人口は二〇〇〇人弱で、そのうち六〇世帯三〇〇人以上が日系人だった。ワシントン州の田舎でピュージェット湾地域とヤキマ近辺以外では、このようなマイノリティの存在は珍しかった(2)。

日系人は数こそ少なかったが、ベルビューの発展に大きく貢献した。何よりも、切り株だらけの地を農地に変えることによって、日系人はこの土地を人間が住めるようにした。そして、開墾した地で作った農場と作物は、ベルビューの最初のアイデンティティを作り上げた。

一八九〇年代、日本からはじめて移民がここにやって来たとき、ベルビューはうっそうとした原生林だった。この森はワシントン湖の対岸にあるシアトルの主要産業、伐採業を引きつけた。伐採は厳しく危険な労働だったが、仕事の口がたくさんあり、白人男性の労働人口が不足していた。そこで登場したのが、日本人移民だ。

アジアからアメリカに最初にやって来た移民は中国人だった。一八四九年のカリフォルニアのゴールドラッシュに引かれてやって来た中国人は、当初は大歓迎された。真面目に働き、金鉱キャンプで大切な役割を果たしたからだ。金《きん》を求める人たちと競合するのではなく、金鉱キャンプに必要な洗濯、食料、そのほかの労働を提供した。(3) 中国人の存在は不可欠だと考えられ、カリフォルニアの知事に称えられ、公的な催しなどにも顔を出すことが望まれた。中国人の労働は、西部の鉄道建設にも欠かせなかった。だが、その歓迎ムードも、金《きん》がなくなると消えた。ヘンリー・キットレッジ・ノートンは、次のように書いている。

何千人ものアメリカ人が金鉱に押し寄せた。地表近くにあった金《きん》はすぐになくなった。新しくやって来た者は、それまで来た者たちのように、数日でひと財産を築き上げるようなことはできなかった。カリフォルニアは評判通りの黄金の夢を叶えることができなかった。黄金を求めてやって来たアメリカ人は落胆した。そしてその感情をともに働いていたほかの人種の男たちにぶつけ、彼らが富を盗んでいると非難し、カリフォルニアの黄金は自分たちのものだと図々しくも主張した。「アメリカ人のためのカリフォルニアを」というスローガンがあちこちで叫ばれた。(4)

さらに一八六九年、記念の金の釘が最後に打たれて完成したセントラルパシフィック鉄道によって、すでにあふれかえっていた労働市場にたくさんの中国人労働者が入って来た。中国人を競争相手ととらえた人々の反感はさらに強くなった。一八六二年にはサンフランシスコで反苦力《クーリー》クラブが作られていたが、その後サンフランシスコ全体にまるで病原菌のように広まっていった。

一八七〇年近くになると、カリフォルニアの人口の一〇パーセントが中国人になった。そして反感はさらに悪化した。はじめての大がかりな「反東洋人」集会が一八七〇年七月にサンフランシスコで開かれた。反中感情を煽動することはカリフォルニア州でもっとも大切な課題となった。それから一二年間、この動きは勢いを増した。そのほとんどは、中国人労働者の問題を利用して労働者運動を始めようとしていた者たちが煽動した。これが高じて一八八二年の中国人排斥法が生まれ、中国からの移民が禁じられた。(5)

東洋人はすべて、アメリカ国民になることをすでに法で阻まれていた。一七九〇年の帰化法で、帰化は「自由な白人」のみに許されると明記されていた。もともとこの記述は、黒人とアメリカ先住民が市民権を得られないようにするものだった(一八七〇年、議会が帰化の法律を改定して黒人は帰化できるようになった)。だがアメリカに移民しようとする東洋人にも同じような熱心さをもって適用された。もちろん、移民の子どもでもアメリカで生まれた者はアメリカ市民権を得られる。だが移民である親は市民権を持つことは禁じられている。この生地主義の問題は、反東洋人運動において、のちに大きな役割を果たすことになる。

白人が優れており、人種隔離が必要だという考え方は、中国人を排斥しようとする主張の裏に常にあり、それが明言されることも多かった。集会の演説で、人々は「純粋な人種」や「西洋的社会」たるものを訴え、東洋人は劣った人種であるとして、性的な理由をほのめかしながら、もっとも恐ろしい脅威だと主張した。さらに生来、油断がならない人種なのだと訴えた。一八七八年に配布された〈労働騎士団〉のパンフレットでは次のように書かれている。

その勤勉さ、慇懃さ、一見子どものような無邪気さと、比類のない忍耐強さと事業における鋭い感覚によって、中国人はいつでも勝者である。白人がどのように警戒したとしても、中国人はそのまわりくどいやり方で必ず勝つ。S・ウェルズ・ウィリアムズ博士は、優れた著作『ミドル・キングドム（未訳）』で、中国人の不誠実さについて次のように記している。「中国人は、真実を述べることをいかに軽んじているか。彼らと暮らすなかで、それはまさに試練である。これほどまでに虚言でかためる人種にどのような惨状が起きようと、無関心にならざるを得ない。誰に対しても疑いの目で見ることが常となり、彼らの幸福を願うあたたかな気持ちは冷え込んでしまう。彼らの長所は遠く忘れ去られ、このような罪の子たちと日々付き合い争うことで、忍耐力はすり切れてしまう」(6)

厳しい言葉は行動を伴った。中国人に暴力が振るわれた。少年たちは中国人の弁髪を引っ張ることが、面白いいたずらだと小さいころから教わっていた(7)。暴力、殺人、暴徒による暴力なども数多く見られた。もっとも悪名高いのは、一八七一年、ロサンゼルスの小さな町で一晩じゅう暴力沙汰が起き、二〇人の中国人が撃たれ、首吊りにされた事件だ(8)。

中国人は、当時準州だった西海岸のオレゴンやワシントンにも移ってきた。そして間もなくこれらの州でも排斥運動が起きた。ワシントンでは、排中運動は一八八五年から八六年に最高潮を迎えた。準州議会で中国人が土地を所有することを禁じる法律が可決された。この新たな法律をかさにシアトル地域の排中派は、パイオニア・スクエアの赤線地区の東にあった、シアトル周辺ではじめて作られた中国人街に住む中国人三五〇人すべてを追放するよう、シアトル市当局に要求した。排中派は、労働者、革新主義者、国粋主義者、空想的社会主義者が主だった。トーマス・バーク判事やヘンリー・イエスラー市長などは、冷静に対応することを呼びかけた。だが彼らも、中国人は法的措置によって出て行かなければならないと同意した。

地域の排中派は、このやり方はまどろっこしいと考えた。そのなかには、のちに〈オリンピック半島ピュージェット湾地域コーペラティブ・コロニー〉を創設した空想的社会主義者、ジョージ・ベナブル・スミスもいた。(9) 一八八六年二月七日、暴徒がシアトルの中国人ほぼ全員を引っ張り、メイン通りのはじまりにある埠頭にまとめて、出航する蒸気船に乗せようとした。だが、埠頭で地元の警察と国防市民軍が排中派とかち合い、恐怖に震える中国人の強制退去をとりあえず一日引き延ばした。

翌朝、二〇〇人以上の中国人がサンフランシスコに向かって出発した。ほかの約一五〇人は六日後に出発予定の船に乗るため、待機することになった。当局が彼らを家に連れて帰ろうとしたところ暴徒が爆発した。警察が発砲し、暴徒のうち五人が負傷して、一人は死亡した。州知事とグローバー・クリーブランド大統領によって戒厳令が敷かれた。

数週間以内に、シアトルの中国人はほとんど去り、やっと騒ぎはおさまった。生まれたばかりの中国人コミュニティは、とりあえずほとんど消滅してしまった。(10)

＊

こうして中国人移民が排斥されたため、西海岸で安い労働力の需要が高まりほかの東洋人が入って来た。特に日本人はその例だ。日本は二〇〇年のあいだ鎖国をしていたが、よく知られているように、一八五三年、ペリー提督の来航で開国した。その後、徳川幕府が倒され、明治維新（一八六八〜一九一二年）が起きた。天皇制が「復古」し、日本は封建社会から近代国家へと変遷した。明治維新は社会的、経済的な混乱を招き、特に田舎では、政府の徴兵制度はきわめて不評で、移民をしたいと希望する者も出てきた。だが、海外移民のほとんどは、日本で長く見られた国内の移住のパターンと、新政府が海外に目を向けて外国と交流しようと意識的に決めた（というよりは「決意」した）ことが合わさったものだ。一八六六年、日本政府はその扉を開けて、国民がアメリカに行くことを許可した。当初は海外に渡航できたのは留学生だけで、軍艦と軍砲づくりを学ぶのが主な目的だった。だが一八八四年、中国人排斥法が施行された二年後、一般の労働者も渡航できるようになった。それはサトウキビ畑の労働者を必死に求めていたハワイの移民委員会の嘆願によるところが大きかった。

こういった移民はほとんどが男性で、日本で何百年も昔から見られた「出稼ぎ人」だった。そして出稼ぎと同じように、移民の最初のグループは水呑百姓だった。田畑を所持する本百姓とは違って、各地を渡り歩く、土地を持たない百姓だ。水呑百姓の家族の絆は安定しておらず、それが村から村へと移る一つの原因になった(11)。

したがって、日本政府がやっと労働者に移住を許した一八八四年、最初にアメリカにやって来たのは、どちらかといえば身軽なさすらい人のような人たちだった。そのほとんどがハワイにやって来た。一八九〇年代に盛んだったサトウキビ産業に引きつけられたのだ。一九〇〇年までにはアメリカ本土の西海岸にも移民がやって来た。特に、鉄道や伐採業、漁業などの仕事がふんだんにあった北西部だ。

この初期の日本人移民のほとんどは、アメリカでひと財産築いてから、最終的には日本に帰るつもりでアメリカに来た。中国人と同じように、一七九〇年の帰化法で帰化することを禁じられていた。その数は多く、一八八〇年、アメリカに住む日本人の全人口は一四八人だったが、一八九〇年には二〇三九人になり、一九〇〇年は二万四三二六人になった。けれども、この数字は同じ時期、北ヨーロッパから来た移民と比べればごくわずかだったことに注目しなければならない。一九〇〇年だけでも北ヨーロッパからの移民は四〇万人もいた(12)。

ハワイに来た日本人は、労働力が深刻に不足していたサトウキビ畑で雇われた。そこから日本人はアメリカ本土に渡り、その労働力が望まれた西海岸で労働市場を見つけた。日本から直接アメリカ本土にやって来た者もいた。西海岸には労働者の契約斡旋も請け負った旅館のネットワークがあり、日本人の若者を積極的にアメリカに誘致して、安い賃金で主に農場で働かせた(13)。一八九〇年代、旅館の大部分は西海岸の北西部にあった。シアトルとタコマには、日本人の大きなコミュニティがあり、賑やかな日本町があった。日本町は白人にジャップタウンと呼ばれ、後年、インターナショナル地区や中国人街として知られるようになった。ベインブリッジ島のポート・ブレークリーなど製材業の町や、ホワイトリバー・バレーのような農業地帯にも日本人のコミュニティがあった。北西部の日本人移民は最終的に南に下ってカリフォルニアへ移り、カリフォルニアの日本人移民の数は膨れ上がって北西部のそれをすぐに上回った(14)。

後年、日本人移民に対して抱かれたイメージのほとんどは、この最初の移民から来るものだ。排他的でアメリカ式のやり方を受け入れず、アメリカにずっととどまろうとは考えず、ひと財産できたら日本に帰ろうともくろみ、その忠誠心は日本にあるのだと。だが実際は、日本国外への移住が許可されてから数年以内に、状況はもっと複雑になった。それは、日本社会のいろいろなレベルから移民がやって来たからだ。けれども、この最初のイメージは白人の持つ日本人のイメージに刻み込まれ、その後起きた人種差別で大きな役割を果たすことになる。(15)

中国人を排斥しようとした動きと同じように、日本や当時の朝鮮からの新しい移民を排斥しようという声が高まった。日本脅威論を唱えた最初の一人はデニス・カーネーだ。カーネーはアイルランドからの移民で、中国人排斥運動のあいだ、つかの間の第三政党となった労働者党のリーダーだったが、以来、表舞台から去っていた。日本人というあらたな脅威をとらえて、彼は排日運動の中心となった。一八九二年サンフランシスコで群衆に向かって、目下起きている移民の波の背後には「外国の高利貸し」がついていると訴えた。また、その後もよく見られたように、東洋人に対する偏執的ともいえる性的偏見を持ち出した。「ジャップは…数えきれないほどやって来て、労働市場を乱し堕落させ、教育を受けている。…それもわれわれのカネで。…われわれは、道徳のない堕落した大人の男が、われわれの娘を堕落させ乱すことを自分の金を使って許しているのだ(16)」。カーネーの運動は実らず、消え去った。

このような意見は、日本人移民がいるところではどこでも盛んになった。ワシントン州では、およそ四〇〇人から五〇〇〇人の日本人労働者がシアトル南のホワイトリバー・バレーに住むようになっていた。当時は酪農や農家が主だった。一八九三年、地元紙『ホワイトリバー・ジャーナル』は「ジャップを止めろ」と題した次のような論説を載せた。

最近、五人から一〇人ほどの日本人が馬のように荷物を抱えて列車から降り、地域の農場に向かう姿がよく見られる。彼らについてまだ知られるところは少ないが、地元で働く者にとっては嫌な光景である。

この新聞の論調ははじめはほとんど影響がなかった。勤勉な日本人を歓迎していた農家が多かったからだ。だが一年後にふたたび「ジャップを追い出せ」と題した論説が同紙に載った。それによれば五〇人ほどが地元の店のある部屋に集まり、日本人労働者の流入について話し合った。もっとも反感が強かったのは、日本人が飢餓賃金で働いていることだった。その結果、ワシントン州で初の排日組織が結成され、今回は効果を上げた。「市民委員会」は、同地域の白人農家はすべて、日本人を一八九四年五月一日までに解雇するという議決を可決した。この議決は広く宣伝された。日本人のほとんどはほかの土地に散らばり、何人かは密やかに生活し続けた。(17)

排日感情はくすぶり続け、一九〇〇年、ふたたび火がついた。それは日本人の存在があまりにもはっきりしたときだった。その年四月、蒸気船の旅順丸がシアトルに到着し、仕事を探しに一〇〇〇人の日本人男性がやって来た。ハースト系の新聞『ポスト・インテリジェンサー』紙は、「小さな褐色の男たち」が、次々とやって来ることを報じ続けた。また、労働組織が連邦当局に排斥法を施行するよう要求していると書いたが、実際には、日本人に対してそのような法律はなかった。(18)

四月二〇日、アメリカではじめて大規模な排日集会が開かれた。シアトルの近く、サウスキング郡の町レントンで一〇〇人以上が集まり、同郡の道路や橋の建設工事に、中国人や日本人の労働者が関わっていることに抗議をする請願書を、郡の行政官に提出した。行政官は、民間の請負業者は誰でも好ましい者を雇う自由があるのだと説明して、請願を却下した。(19)

ひとたび生まれた人種差別の感情は、毒ガスのように漂い続けた。その年、シアトル南にあるワシントン州第二の都市タコマ市の選挙で、排日感情はひと役買うことになる。タコマの労働組合は、東洋人すべてを排斥しようと議会に働きかける運動を始めようとしたが、日本政府が数百万ドル規模の交易を中止して報復措置に出る可能性があることがわかり、取りやめた。それでも、投票所に向かう労働者に「労働者同志よ、注意せよ！　日本人一五〇〇人がなぜタコマにいるかご存じか…ルイス・D・キャンベルがタコマ市長に選出されたあかつきには、日本人は製材所や工場でわれわれ白人の仕事を奪うのだ。キャンベルは雇用主を保護して、そのような暴挙に出る」というビラを白人が配る姿が見られた。この脅し作戦は失敗した。キャンベルは選挙に勝ち、日本人労働者は引き続きやって来た[20]。

選挙を控えたある日、タコマと同じピアス郡にある、近くの田舎町サムナーで起きたできごとは、激しい排日感情が渦巻いていたことを示している。選挙戦の戦術として排日的な発言をしていた地元の政治家に煽られて、白人のグループが日本人の旅館に押し寄せ、「出ていかなければ殺す」と日本人のホップ摘み労働者を脅した。暴徒は屋内で発砲し、武器を持たなかった日本人は逃げまどった。幸い、死者は出なかった[21]。

西海岸全体で噂が飛び交っていた。一九〇二年に改定される中国人排斥法が、狡猾な連邦議会の力によって、弱められるか完全に撤廃されるだろうと。日本人移民について引き続き警鐘が鳴らされるなか、東洋人に対する排斥の声がふたたび高まるのに、機が熟していた。そこにとりわけ熱意をもって登場したのがサンフランシスコ市長ジェームス・デュバル・フェランだった。

フェランは一八六一年、サンフランシスコに生まれた。銀行家だったが、一八九六年に民主党から立候補して、市長に選ばれた。市長としての業績は特に目立ったものではなかった。だが一九〇〇年、同市の保健委員会が中国人街で腺ペストの疑いのある患者を「発見」し、全米の注目を浴びることになった。フェランは検疫を命じ、日本人や中国人の生活環境が原因だと非難した。「腺ペストの恐怖」は全米レベルのメディアで伝えられたため、地元の事業者たちが、商売あがったりだとフェランのもとに詰めかけた。慌てたフェランはたちまち主張を取り下げ、保健委員会が熱心すぎたのだと言い逃れた。保健委員会の検査官が唯一問題視したのは、地元の風呂屋で湯船一つに男が三人一緒につかっていたことだった。これが日本の習慣だと知らなかったためだ(22)。

フェランは一九〇〇年五月七日、サンフランシスコで地元の労働組合が主催した排日集会で演説を行なった。このときの言葉に似た表現は、その後五〇年ずっと聞かれるようになる。

日本人は、われわれが二〇年前に食い止めたと思った移民の波をふたたび生み出している。…中国人と日本人は正規の国民ではない。彼らはアメリカ国民になれるようなしろものではないのだ。…われわれは日本人に対して個人的に反感を持っているわけではない。だが彼らは同化しようとせず、その社会生活はわれわれのものとはあまりにも異なる。それだから適切な距離を置いてもらおうではないか(23)。

フェランは一九〇二年の選挙で敗退したが、その理由は腺ペスト騒ぎというより、労働者問題によるものだった。彼はこれで消えたわけではなかったし、彼が始めた排日運動も消えなかった。一九〇五年はじめ、『サンフランシスコ・クロニクル』紙は市内に日本人が増えていることについてヒステリックな記事を書くようになった。同紙はかつて共和党を牽制する模範的存在だったが、ウィリアム・ランドルフ・ハーストの『サンフランシスコ・エグザミナー』紙と熾烈な競争を始めていた。叫ぶような語調の記事の見出しが見られた。

黄禍――日本人が白人を追い出す？

日本人はアメリカ女性に有害

小器用な褐色の男たちが白人の脳を奪う(24)

このような論調が何か月も続いた。その間サンフランシスコでは、街から日本人社会すべてを駆逐しようとする〈アジア人排斥同盟〉が誕生した。その要綱には「かくのごとく人種、社会、宗教の偏見を持った自惚れた外国人の集団は、深刻な摩擦を起こすことなしに、この国にとどまることはできない」としている。敵意はあからさまだった。「カリフォルニアが白人の土地である限り、アメリカでもっとも偉大なる最高の州であり続けるだろう。だが、この黄金の州に東洋人の苦力が際限なく押し寄せることになれば、カリフォルニアは消滅してしまう」。同団体の機関誌には、そう書かれている(25)。同団体で演説したある者は、こう言っている。「自然の永遠の法則はこう命じている。白人はほかの人種を同化させることはできない。社会の源を乱すことになるからだ(26)」

東洋人に対する排斥の気運は、一九〇六年サンフランシスコ大地震で露骨になった。まずジェームス・フェランは、地元の赤十字と市のいくつかの委員会を使って、地震で崩壊した中国人街を市の南部ハンターズ・ポイントに移す計画の指揮を執った（最終的には成功しなかった）[27]。そして一〇月、市の教育委員会はアジア人排斥同盟から圧力を受け、それまで白人の児童と同じ学校に通っていた日本人の学童はすべて、同市の中国人学校に行くように命じた。日本では、日露戦争の勝利で誇りと軍国気運が高まっていたが、この知らせを受けて怒りがわき起こった。この教育委員会の愚かな決定のせいで日米に不穏な空気が流れ、日米開戦の噂が数週間消えなかった。

ついに、一九〇七年三月、セオドア・ルーズベルト大統領が「紳士協定」を結び、この騒ぎを鎮めた。ルーズベルトは、日本人の学童が引き続き公立学校に通えるように教育委員会を説得する一方で、アメリカに労働者として渡航しようとする日本人に旅券を発行しないよう、日本政府と合意を取り付けた。こうして、アメリカへの日本人移民の最初の大きな波は突然止められた。

このとき例外が一つ設けられた。アメリカにすでに住んでいる日本人は日本から妻を呼び寄せることが許された。このときはささやかで人道的な譲歩だと思われたが、数年内には、これが新たな排日気運の標的になった[28]。

*

排中の動きがカリフォルニアからワシントン州のある北西部に及んだように、排日の動きも北西部に到達した。カリフォルニアと同じように、北西部でも、ある一人のカリスマ的な人物がこの気運の中心となった。その人物とはミラー・フリーマンだ。

フリーマンは中背でスマートな見栄えのいい男で、骨張った顔立ちで鋭い目つきをしていた。根っからの開拓者の出で、一八七九年、ユタ州オグデン（一八七五年、フリーマンはここで生まれた）からモンタナ州バットまで幌馬車で移動中、母親はショットガンの暴発で亡くなった。父親はバージニアの農園主の息子で（彼や親戚は南北戦争で南部軍について戦った）、鉱山の町オグデンで数年間、印刷工房をやった。その後一八八四年、ワシントン州ヤキマに移り、一八八九年、ピュージェット湾地域の町アナコーテスに移った。フリーマンは父親の印刷所を手伝い、印刷機の扱いや新聞記事の書き方を学んだ。父親は一八九三年恐慌（主に西部で、一万五〇〇〇以上の会社と五〇〇の銀行が倒産した金融危機）で破産し、一八九七年、フリーマンは町をあとにした。

手持ちの現金三ドルと自転車だけで、フリーマンは『ザ・ランチ』という農家向けの新聞を刊行した。自転車で田舎をまわり、新聞を売った。まもなく仕事は広がり、一九〇三年には『パシフィック・フィッシャーマン』という漁師向けの新聞も始めた。新聞出版は、その後フリーマンの仕事の中心になる。一九一二年には、『ザ・タウン・クライアー』『ザ・ワシントン・ファーマー』『パシフィック・モーターボート』『ザ・パシフィック・コースト・デイリーマン』『ザ・オレゴン・ファーマー』など、ほかにもいくつかの新聞を発行していた。(29)

フリーマンは特に『パシフィック・フィッシャーマン』と『タウン・クライアー』などの紙上で、排日運動に乗り出した。まずはサケ漁についての議論からスタートした。一九〇四年、『パシフィック・

フィッシャーマン』紙で、日本人がアラスカ沖で漁を始めようとしていることについて詳しい記事を書いた。彼はそのできごとを回顧録にこう綴っている。

翌年の春、ジム・バロン率いる漁師の一団が私の仕事場にやって来た。バロンはアラスカ南東部ファンター湾でスリンキット・パッキング会社を経営していた。彼によるとファンター湾で日本のスクーナー船が漁をしていたという。これはもちろんアメリカの海域だ。シアトルにはこの問題に対処できる連邦政府の当局はないと思われた。そこで私は国務省と商務省に宛てて書簡を書き、その場にいた者全員に署名をさせて、ワシントンに送った。第一合衆国義勇騎兵隊〈ラフライダー〉だった当時の大統領セオドア・ルーズベルトは、監視船ペリー号をファンター湾に送り、船は捕らえられ、日本人は刑務所に入れられ、後日、強制送還された。外交文書の取り交わしも戦争もなかった。[30]

フリーマンはその後、「市民権を持てない外国人」がアラスカで漁をすることを禁じる規制を米国漁業局に設けさせたと述べている。それはつまりすべての東洋人を意味し、とりわけ日本人を指していた。ワシントン州とオレゴン州も、さっそくこれに続いた。[31] このできごとが、ルーズベルトが二年後に紳士協定を結ぶきっかけになったとフリーマンは信じていたようで、のちにこう書いている。「一九〇七年、西海岸に大勢の日本人が移民したことに対して私が怒りを持って戦い、ほかの者と一緒に声を上げたので、ルーズベルトは遂に、西海岸の植民地化はやめられなければならないと日本政府に伝えたのだ」。[32] だが、ルーズベルトの行動にフリーマンが影響を及ぼしたことを示す歴史的な記録はない。[33]

フリーマンがほかの移民と比べて日本人移民を特に脅威だと考えたのには理由がある。当時の多くの人と同じく、フリーマンは黄禍論を頭から信じ込んでいた。日本の天皇は西海岸を侵略するつもりであり、移民はそのような軍事行動のための突撃隊だという考え方だ。合図がされたら、破壊行動とスパイ行動を行なえるように、彼らはその基盤を作っているのだと。カリフォルニアでフェランが一九〇七年に言ったように、日本人移民は「門の内側にいる敵」を体現していた。フリーマンは一九〇九年のホーマー・リー著『日米必戦論』を引用してこの説を主張した。同書では将来起きうる侵略とその結果について詳しく書かれていた。(34)

フリーマンは、アラスカのサケ漁に日本人が競合相手として登場したことで、〝一斉射撃〟が始まったととらえていた。『パシフィック・フィッシャーマン』紙にこう書いている。「親日派の新聞が書きたてる間違った教えに従えば、友好関係を維持するために、日本の蒸気船によって大規模な日米貿易が築かれ、たちまちのうちに日本が西海岸に存在するのを許してしまうことになる(35)」

侵略の恐怖に駆り立てられて、フリーマンは軍事にも手を出すようになる。一九一〇年、『ハーパーズ・ウィークリー』紙がピュージェット湾地域で市民による海軍をつくろうと呼びかけるのを読んで、さっそく行動に出た(36)。海軍長官に連絡し、海軍の軍艦と船舶を操縦する有志の軍団で市民軍をつくる運動を買って出た。シアトル・ヨットクラブで集会を開き、有志を募り、名簿を米国海軍に送った。即座に州議会は市民海軍を公認し、フリーマンは指揮官に任命された。海軍は、シェイアン号というぼろ船を提供し、フリーマンはその後何年も日本の侵略に備えて軍事訓練を行なった(37)。

フリーマンは日本が必ず侵略してくると考えていた。志願兵には、戦闘が起きることを覚悟するように警告した。「日本との軍事対立の可能性は高いことを忘れてはならない。国家の安全はわれわれの手にかかっている。われわれは、敵の侵略から西海岸を守るために行動に出なければならない」。フリーマンはそう『シアトル・タイムズ』紙に語っている。(38)

フリーマンは、この運動は決して人種差別によるものではないと断言した。「私は、日本人に反感は持っていない。彼らは素晴らしく聡明で質素で勤勉だ。だが彼らは東洋人で、われわれは白人だ。水と油は混じり合わない」(39)

*

カンジュウ・マツオカは、天皇がアメリカを侵略しようとしている可能性などまったく考えもしなかった。カンジュウは、ただ働きたかった。いとこと結婚してまでも。

九州は熊本県の石川村の百姓の家に育ったカンジュウは、一八九八年に徴兵されて、すぐに台湾に送られた。日本軍は、清国から台湾を割譲したばかりだった。だがカンジュウは灼熱のなか行なわれる訓練で日射病になり、名誉除隊となった。

トム・マツオカは言う。「父カンジュウはそれはがっかりして、故郷《くに》に戻りました。それでハワイに行くことに決めたんです。ハワイでは砂糖の会社が日本から労働者を募集していましたから。それで採用者の所に行ってみると、いやいや、もうぜんぶいっぱいだよ。所帯を持っていれば見込みはあるけれど、と言われたんだそうです。

それで家に戻って、どうやって所帯を持てばいいのか、嫁を探さなきゃならん、と考えた。それから家族会議になって、ハワイにそんなに行きたいなら、いとこと結婚するしかないじゃないか、と。それが母ですよ。そうやって夫婦になって、ハワイの領事館に行ったんです。結婚していればハワイに行けますからね」。変わった方法だったが、ほかに例がないわけではなかった。

一九〇二年、二人はマウイ島のスプレッケルスヴィルに着いた。カンジュウは、サム・デイモンのサトウキビ農園で働いたが長続きせず、数か月後、小さな農園を借りて野菜を作り始めた。二人はアメリカの生活を気に入って、ずっと住むことに決めた。一九〇三年八月一日、妻のトリは最初で最後の子どもを産んだ。夫婦は、輝くような目をした赤ん坊にアメリカと日本両方の国籍を示す名前をつけた。トム・タケオ・マツオカだ。

ところが、幸せは長続きしなかった。「母が病気になったんです。当時はいい医者がいませんでした。胸膜炎です。いまじゃ、たいした病気じゃありません。切開して水を出すだけです。でも当時は、そんなこと誰も知らなかった。ですから、日本に帰れば治療のめどもつくかと考えたんです。それで母は私を連れて日本に帰りました」

そうしてトリはイシカワ村に一九〇五年に戻ったが、馴染んだ環境に戻っても胸膜炎は悪化し、一九〇六年九月に亡くなった。トム・マツオカはそのまま村に残って祖父に育てられた。

妻子が日本に帰ったあと、カンジュウはハワイには残らなかった。一日一ドルという賃金に引かれ、マウイの小さな菜園をあとにしてグレート・ノーザン鉄道の斡旋業者と契約を結んだ。シアトルとシカゴのあいだに鉄道を敷く労働工夫の口だ。カンジュウは一九〇五年末にシアトルに着いた。西部の内陸部に送られるのだろうと考えていたが、無口な性格のおかげでそうならなかった。

マツオカによれば、船着き場には鉄道会社が用意した列車があり、そこで労働者は分けられ列車に乗せられて目的地に連れて行かれたという。「ものすごい勢いで、大急ぎで列車に乗った人もいたんです。でも父は、もうここに来たからには急がなくてもいい、あっちが選んでくれるだろう、と考えた。だから列車に乗ったのは最後の方だったそうです。列車は出発しましたが、一つの作業地に着くとすぐにいちばん後ろの車両の連結を取り外して、また進んだそうです。そういうやり方だったので、列車に最後に乗った人たちは、あまり遠くまで行かなかったというわけですよ」

カンジュウの持ち場はシアトルから少し北に行ったグリーンレイクという町だったが、列車に急いで乗った者はモンタナ州のハイラインのような僻地に行き着いた。マツオカは父親の言葉を思い出して笑った。「『最後に乗ったのは冴えてたよ、おかげでモンタナくんだりまで行かなくてすんだからね』そう言ってました」[40]

カンジュウは一八九〇年代後半、特に鉄道の仕事に引かれて北西部にやって来た何千人という日本人移民の一人だった。保線手工や機関車夜番の仕事の賃金は僅かで、一日八五セントから一ドル五〇セントだった。食費を切り詰めてなんとかしのいだ者がほとんどだった。具のないスープと米、にせの醬油（小麦粉を焦がして、水、砂糖、塩と混ぜたもの）が常食だった。[41]

鉄道以外にも、製材所や伐採所、缶詰工場で仕事の口はふんだんにあった。紳士協定が施行されたときには、ピュージェット湾地域の製材所には三〇〇〇人ほどの日本人がいた（特にベインブリッジ島の巨大なポート・ブレークリー製材所）。そのほか二〇〇〇人ほどは缶詰工場で働いていた。かつて缶詰業界が頼りにしていたが、排斥されてしまった中国人の労働力に取って代わったのだ。また、農業を始めた者も多かった。最初は日雇い労働者として始め、徐々に小さな土地を借りて野菜や果物を作った。(42) もっとも大きな日本人コミュニティはホワイトリバー・バレーに根付いた。少数の日本人労働者が、自分たちの青果農場を最終的に手に入れたことが、多くの人の足がかりとなった。そのあと酪農に移った者も少なくない。(43)

この時期に日本の移民の性質は大きく変わった。身軽な水呑百姓は渡り歩きをする生活に慣れており、ひと財産を築いたら故郷に戻ろうと願っていただろうが、本百姓は安定した環境で育ったせいか、アメリカに永住する可能性も頭に入れていた。これは、特に江戸時代（一六〇〇～一八六八年）、数百年続いていた日本国内の移住パターンを踏襲していた。従来、出稼ぎ人のなかで、肉体労働や製造作業の新しい仕事や市場をまず占めるのは水呑百姓で、次に本百姓が続いた。本百姓は新しい土地を終《つい》の棲家と考える傾向があった（このようなパターンによって、江戸時代、江戸は静かな漁村から大きな都会に変遷した）。

金銭的にも家族という面でも基盤がなかったため、水呑百姓は好んで移住した。一方、〝家《イエ》〟という強大な伝統が本百姓の移住を推し進めたのは皮肉だ。家の名前と土地と財産を継ぐ者は長男だという伝統があり、それはつまり次男や三男が独立や富を望む場合は、家を出て一人立ちしなければならないということだった。そのような理由で移住した場合は、気まぐれに渡り歩くわけではなく、親戚とのつながりが頼りにされた。大切に育まれてきた家族親戚のつながりによって、家を出る前に安全な行き先が決まっていることが多かった。これはすなわち、そのあと続いて移住する者も、ある特定の土地に落ち着くことを意味する。新しい市場に来た移住者のほとんどは最初の移住者の出身地から来ることが多いからだ。

移住先がアメリカにまで及んだときもこのパターンは変わらなかった。ハワイ政府が日本と最初の合意を取りつけて、サトウキビの労働市場に日本からの移民が来ることを許したとき、その担当者となったロバート・W・アーウィンは、以前、共に仕事をしていた日本人から、山口、熊本、広島県から候補者を探すように助言された。それはこの県の人たちが「遠くに行くことを恐れない」ことと、「正直者で間違ったことはしない」からだ。その後四〇年間、こういった県から最初に移住した人たちのあとに続いた移民は、ほとんどがこの三県から来た同県人だった。いずれも農村の多い県だ。(44)

このパターンから、一八九六年、日本政府に正式に「移民」として認識された二番目の移民の形が生まれた。それは「出稼ぎ人」とは違って永続性があるという区別がされていた。移民は、都市部では店を開いたり銀行で働き、製材所などのある田舎では家を持ち、農家をやるようになった。そして、仕事仲間のコミュニティを作った。

カンジュウ・マツオカはこの「移民」の典型例だ。熊本の本百姓の家の次男で、一人立ちしようと考え、家族のつてを頼ってハワイに行き、鉄道労働者の頭《かしら》に引き抜かれて、ハワイの農場からアメリカ本土に渡った。ときどきは故郷に帰りたいとも考えたが、カンジュウの目的は農場を持つためにじゅうぶん稼いで、一つの土地に落ち着くことだった。マツオカによれば、カンジュウはアメリカを新しい故郷だと考えてやって来た。何年かは流れ者的な生活をせざるを得なかったとしても。

カンジュウはグリーンレイクで鉄道工夫として一年間働いた。次の秋、妻トリの死を知らされたが、葬式に出るために戻る金はなかった。支えを失い、悲しみに暮れたカンジュウは鉄道をやめて、地元の製材所を転々とした。そして、長期的な目標のために金を貯めようと、貧しい暮らしに甘んじた。

「母が死んだ時はつらかったらしく、日本に帰ろうとも思ったようです。農業をやれば金がたくさん入ると聞いてバション島で農業を始めました。土地を開墾してイチゴ栽培をやったら結構稼げると聞いて、五エーカーの土地を借りて開墾して、イチゴを作り始めました」。マツオカは言う。

すぐに利益が出たわけではない。「二年目の収穫はわずかですが、三年目にやっと、よく取れるようになるんですよ」

それは想像していたよりつらい仕事だった。「仕事を始めてから男の一人暮らしはたいへんだということがわかったんでしょう。朝も夜も食事を作って皿を洗わなきゃならない。それじゃ畑を続けるのは難しい、手伝ってくれる人が必要だと。それで日本に手紙を書いて嫁さんがほしいと言ったんですよ。誰かいい人はいないかとね。

まわりにはすでに、何人か日本人の女性がいました。一人、日本に戻るという女性がいて、しかも出身地は父のふるさとに近いところだった。それでその女性が父に、誰か探してきますよと言ってくれたようです。そうして新しい母がやって来ました」。名前はタツノ・タタヤマ《原文ママ》で、やはり熊本出身だった。

当時、日本人の結婚がほとんどそうだったように、カンジュウの結婚も仲立ち（仲人）による見合い結婚だった。日本の法律と習慣のもとでは、二人が顔を合わせる前にすでに法的な結婚として認められていた。それだから新妻がバション島に一九一〇年に着くまでは、互いに写真でしか顔を見たことがなかった。「お互いまったく知らなかったんです。写真花嫁というんですよ」

カンジュウ・マツオカの結婚は、日本人移民に見られた全体的な傾向の代表例だ。そしてこのような方法の結婚は、西海岸の白人を怒らせることになった。紳士協定のもとでは、一九〇七年の時点でアメリカに住んでいた日本人労働者は日本から妻を呼び寄せられることになっていた。だが労働者のほとんどは独身だった。白人からは同化できないと足蹴にされ、結婚相手として受け入れられなかったため、日本人移民は仲立ちが紹介した写真花嫁と結婚をするのがふつうだった。これは、日本の法律では合法的なやり方だった。写真花嫁が次々とアメリカに押し寄せ、親と同じように「同化は不可能」な日本人の子どもが生まれた。子どもたちはアメリカで生まれたため、アメリカ市民権が与えられた。排日運動を推し進めていた者にとっては、これも東洋人のずる賢さと不誠実さを示す一例でしかなかった。

カンジュウにとっては、新妻の到着は大したことではなく、また時期的に遅すぎた。一九一〇年、ひどい不景気によって彼はイチゴ農家をやめざるを得なかった。そしてバション島から出て、レニア山の麓の近く、バーネストンという小さな町の製材所で働き始めた。

マツオカは言う。「一九一〇年、農家はひどい不景気だったんです。うちの妻の母親はベルビューでも同じだったと教えてくれました。イチゴがとにかく売れなかった。それで葉ごと踏みつけてつぶしたそうですよ。そうすると弱くなって次の年の実りも少なくなって、収穫のコストが減りますから。父は一文なしになって、農場を捨てて製材所に戻ったんです」

＊

ワシントン湖をはさんでシアトルの東対岸にある村にも、日本人移民がやって来た。地元の人々はこの村をベルビューと呼んでいた。

白人がやって来る前、このあたりは太古の昔からの森林が生い茂っていた。あまりにもうっそうとしているのでピュージェット湾地域のアメリカ先住民さえ住みつかなかった。マーサー・スラウ地区の入江にはドワミッシュ族のサツカル村があり、ヤーロウ・ベイ地区にはやはりその集合住宅《ロングハウス》が二つ見られたときもあったが、同族のほとんどは湖の南側の入江、現在のレントンに住んでいた。(45)

ここに最初に住んだ白人は、シアトルの投機家たちだった。利益を出せるような安い土地を探していたのだ。ウィリアム・メイデンバウワーとアーロン・マーサーは、土地を区画して丸太小屋を建て、そのあたりが一八六九年にベルビューになった。メイデンバウワーの土地は、湖の湾に面したところにあり、現在この湾には彼の名前が付けられている。マーサーの小屋はやはり彼の名前にちなんだマーサー・スラウ（潟）の西側にあった。二人とも数年後には引っ越し、それから数十年、ここの住民はわずかな数の猟師と伐採業者だけだった。ここに住みつこうと来た者は一八七九年にやって来て、一八八二年から本格的に村が作られた。ホームステッドを作った人たちのほとんどは伐採を生業にして、自分の土地の木を切ってからほかの土地に移った。木はたくさんあり、値段は安かったので、食べるためには長時間働かなければならなかった。(46)

最初の入植者の一人はアイザック・ベクテルだった。一八八九年、イーストサイド地域ではじめて亡くなった人物でもある。レントンに住む彼の孫娘、ベアトリス・マシューソンは、小さいときにこんな話を聞いた。「祖父はここに、一八八二年ごろにカナダからやって来ました。家族を呼ぶ前に一人でしばらく暮らし、それから祖母が来たんです。そのときは子どもが五人いました。

仕事中に事故で亡くなったんです。倒した大木を湖に落とそうとしていたんですが、何本か途中でひっかかったんでしょう。上に上って動かそうとしたところ、祖父は落ちて、動いた木に潰されてしまったんです。いちばん上の子が一六歳のときだったと思います」。アイザック亡きあと、妻のイザベルはメイデンバウワー湾を見渡す小さな家に残り、一八八六年に夫が設立した郵便局を運営した。(47)

一説では、このイザベルがベルビューの名付け親だという。ここにやって来た郵便局の検査官二人が郵便局に名前を付けなければいけないと言ったため、家から見える美しい眺めから、ベルビュー（美しい風景）と付けたのだという。一方、一八八三年に作られた近くの学校にまずこの名前が付けられたという説もあり、こちらの方が本当のようだ。名付けたのはこの学校に窓を寄付した男性で、オハイオ州の同じ名前の町から取ったという。(48)

家族はできるだけ長く実家にとどまった。ベアトリス・マシューソンの母親バーバラ・ベクテルはこの小さな小屋で生まれ、最初の息子ラッセルをここで産んだ。バーバラは一九〇七年にロバート・ウェイリーというメディナ地区出身の男性と結婚し、一九〇九年、ボー・アーツというワシントン湖ほとりの地区に移った。ここは、本土とマーサー島のあいだの海峡を見渡せる芸術家の村となった。大工だったウェイリーは村の家をたくさん建てた。

ベアトリスは言う。「両親はそこに引っ越してきたとき四人子どもがいたんです。最初の家は火事で焼けてしまい、いちばん上の姉はその火事で亡くなってしまいました。一九一三年のころです。なぜ火事になったのかはわかりません。真夜中でしたし、寝室は二階でしたから。みんな窓や階段やバルコニーから飛び降りて逃げたんですが、姉だけ逃げなかった。兄によると、やっと飛び降りたときは火だるまだったそうです。そのあと一週間後に亡くなりました」

ウェイリー家はボー・アーツ地区に新しく家を建て、一九一九年までそこに住んでいた。ベアトリスは一九一五年に生まれた。祖母で家長だったイザベル・ベクテルは湖のそばの古い家を最終的には失ってしまった。「〝ホームステッド〟ではなかったんです。祖父アイザックは一エーカーあたり二五セントぐらいで買いました。祖母は借金の利子を払わなかったので、けっきょくすべて失ってしまいました。……まあよくある話ですよ」

ベルビューはワシントン湖をはさんでシアトルのちょうど反対側にあった。そのため、比較的孤立していた。湖の北や南を大回りしないと行き着くことができなかったからだ。当時、ベルビューのあるイーストサイド地域でいちばん大きな町はイサクワで、一八八〇年代、伐採と鉱山の村として生まれ、シアトルからキャスケード山脈を越えて東や西に行く途中の道路に位置していた。北には人口数百人のカークランドの町があった。一八八八年、鉄鋼の町を作ろうと建てられたが、鉄鋼業は根付かなかった。少し東に行くと人口三〇〇人ほどの農業と伐採業の町レドモンドがあった。ベルビューはフェリーの船着き場として知られていた。フェリーはシアトルのレスキ公園から、メイデンバウワー湾のピーターソンズ・ランディングの公園にピクニックに行く人を乗せていた(49)。

＊

当時、白人しか住んでいなかったベルビューは、徐々に大きくなっていった。開拓者が作る材木を扱う製材所を支えるために、食品店や鍛冶屋のような、地域社会が根付いたことを示すものが現れ始めた。ノーザン・パシフィック鉄道は一九〇四年に完工し、北から南へと走りスタートバント湖という小さな湖の横を通った。そして鉄道とともに、違う肌の色をした人々が現れた。日本人だ。

ベルビュー最初の鉄道は一九〇〇年に作られた。北のニューポート地区から製材所のあるウィルバートン地区までにわたっていた。けれども、柔らかな土地に作られたので、さらに内陸側に移して作り直されなければならなかった。ノーザン・パシフィック鉄道は一九〇四年に完工したが、そのときには湖の北端まで鉄道が敷かれた。鉄道工夫として雇われた日本人もいた。ヨシヤ・クボタはその一人で、工夫の頭《かしら》で作業時間係だった。ハルジ・タケシタも一九〇一年にベルビューにやって来て、作業時間係になった。数多くの日本人労働者がやって来ては工夫とともに移動した。[50] 住みついた者はわずかだった。

製材所も日本人労働者を引きつけた。当時のほかの東洋人と同じで、日本人も白人から隔離されていた。イーストサイド地域（ほかの地域も）の伐採キャンプの地図には、「ジャップハウス」と書かれた小さな四角いマークが散在していた。これはたいていの場合、掘っ立て小屋で、できるかぎりたくさんの日本人労働者が押し込められていた。日本人はほとんど英語を話せず学ぶ機会もなかった。だが木さえ切ることができれば誰も気にしなかった。この労働者のほとんどは、イーストサイド地域でふんだんにあった木をすべて切ってしまい製材所が閉まると、違う場所に移った。残った製材所は一九一六年には閉鎖せざるを得なくなった。シアトル船舶用運河が開き、湖の水面が二メートル以上も下がってしまったため、ワシントン湖へのアクセスが閉ざされてしまったのだ。[51]

当時ここにやって来たもう一人の日本人に、ジュサブロウ・フジイがいた。一八九八年、アラスカの缶詰業の事業主の調理係をやっていた。この事業主はクライド・ヒル地区にも何エーカーか土地を持っていてイチゴ栽培をしていた。フジイはイチゴ作りの担当者となり、シアトルから来た日本人労働者を取りまとめて畑で働かせた。何人かはベルビューに残り、そのまま自分でもイチゴ作りに挑んだ。[52]

だがこれは言うはやすし、だった。製材所があったこのベルビューのほとんどの土地は切り株だらけだったからだ。それもただの切り株ではなく、北西部に大昔から生えていた、頑固で大きな、深く根付いた切り株だった。農業や酪農のために土地を開墾することは過酷な作業だった。そこで、地主たちは日本人の伐採工夫やシアトルの日本人移民のコミュニティから労働者を雇った。日本人のほとんどは土地を自分で買うには貧しすぎたが、畑作りのやり方はよく知っていたため、農業ができる土地が必要だった。そこで開墾を手伝う代わりに、ある期間（たいていは五年間）耕作する権利を得た。

ベルビューの土地を開墾した者には白人もいたが、そのほとんどは日本人だったことが記録に現れている。日本人は後年もここの土地を買ったり借りたりしたが、このときも、日本人の家族たちが開墾して耕作するという合意のもとに土地を借りたと、アサイチ・ツシマが書いた初期の記録にある。これは一九五二年、初期の日本人開拓者の闘いを綴った自費出版の著作だ。[53] ほかの記録では、ベルビューのメディナ地区のダウニー・ヒル地区やビュークレストのほとんどが日本人によって開墾されたとある。[54] 開墾作業は難しく危険で、賃金も低かったので、白人には人気がなかった。『シアトル・スター』紙の一九一九年の論説では、ワシントン州で農地にできる可能性のある土地は、開墾されないものが多すぎると不満が書かれている。白人の地主は、切り株を取り除いて開墾できるような土地にする気がないのだと。[55] だがベルビューではそのようなことはなく、勤勉な日本人がこのニッチを作り出した。

ベルビューに来た日本人のほとんどは、シアトルではなく南のホワイトリバー・バレーからやって来た。ここは一九〇〇年に農業コミュニティとしてすでに確立して栄えていた。だが農地が少なくなり、農業をやりたいと考える者は違う土地に目を向けるようになった。バションン島やベインブリッジ島でイチゴ農家の小さなコミュニティが生まれた。ベインブリッジ島ではすでに巨大なポート・ブレークリー製材所のおかげで日本人のコミュニティが栄えていた。同じようにベルビュー周囲の未開墾の土地も、農業を始めるにはいい土地だった。この結果イーストサイド地域に生まれた日系人コミュニティは、シアトルの日本町よりホワイトリバー・バレーの日系人社会に強いつながりを持ち続け、その延長だとみなされた。

もちろん、すべてのコミュニティはそれぞれのストーリーがある人たちで作られていた。ベルビューの日系人の物語は、西海岸全体の日系アメリカ人の農業コミュニティを代表する例だ。何人かは一年か二年働き、土地を離れ、ほかの者はとどまって家族を作った。

＊

タツノスケ・ヒロタカは、大柄な力持ちで、一九〇二年ベルビューの一〇エーカーの土地を開墾した。ベルビューに着いてからすぐに妻のチヨノも広島から呼びよせた。チヨノはベルビューに住む最初の日本人女性の一人になった。長男は広島の実家に残され、そこで育てられた。長女のカズエは一九〇七年に生まれた。イーストサイド地域で生まれた日系二世の第一号だ。次男のトキオは一九一〇年に生まれた。ぜんぶで息子が二人、娘が三人だった。

一家はここにずっと住んだわけではなく、最初の農場で六年間の契約が切れたあと、クライド・ヒル地区に移った。ここは多くの日本人を引きつけた。開墾して農地にできるような切り株でいっぱいの土地が広がっていたからだ。ヒロタカはクライド・ヒル地区とコンウェイ・プレイス地区の一〇エーカーの土地を開墾した。引っ越すたびに家族も一緒に移動した。長年切り詰めたおかげで、ついに一九一八年、土地を買うことができた。ミッドレイクス地区に落ち着き、その後五〇年以上住んだ。

ヒコタラ《原文ママ》・アラマキは、一九〇四年、熊本からシアトルにやって来た。息子のアキラは言う。「父は若くて、張り切っていたんです。日本は貧しかったので希望はありませんでした。アメリカの話を聞いて父は、ベルビュー北のウッディンヴィルに住んでいた、やはり故郷《くに》が四国・九州の人と一緒に横浜を出港しました。

カナダのバンクーバーに着いて、シアトルまで二五〇キロメートル近く歩いたんです。昼間はやぶに隠れて夜歩いたそうですよ。一二月ですから、毎日雨が降ってたいへんだったそうです」

アラマキは農業と開墾が気に入り、クライド・ヒル地区のほかの日本人が持っていた土地に落ち着いた。ほかの独り身の男と同じように独身生活にけりをつけて、昔ながらの仲立ちを通して写真花嫁と結婚することになった。花嫁は一九一〇年ベルビューに着いた。二人は二度引っ越し、一九一八年、ヒロタカと同じようにミッドレイクス地区に農場を買って落ち着いた。長男のアキラは一九一三年に生まれた。娘四人、息子二人にめぐまれた。

トクオ・ヌモトは一九〇四年、ベルビューに来て白人地主の庭師になった。一年後クライド・ヒル地区のほかの地主からイチゴ農場を借りて農業をしながら開墾を始めた。ほかの農家と同じようにいろいろな作物を試して、冬期、ホリーを栽培することがいい商売になると学んだ。ほかにあまり売るものがない季節にも売れたからだ。ヤーロー・ポイント地区のエドワード・トレンパーと組んでイチゴとホリーの農場をやった。

一九〇九年、ヤーロー・ポイント地区に土地を買い、日本から妻と一緒にやって来た弟ツルイチにその土地をまかせた。ツルイチはレタスやセロリ、キャベツを安定して収穫できるまでになった。これをシアトルのダウンタウンにあるパイク・プレイス市場まで毎週五〇キロメートルかけて行き売った。息子のケイノは一九一〇年に生まれた。

イタロウ・イトウを知っていた人によれば、彼はベルビューの人気者の一人だったという。いつも笑顔で朗らかで「誰にでも手を差し伸べた」と娘のスミは言う。ベルビューにやって来たのは一九〇五年で、ベルビュー北の土地五エーカーを開墾した。妻のシメノは一九一〇年に着いた。娘四人と息子三人を育て、ダウニー・ヒル地区やハイランド地区の農場にも移った。

三男のトシオ・イトウは言う。「家は金持ちではなかったです。収穫の時期には返すという約束でいつも金を借りていました。それが毎年お決まりでしたよ。冬に借りて作物を売ったときに返すんです。まったくのその日暮らしでしたね」

イタロウは長男だったので、故郷の福岡の両親の世話をする責任があった。一九一八年、父親が亡くなったとき、上の娘二人を福岡に送り、年取った母親の世話をさせた。娘たちはそのまま福岡に残った。一九二〇年に三女のスミが生まれ、一九二二年にトシオが生まれた。一九二三年、四女で末っ子のチエが生まれた。

イチゴの収穫は家族と人夫の手が必要だ。1925年、ヌモト家二番目の農場の収穫の様子。いちばん左にひざまずいているのがヨシ・ヌモト、左から三番目がフランク・ヤブキ、右から三番目がケイノ・ヌモト、右から二番目がツルイチ・ヌモト。ほかはシアトルから雇った日雇い人夫。（イーストサイド・ヘリテージ・センター、ケイノ・ヌモト・コレクション提供）

リュウタン・クリタがベルビューで最初についた仕事は、白人地主のハウスボーイだった。クリタは滋賀からやって来て、一九〇六年から一九〇九年まで働いた。一九〇九年、ベルビューの端に買った五エーカーのイチゴ農場を耕し始め、ベルビュー最初の日本人地主の一人になった。その年、妻もやって来た。農場はうまくいき、一九一一年には北のカークランド方面に行く途中にあるノースイースト一〇番通りで、さらに広い土地を買った。彼は日系人社会のリーダーとなり農家協会の会長になった。一九一五年、状況が変わり、ベルビューの土地を農業会社に売り、抵当権者になった。これがのちに彼の運命を変えることになる。

アサイチ・ツシマは一九〇八年、ベルビューに着いた。二〇歳で、一文なしで仕事もなかった。グンペイ・ヒラヤマの農場の納屋でほかの日本人の男性と一緒に世話になることになり、イチゴ農場で働いた。一九〇九年と一〇年にイチゴが余剰供給になり、イーストサイド地域の農家は財政難に陥った。ヒラヤマは農場を諦めてシアトルに移った。

農場を離れたツシマはクライド・ヒル地区のテントに住み、リンゴ農場と白人の家で庭師として働き始めた。彼も故郷の岡山の仲立ちを通して結婚した。妻のナミ・ツシマが一九一二年にやって来たとき、この結婚はうまくいかないことがわかった。ツシマは写真で見るよりも小さく、写真ほどには見栄えも良くなかった。ナミも彼の意見では、聞いていたほどの女性ではなかったし、女性らしくなかった。

娘のミチ（・ツシマ）・ニシムラはこう話している。「母はとてもしっかりしていて、気が強かったんです。一世の女性にしては本当に珍しくタバコも吸いました。父と母は…仲むつまじい夫婦ではありませんでした。だからそれぞれの道を行ったんです」

それは愛のない結婚だった。一人娘のミチは生まれてすぐ友人からもらわれた養女だった。「父は私が男の子ではなかったので、がっかりしたんだと思います。産みの母は日本で友人だった人で、ベルビューに住んでいました。子どもが二人いたので、それ以上は養えなかったんです。それで私を身ごもったとき、お金を払って、私が男でも女でも引き取るという約束になったんです。父はもちろん男の子がほしかったんでしょう。昔気質の人でしたから」

ナミはハンツ・ポイント地区で海に面した邸宅に住む金持ちのメイドになった。「母は住み込みで働きました。そのあと農場で仕事を始めて、今度はそこで住み込みになったんです」

ツシマは一九一七年、ハンツ・ポイント地区で狭い土地を借りた。「とても小さい農場でしたよ。野菜を作っていたんですが、電話で注文を受けて、準備して、相手が取りに来るというやり方にしていました。それか、ハンツ・ポイント地区まで私が歩いて、野菜を届けに行くこともありました。ときどきは私がお客さんのところに行ってお勘定を払ってもらいました。

フィリピン人の人夫が二人ほどいましたが、それ以外は雇う必要がないほど、こぢんまりしていました。人夫は小屋に住んでいました。トラクターや馬、トラックを持っている人もたくさんいましたが、うちはありませんでしたよ。電気は通っていましたが、トイレはなかにはありません。水道はありましたがトイレは外でしたね。

私の家族はオープンではありませんでした。今どきの家族のようにいろいろ話し合ったりしませんでした。ほかの日本人と比べてもそうです。もっと内にこもっていました」

それでもツシマは日本人社会で目立っていた。日本語学校を作り、子どもたちに何年か日本語を教えていた。日本人農家をまとめる手助けもしていた。また、日本人の住民を記録して、後年、ベルビューの日本人二〇〇人のリストを冊子にまとめた。

ヒチロウ《原文ママ》・マツザワは、一九〇六年、イーストサイド地域に着いた。妻と息子は日本に残し、一旗あげようとした。ベルビューから三〇キロメートルほど東に行ったスノカルミーの酪農農家で働いた。そこで最初の不幸なできごとが起きた。

息子のジョー・マツザワは言う。「そこで働いていたとき、囲い場で雄牛にエサをやっていたんです。たちの悪い牛で、急に父を倒して胸を踏みつけました。肋骨が折れて、肺に穴があいたんです。父はどうにか牛の鼻輪をつかんで逃げたんですよ。

でもそれからずっと、…調子がすぐれませんでした。何年か具合が悪く、日本でちゃんと見てもらおうと、帰国することに決めたんです。

一方、母もこちらにやって来ました。でも父は帰国することにしていたので、母はこちらに残りました。…母はたいへんだったでしょうね。…言葉も習慣も、何もわからないんですから、カルチャーショックだったでしょう[56]」

ヒチロウ《原文ママ》は一九〇九年にベルビューに戻り、クライド・ヒル地区で、白人の庭師として雇われた。夫婦は息子四人と娘二人を育て、クライド・ヒル地区で農場を渡り歩いたあと、ウィルバートン地区に落ち着いた。だが事故から完全に回復はせず、ジョーはいつも父親が病気がちだったのを覚えている。

エンジ・タマエは一九〇四年、一四歳のときに福岡の家を飛び出してアメリカに来た。カリフォルニアからコロラドまで西部を渡り歩き、最終的にシアトルにやって来た。そこで福岡出身のキクマツ・フジカワに会った。フジカワはベルビューの製材所で二人分の働き口を見つけた。

一九一二年、二人は製材所を出て農業をやることにした。ハイランド地区で土地を借りて五エーカー開墾し、野菜とイチゴを育て始めた。一九一六年、タマエは一人立ちすることに決めた。ピーターソン・ヒル地区でほかの日本人農家と一緒に土地を借りて耕した。独り身では無理だとすぐに気がつき、写真花嫁を迎えることに決めた。

次女のチズコ・ノートンは言う。「二八歳のとき、いい人がいるよということで、父は日本に戻り母と結婚したんです。そしてベルビューに戻りました」。妻は一九一八年に来て、一九二〇年に長女が、二四年にチズコが生まれた。当時の日本の基準からすれば少人数の家族だった。一家はイチゴ農家を始めた。

「ひどい土でした。粘土のかたまりを掘り起こしていたのを覚えています。とてもはっきりと」(57)

トウゴロウ・スグロは一九一三年、ベルビューのイチゴ農場で仕事を見つけた。土地勘はすでにあった。静岡からやって来てはじめての仕事は、近くにあるレドモンドのニワトリ農家だったからだ。そのあとバション島で六年間、農場の仕事を学んだ。息子のフランクも一九一五年に静岡からやって来て、ミッドレイクス地区で一緒に土地を開墾した。

ほかの日本人の八、九家族もやって来た。ミッドレイクス地区はベルビューの日本人社会の中心地となった。フランクと妻は娘四人、息子二人にめぐまれた。末っ子のエドは一九三五年に生まれた。

ハルジ・タケシタは初期の鉄道で作業時間係をつとめて、妻のクマを迎えに帰国してから、一九一五年にベルビューに戻ってきた。長女のミツコ・ハシグチは言う。「ここにはチャンスがありました。みんなのために農地を開墾したんです。若い男性はすべてそうしました。元気にあふれてましたよ。みんな二〇代でしたから」

ほかの移民もそうだったが、二人も数年で日本に戻る予定にしていたため、日本の家族親戚のところに二人の娘を残していた。タケシタは土地を開墾した経験があったが、クマにとっては開墾の作業は想像よりはるかにつらかった。

ミツコ・ハシグチは言う。「これはおおごとだ、と母は思ったそうです。とにかくたいへんだった、こんなことだとわかっていたら、ここには来なかった、と。足がぱんぱんに腫れてしまったそうですよ。もちろん、女も木を切ったりしなければいけなかったんです。一〇八番通りとメイン通りの五エーカーの土地を開墾しました。日本人が住んでいた地域はすべて」

一九一九年、タケシタは貯めた金でミッドレイクス地区の一三エーカーの狭い土地を買った。シアトルで知人の日系人弁護士に土地の権利を処理させ、輸送園芸を始めた。狭い土地を集中的に耕して野菜を育て、トラックで地域の市場に運んで売った。一九二一年、アメリカで生まれた四人の子どものうちいちばん年上のミツコが生まれた。その上の娘二人は日本に残ったままだった。

ゴンザブロウ・ムロモトは、一九〇八年、アメリカに来てサンフランシスコ、パサデナ、ソルトレイク・シティ、デンバー、シアトルなど西部各地をまわってから、一九一七年、ベルビューにやって来た。ハンツ・ポイント地区とエバグリーン・ポイント地区の中間にあるフェアウェザー湾地区で、アサイチ・ツシマや生涯の友人となるナオサブロウ・ミゾカワと一緒に土地を開墾した。ムロモトとミゾカワはパートナーになり、クライド・ヒル地区でイチゴ畑を一緒にやった。ムロモトには娘と息子二人がおり、ミゾカワは娘と息子がそれぞれ一人ずついた。ムロモトの末息子キムは、一九二三年に生まれた。

カメジ・ヤブキは一九一八年にやって来たが、ほかの日本人とは違う計画を考えていた。イチゴ農家は冬期、収入源がなくなるため窮乏する。そこでヤブキはカークランドで温室を始めて、まずまずの成功をおさめた。

ヤブキの娘ローズ（・ヤブキ）・マツシタは振り返る。「父はほかの日本人と同じように、このチャンスにあふれた国にやって来ました。ひと財産築いてから日本に帰るつもりで。父は次男で、アメリカに来たのは一七歳のときだったと思います。祖父はアル中で、借金だらけでした。だから祖父の借金を返すためにアメリカで稼ごうと父は考えたんです。

けっきょく、あまりにも賃金が低かったので、借金を返すには何年もかかりました。おじも来たいと言ったので手を貸して、おじにも温室を作ってやったんです」

ヤブキの弟、テルマツは、その年イーストサイド地域に来て、ヤーロー・ポイント地区で温室を始めた。一年を通して温室で野菜と花を育て、夏はその隣の土地で畑をやった。テルマツと妻のヒデは、ここで息子三人と娘一人を育て上げた。次男のアランは一九二一年に生まれ、三男のキヨは一九二三年に生まれた。

エイタロウ・シライシは、一九〇七年に事故で亡くなった弟の葬式を出しにシアトルにやって来た。シアトルが気に入り、ダウンタウンで果物屋を始め、熊本から妻を呼び寄せた。

「両親は結婚したんですが、いろいろとがっかりした点があったようです。お見合いでしたが、お互いよく知らなかったんです。恋愛結婚は、二世の時代は許されましたが、一世のほとんどは見合いです」。娘のミチ・シライシ（・カワグチ）は言う。

ミチは一九一二年にシアトルで生まれた。一九一六年、商売に疲れたエイタロウは、ニューポート地区の農場で働き始め、開墾を手伝い、エンドウとイチゴ作りを手伝った。家族はシアトルのブリン・マール地区に残っていたが、一九二一年に農場を手伝うため引っ越してきた。だがカネがなかなか貯まらず、一五エーカーの農場を借りたままだった。

「両親は、私たちの学校が夏休みに入るのを待ってたんです。手伝ってくれるようにと。トマトのツルをひもで支柱にくくりつけたり、イチゴを取ったり、ゾウムシ用の毒を撒いたり。大した仕事ではありませんでしたが、働き手が増えて喜んでいましたよ。

母は父よりもたくさん仕事をしていました。父は、夏は小さなトラックにトマトやイチゴを載せて、

1933年、ベルビューのニューポート地区に家族が持っていた農場で、イチゴの箱を持つミチ・シライシ。（DENSHO 日系アメリカ人レガシー・プロジェクト、カワグチ家コレクション提供）

週に三回ほど、レントンにある店に行って売ってました。そのあいだ母は収穫をしなければいけませんでした。当時は貧しかったです。本当に貧しかった」

＊

全体的に、こういった日本人の家族たちは、アメリカで住むという状況に適応しようとしながら、いろいろな面で日本の習慣に従った結束の固い地域社会を作っていた。日本人の労働力は歓迎されたが、肌の色が違うからというだけで軽蔑され差別されていた。日本人は仲間内では日本語をしゃべっていたが、子どもには英語をしゃべるように勧めた。日本の宗教を引き続き信仰していた者もいたが、キリスト教に改宗した者も多かった。日本人事業協会を作り、日本人としてのアイデンティティを強調したが、一方でアメリカ式の資本主義を手放しで支持した。

日本人のおかげで、ベルビューではある望ましい結果が生まれた。切り株だらけのだだっ広い土地が、静かな農業の町に変貌したのだ。

「いまベルビューのダウンタウンになっている土地は、私たちが開墾したんですよ。いまの人に言うと、まさかといいますがね。一エーカーあたりの土地に、伐採したあとの大きな切り株が二〇も三〇もあったんです。ダイナマイトを使って切り株を取った人も多かったです。いまではいつ爆発するかわかりますが、当時は見張ってなければいけませんでした。

それから根を掘り出して斧で切って、馬に引っ張ってもらうんです。そりゃあたいへんな仕事でしたよ」トム・マツオカは言う。

日本人移民のほとんどはアメリカで農家としてひと財産築くことを夢見ており、最終的には日本に戻ろうと考えた者もいた。一方で、大半の者がアメリカの生活は過酷だと考えていた。毎日その日暮らしで日の出から日の入りまで働き、ただ食べるだけ、あるいは日々の支払いをするために働いた。仕事は危険で、ダイナマイトの事故で命を落とす者や不具になった者もいた。

アキラ・アラマキは、そういった事件を目撃したのを覚えている。一九一六年に来たトラノスケ・ヤマサキが、ミッドレイクス地区で開墾を手伝っていたときのことだ。「ヤマサキは、ダイナマイトのヒューズに火をつけてから、その場を離れたんです」。そのあとヤマサキは家に昼食に戻った。「戻ってきても、まだ爆発していなかったのでやつは近くまで見に行ったんです。それでダイナマイトをまともに顔に受けて、吹き飛ばされてしまった。遺体を見ましたよ。顔の半分がなくなってました」

トシオ・イトウは両親が開墾していたピーターソン・ヒル地区の農場のことを覚えている。「私を空《から》のダイナマイトの箱に入れて、ダイナマイトのずっと遠くに置いたのを覚えてます。爆発すると破片が遠くまで飛びましたから。馬を使って切り株を引っ張っていたのも覚えてますよ。根掘り鋤で長いあいだずっと掘り起こしてましたね」

開墾が終わったら、今度は土を耕さなければならない。土地は狭かったから、わずかな野菜や果物しか作ることができなかった。イチゴのような多年草はよく実るようになるまで二年ほどかかる。五年ほど経つと土地が枯渇してしまい、土地の借用権も期限が切れる。そこで荷物をまとめてまた新しい土地に移り、はじめからまた同じことを繰り返す。

イタロウ・イトウは故郷の福岡で相撲取りだった。大男ではなかったが、力持ちで有名だった。トシオ・イトウは言う。「父は力自慢でした。ほかにもっと簡単なやり方がある仕事も、あえて力を見せつけるような方法でやるようなところがありましたね。仕事が終わると、鋤を肩に担いで帰ってきたもんです。

うちが持っていたのは狭い土地でしたが、ほかにも土地を借りて作物を作っていました。鋤を肩に担いで、借りていた土地に歩いて行って。そんなに遠くはなかったですがね…」

ベルビューで日本人が成し遂げたことは、カリフォルニアやオレゴンなど、西海岸のほかの地域で見られたパターンと同じだった。辺境の地や以前は耕作地ではなかった土地を作物を生み出す貴重な農地に変えた。そして狭い土地を耕して作物を都市部で売り(58)、地主が持つその土地の価値を大きく高めた。

トム・マツオカの娘、レイ・タケカワは言う。「開墾されていない土地でしたから、誰も何もできなかったんです。ひどくやせた土地もありました。土地はひどく狭かったんですが、どうしようもありません。生活をしていくのはたいへんだった家族もいました。ぎりぎりの窮乏生活です。もちろん、生活保護なんてありませんでしたよ。あったとしても、利用していたかどうか。プライドが高くて、人の助けはいらないという態度でしたから」

白人社会に真っ向から拒否されたため、ほとんどの日本人移民は日本文化を生活の基盤にした。その結果、社会から隔離され孤立した存在になった。困窮生活からアメリカ西海岸に移住した日本人が多かったが、日本自体は軍事国として名を馳せていた。そのため、おもに農民が多くを占めていた日本人移民も祖国の軍事国としての名声に誇りを持っていた。また、古来からの日本文化は彼らの感性に深く根付いていた。これに対し、アメリカの文化は彼らにとって異質なもので、彼らに敵意を持っていた。日本人にとって英語を学ぶことはきわめて難しく、ほとんどがそもそも日本語での教育もじゅうぶんに受けていなかった。そのため、日本人移民はどの地でも日本人だけで固まり、日本人社会を作っていた。日本語を話し、子どもには日本語を教えた。

その一方で、アメリカ式のやり方にも徐々に適応していた。一世の多くがキリスト教に改宗し、ベインブリッジ島には、日本人用に、仏教の寺とキリスト教のバプティスト教会があった。ベルビューの日本人のほとんどは日蓮宗の信徒だった。アメリカ式に集会や日曜日の礼拝があり、讃仏歌を歌い、夕食会やピクニックがあった。日本では、地元の寺や僧が人々の日常生活のはしばしに溶け込んでいたが、このようなやり方は見られなかった。

こうして日本人は地域社会のなかでコミュニティを作った。ベルビュー南のマーサー・スラウ地区から北のメディナ地区、東のレドモンドの農地に日本人社会は散在していた。特にミッドレイクス地区とピーターソン・ヒル地区近辺には、日本人のみが経営する農場だけがある地域が広がり、ここが日本人社会の中心となった。

日本人移民は子どもたちのために日本語学校を作り、おもに個人の家など、いろいろな場所で仏教の礼拝を開いた。日本人用の墓地が作られ、お堂が建てられた。このようにして、できるだけ日本的な環境が作られた。

こういったほかを寄せ付けないような雰囲気は、近隣の白人から嫌がられ、疑いの目を向けられた。彼らの多くは自分たちの文化が優っているとかたく信じていた。白人は、マイノリティの移民は白人文化に適応するものだという考えに慣れていた。日本人が自国の文化を守るのを見て白人は衝撃を受け、怒った。白人は、当時の政策を後ろ盾に、土地所有権において引き続き優先されていた。そのため日本人は、土地が枯渇する三年から五年ごとに次の土地に移って農場を作るという渡り鳥的な生活をするしかなかった。

白人は日本人を「不可解」だと考えて、信用していなかった。当時、田舎の経済は農業が中心で、土地が富の主要な形態だったため、日本人は嫌われた。田舎で日本人に足場を与えることは、その異質な日本人社会を根付かせることを意味した。数年以上ある土地にいる日本人に対して、手が届かないような値段まで地主が地代を吊り上げることもよくあった。

アキラ・アラマキは言う。「野菜を作れるように土地を借りて、開墾する。そうしていい農地になると、地主は地代を上げる。それで日本人はほかの土地に移らなければいけなくなったんです。ベルビューで日本人は移住し続けていました。そうやってこのあたりを開墾していったんです」

*

トム・マツオカはアメリカに来た日のことも、はっきりと覚えている。

父に呼ばれて長崎を出発し、三週間かけてアメリカにやって来た。船は一九一九年二月二五日、シアトル港に着いた。当時一〇代だったマツオカと、年上の友人は軽口を叩いていた。

「長崎から一緒に乗船していた男性がデッキに出てきて、『降りてすぐお父さんたちがいたら面白いだろうね』と冗談を言い合ってたんです。ところが見てみると、本当に弟のジェームスとジョンがいたんです。あれが弟たちだよと教えたところ、もう大笑いでしたよ」

マツオカはアメリカ市民だったため、入国手続きはスムーズにいった。「移民局に行って手続きはあっという間に済みました。でも問題は着物でやって来てしまったことでした。まず服を買いに行かなきゃならんと父が言うので、スミスビルディングの下で最初の洋服を買ったのを覚えています。当時、シアトルでいちばん背の高いビルでした。どうしてそこに行ったのかわかりませんがね、とにかくそこで服を買ったんですよ」。次の日、一家はバーンストンの家に向かって出発した。(59)

一六歳の少年にとって、アメリカにやって来たことは胸躍るようなできごとだった。だがそれは熊本の田舎で過ごした牧歌的な子ども時代の終わりでもあった。彼は祖父母の農家で育てられた。祖父は米などを作り、植木という町で売っていた。

「住んでいたところは森の奥でした。白川の上流の近くです。上流でしたから、船を出して釣りをすることはできませんでした。小学校の教室は一つだけで、高校はなかった。一緒に来た母と、母の実家に住んだんです。

暮らしは良かったです。祖父は大きな田んぼをやっていましたから、金はありました。いとこと一緒に育ったんですが、私がいちばん年上でしたから威張ってましたね。いろいろものを言いつけてましたよ。子どもは楽しく暮らしてました。

祖父には本当に感謝しています。祖父は信念の人だった。ほかの人にどう接しなければいけないか、いつも教えてくれました。一九三三年、八一歳まで生きました。当時にしては長寿でしたよ。ほとんどは五〇歳ぐらいで亡くなっていましたから。子どものときはちゃんとしたやり方で神仏を拝むようにしつけられました」

一六歳になったマツオカは、進む道を決めなければならなかった。これが彼の運命を決めることになる。「日本の学校では、ある年齢になるとどういう学校に行くか決めなきゃならないんです。商業か、製造か、農業か、教師か。それぞれ専門の学校があってね。どれに行くか決めて、試験を受けなきゃいけない。

祖父は商業を勉強してほしかったんですが、私は教師になりたかった。父はあまり手紙をよこしませんでしたが、そのときは手紙を書いてきて、軍の学校に行けと言ってきました。祖父は、意見が随分違うようだけれども、父さんには反対だと言ってきた。すると父は、軍に入らないならアメリカに来いと言ってきたんです。それで祖父はようやく折れて、アメリカに行って、どんなところか見て来いと言いました。それで気に入らなければ、すぐに帰ってくればいいと」

けっきょくマツオカが次に日本に戻ったのは二〇年後のことで、それもわずかの期間訪れただけだった。

第二章　イチゴ農場

カンジュウ・マツオカは、はじめてイチゴ栽培を試みたとき、文なしになってしまった。一九〇八年バション島に生まれつつあった日系一世のコミュニティにカンジュウがやって来たとき、イチゴはいい値段で売れていた。だが一年後、利益が出ると思ったころにはあっという間に値段が暴落した。一方、バーンストンの製材所の仕事は安定していていい収入源だったが、過酷な仕事だった。

けれどもカンジュウは根っからの農家だった。一九一九年、息子のトム・マツオカがアメリカにやって来てすぐ、カンジュウはもう一度、イチゴ作りに挑戦することにした。もともとは農家の育ちで、作物作りには自信があった（日本では米とキビが主な作物だったが）。下のジェームスとジョンは学校に入る年になっていて、泥だらけの製材所の町は子どもを育てる環境には適していなかった。そして何よりもカンジュウは製材の仕事を一生続けようとは思わなかった。農業は社会で上に上がるチャンスだった。

一方、トム・マツオカはアメリカで暮らすようになって一年目、バーンストンで仕事を見つけた。最初は雪かきの仕事で、その次は製材所の下っ端だった。一九二〇年の夏、仕事仲間に野球を教えてもらい、キャッチャーになり腕を上げた。夜は学校に行って英語を習い、新しい環境に少しずつ慣れていった。

その夏には父親のカンジュウが農地を借りて農業に戻ることを決めた。バーンストンの西約五〇キロメートル、シアトルの南約五〇キロメートルにある、オブライエンという町の近くだ。レントンとケントという町のちょうど真ん中あたりにあった。カンジュウは今回は違う作物を選んだ。

「最初の一年、父はキャベツの栽培をする契約をしたんです。リビー・キャンニング社との契約で一〇エーカー分です。手で植えるには、ものすごい時間がかかります。父は電話をかけてきました。私は製材所で働いていたんですが、父を手伝いたかったんですよ。ですから毎日、くる日もくる日もキャベツを植え続けました。

五月ぐらいに始めたでしょうか。七月四日のころにはもう終わりそうでしたが、まだ植え続けていましたね。一〇エーカー分のキャベツっていうのは、ものすごい量なんですよ」。マツオカは首を振り笑った。

収穫が終わってから、マツオカはシアトルに行って職を探した。今度はオリンピック半島のポート・アンジェルスの製材所で働くことになり、近くに引っ越した。製材所では、製材業だけでなく野球選手としても働くようになった。農場の仕事はもうやめるつもりだったが、特に収穫の時期には父のところによく行って手伝った。

カンジュウは、キャベツ栽培だけでは生活ができなかったので、数年もたたないうちにホワイトリバー・バレーのほかの一世の農家と同じやり方に変えた。季節ごとに違う作物を育てて、狭い土地を最大限に利用する「輸送園芸」だ。レタスやエンドウ、サヤマメ、トウモロコシ、イモ、キュウリのほか、このときには日系人の輸送園芸の代表的な作物になっていたイチゴを作った。

輸送園芸は、消費者が青果を手に入れる新しい道を開いた。二〇世紀はじめ、内燃エンジンで動くトラックや冷蔵施設の発達など、輸送・貯蔵技術が発展した。そのおかげで、個人でできる栽培の規模が大きくなり、遠くで売ることが可能になった。さらに、小さな土地で集中的に作物を栽培できるようになった。人手はたくさんかかったが、いい利益が出た。

このような農法は白人のほとんどにとって、なじみのないものだった。白人は小麦やトウモロコシやイモなど、大量に作られる作物を広い土地で育てることを好み、収穫の方法は機械化が進んでいた。一方、輸送園芸は長時間しゃがんでやるような労働で、細かい点に注意を払わなければならなかった。とりわけ、さまざまな種類の作物それぞれの灌漑や収穫に目を配らなければならない。白人はこのような仕事はさげすんでいて、日系人がこういった農業をやることについて見下したように話していたことからも、それは明らかだった。また、こうした形の農業こそが、バラエティに富んだ新鮮な青果を人々の食卓に載せているのだということには、誰も触れなかった。

日系一世のほとんどは日本の農村地域の出身だったため、このような手間がかかる農業にはすでに慣れていた。日本で好まれた主な作物はアメリカで好まれるものとは大きく異なっていたが、何世紀にもわたって土地と水が大切にされていたため、土地利用のノウハウと優れた灌漑技術が進んでいた。日本の農業は土地の持つ力を細かに管理することや、家族と土地の緊密な関係に重点が置かれた。さらに、家族やコミュニティの助け合いの大切さが説かれた。

このような文化的背景から、日系一世は、以前利用できなかった土地を生産性がある農地にして、たくさんの消費者にふんだんな青果を提供した。輸送園芸で作られた作物のうち、人気が高かったもののほとんどは一世には馴染みがなかったが、アメリカの市場の需要に合わせることができるようになるまで時間はかからなかった。

一世のこの適応能力は輸送園芸において別の意味でも重要な役割を果たした。移住労働者としての立場から抜け出そうとする一世にとって、土地を持つ農家になる階段を上るには三つの段階を踏むことが最善の方法だった。まずは契約農家（ある賃金で契約し、他人の土地を耕作する）から始めて、次に小作農家（地主によって小作人の土地が決まる小作契約）になり、ひいては白人の土地を現金で借りる（通常は一定の金額で一年から一〇年借りる）までになる。土地所有の権利を一世に与えないようにする排日の動きが高まるにつれて、この三つの段階を踏む日系人農家が多くなった。

この結果、移住性の小作という方法が見られるようになり、これは輸送園芸にうってつけで、資本もあまり必要なかった。また、一世の農家は何の説明もなしにいきなり借地契約が切られることもよくあったため、傷みやすい輸送園芸の作物は、借地で育ててすぐに次の土地に移ることに適していた。一方、大半の一世は、いずれにせよ新しい土地に動くことを好んだ。狭い土地では、五年ほどたつと土の生産性が失われてしまい、その後は集中的な施肥が必要だったからだ(1)。

このようにして一世農家の移住性は高くなった。さまざまな面で、これは一世が農業をする理想的な土地を常に探していたことや、すでに確立した安定した生活を捨てることを怖がらずに、新しい冒険をする意志があったことが大きい。事実、諸研究では、一世の農家は定住性がなく、市場の需要に柔軟な新しい作物を栽培することに迫られたために、成功したのだと指摘されている(2)。

だがこのような移住性は、日系移民に対する固定観念を強めることになった。日系人がアメリカに来たのは金を稼ぐことが目的で、手っ取り早く稼いだらすぐに帰国するのだろうと。日系人のコミュニティで日本語学校が増えたこととあいまって、日系人は「アメリカ人になる」つもりはなく、けっきょくは天皇に忠誠を誓っているのだという先入観が強まった。

すでに一九〇五年には、現実はさらに複雑になっていた。一世の多くが短期間で稼いで帰国したいと望んでいたが、アメリカに根をおろして家族を作りたいと考える一世も多くなった。これは、移民のタイプが変わってきたことによる。最初にやって来た一世は身軽な水呑百姓だったが、次に来たのは日本で土地を持っていた本百姓で、従来から、根を下ろして永続的な地域社会を作る傾向にあった。

大半の一世が農業に従事するようになったことに、この変化がよく現れている。一九一〇年にはアメリカの日系一世の五割以上が何らかの形で農業に従事しており、この傾向は一九四二年まで変わらなかった。農業はコミュニティと土地のつながりを重んじる職業であり、それ自体、土地に根付こうという欲求を示している。また、一世の目標は地主になることだったのも明らかだ。開墾作業をした一世は、比較的広い土地を開墾したことがほとんどで、それは、そこに長いあいだ住みたいという希望を表していた。さらに一世はいろいろな場所に移りはしたが、それはあくまでも住んでいたコミュニティや地域内での話であり、引っ越してもその地域に根付いているのだという感覚を持っていた。

たとえば、カンジュウが働いた三か所の農場はすべて、ホワイトリバー・バレーのオブライエン地区内にあった。父カンジュウが農業に戻ったとき五歳だったジョン・マツオカは、当時のことをこう振り返る。「最初は川のほとりに住んでいたんですが、川と小学校の真ん中あたりにあるヤテセスさんの農場に引っ越したんです。ヤテセスさんがマーモ苗木園に農場を売ったあとは、うちはオブライエンの線路の近くにあったオルセン家の農場に引っ越しました。

いま考えてみると、そのとき私は一二歳でしたが、木の切り株や根っこをダイナマイトで飛ばしてから燃やして、開墾する手伝いをしてましたね。ヤテセスさんの農場には日系人が三人いました。一緒に土地を開墾して、馬を使って切り株を積み重ねて燃やしたもんです」。地主は、こうして耕作可能になった土地を苗木園に売ったという。マツオカ一家は、次はオルセン家の土地に移って五年間耕作したあと、地主と仲良くなり、一九三〇年代はずっとそこに住んだ。

マツオカ家の農場は隣近所の日系人の農場と同じように、アメリカ人の嗜好と市場の変化に対応しながら、さまざまな作物を作っていた。マツオカ家の農場だけでなく、ほぼすべての輸送園芸農家が作っていたのはイチゴだった。

イチゴがはじめて栽培されたのは南北アメリカだ。ヨーロッパでは、何世紀ものあいだ野生のイチゴが見られたが、栽培化されたのは一三世紀になってからだった。一七世紀と一八世紀にバージニア産とチリ産の新しい品種が交雑されて生まれた新しい品種に人気が出て、ヨーロッパの野生種に完全に取って代わった。イチゴはアジアではまだ珍しかったが、アメリカには、一八三四年にすでに入っていた。日本で最初に商業的にイチゴが栽培されたのは一八九九年だった(3)。

イチゴは一世の輸送園芸農家にとって、ほぼ完璧な作物だった。耕作地一エーカー当たりの利益は、ほかの作物に比べてもっとも優れていた。人気が高くいろいろな市場で売ることができたうえ、冷蔵技術や輸送のスピード化のおかげで遠隔地でも売れた。西海岸の気候と土壌はカリフォルニアからワシントンまでおおむね良好で、日系人がイチゴを育てても白人の敵意を招くことはなかった。オレゴン州を除いた西海岸の白人は、イチゴは大切な作物だとは考えていなかったからだ。一世は地域社会と対立を招くような競合を避ける傾向にあったため、イチゴ栽培はこの点でもうってつけだった。(4)

何よりもイチゴ栽培は必要な資本がきわめて少なかった。一世は、わずか数百ドル投資するだけでイチゴ栽培を始められることが多かった。(5)土地を探して、イチゴの苗とわずかな設備機械に投資をして時間と労働を提供すればよかった。労働については家族がいることも大切だった。ある一世は次のように言っている。「イチゴ栽培に必要なのは、馬一頭、鋤一丁、それからたくさんの子ども、それだけだ」(6)

もちろん、売り物としてもイチゴが最適の作物だったことは言うまでもない。市場に出回り価格が下がるにつれて、一九〇〇年から一〇年、栄養満点のイチゴは人気沸騰となった。イチゴを栽培しようとする者は特に一九〇五年から一〇年までのあいだは誰でもかなりの利益を上げることができた。一九一〇年から一四年は不況と過剰生産で価格が暴落して、イチゴ栽培から撤退した者も多かったが、一世の場合は違う作物に切り替えて適応した者がほとんどだった。

イチゴは輸送園芸農家にとってまさにスタート台だった。もちろんそれだけでは生活はできなかった。一九二六年に行なわれた調査によれば、当時、イチゴの価格は比較的高かったが、平均的なイチゴ農家の一年当たりの収入はわずか五九七ドルで、家族を養うにはまったく不十分だった。ただ、キャベツなどほかの青果と一緒に育てる場合は年収がさらに五〇〇ドル増え、何とか食べていくには足りた。(7)

一世はいったん軌道に乗ると、すぐにさまざまな種類の作物を手がけた。まったく別の種類の農業に従事するようになった者も多い。たとえばホワイトリバー・バレーでは、一世の多くは酪農農家[8]になった。オレゴン州のフッドリバーでは、イチゴ栽培に代わって、あっという間に柑橘系の栽培が見られるようになった（これは、オレゴンでは白人中心のイチゴ栽培産業がすでに存在していたことが大きい）[9]。

一九一五年までイチゴの価格は下がり続けたが、日系人農家はイチゴを作り続けた。それはいつも畑作りを始めようとする新しい人手があったこと、イチゴの需要が衰えなかったこと、一世がイチゴ栽培にきわめて長けていたことが理由だ。西部や内陸部の各州で人々が買って食べたイチゴの大半は、一世が作ったものだった。こうして、イチゴのイメージそのものが日系人に重ねて見られるようになった。

一方、イチゴは一世のコミュニティの基本的な特徴を形作るのに大きな影響を与えた。イチゴ作りの耕作と収穫には家族が大きな役割を果たした。小さな畑では、子どもが理想的な働き手だったからだ。イチゴ栽培の労働は手間がかかったが、難しくはなかった。そして、小さな手の持ち主の方が、地に低く実るイチゴを摘むには適していた。

さらに重要な点は、いったん植え付けたイチゴの寿命はおよそ五年間だったということだ。つまり、五年が過ぎるとすべてを刈り取って、いちからやり直さなければならなかった。当時はあまり知られていなかったが、イチゴは病原菌を作り出してしまい、土が耕作に適さなくなってしまう。現在は病原菌を殺すため土を殺菌するが、当時は土が痩せてしまったと考えられたため、大量の肥料を施すか（ジョン・マツオカは、オルセン農場で何トンもの鶏フン堆肥をまいたことを覚えている）、ほかの土地に移るか、という方法が取られた[10]。

このように、一世が各地に移り住む大きな原因は、イチゴ栽培にあった。白人が日系人農家を社会経済的にのしあがらせないようにしたことや、白人地主のひどい搾取がこれを補完する形になった。同時に、常に引っ越さなければならなかったため、一世は行動的になり、新しい市場や戦略を考え出すことに常に積極的にならざるを得なかった。また、コミュニティのなかで金銭的に助け合うという日本文化の特質もさらに強まった。農家の団体がいくつか作られ、作物を市場に出すのに大きな役割を果たした。結果的に、こういったことがすべて、一世農家の成功につながった。

本百姓移民が多くを占める、イチゴ栽培を始めた一世農家を中心にしてコミュニティが作られる。一世農家は、ほかの作物栽培も始めたり、あるいはそれに切り替えたりする。このようなイチゴの〝パラダイム〟が、一世の農家が住んでコミュニティを形成したほぼすべての場所で見られた。特にワシントン州ではこれが顕著で、それは、ベインブリッジ島、バションン島、ホワイトリバー・バレー、そしてとりわけベルビューで、イチゴが日系人コミュニティと深く関わっていたからだ。オレゴン州のフッドリバー、同州モルトノマ郡東部のラッセルヴィル、カリフォルニア州南部のガーデナ、北部のワトソンヴィル、アグニュー・アルヴィソ、フローリンなど、西海岸のほかの場所でも同様だった。カナダのブリティッシュ・コロンビア州のフレーザーリバー・バレーなど沿岸部でも、イチゴは一世のコミュニティを形作る大切な役割を果たした(11)。

このなかで、イチゴが地域の主要なイメージになった町も多かった。一年に一度ストロベリー・フェスティバルを開いた町もあり、たくさんの白人客を引きつけた。訪れた客は、取れたてのイチゴを使った目玉商品のストロベリー・ビスケットケーキに舌鼓を打った。ガーデナでは「ストロベリー・デイズ」祭りが毎年あり、バションン島、ベインブリッジ島、ベルビューでも、それぞれイチゴ祭りがあった。

ベルビューの祭りには何万人もの客が押し寄せた。カナダのブリティッシュ・コロンビアのミッション・シティは、「真っ赤な大粒イチゴのふるさと」と売り込んだ。イチゴはこういったコミュニティの誇りを表すシンボルだった。日系人農家はこれをチャンスとしてとらえた。自分たちのイチゴ栽培のスキルと、それが人々の幸せにつながっていることだけでなく、勤勉さと市民としての精神を広められるからだ。そしてそれは、自らがアメリカ人への道を歩む働き者だという、意思表示でもあった。

数年ごとに土地から土地へと移動しなければならないとしてもアメリカに腰を据えたい――イチゴは日系人の切なる思いの象徴でもあった。イチゴがあるところには日系人の家族がいた。特に、難なくしかも熱心にアメリカ式を取り入れたアメリカ市民である二世の子どもたちだ。そしてその二世とともに、日本語学校や日系人の事業団体、野球チームが生まれ、コミュニティに深く組み込まれた。

これはいずれも、「卑劣な欲張りで、ひと財産築いたら日本に帰るつもりなのだろう」という、日系人に対する固定観念にまったく反するものだった。イチゴ農家の日系人は、勤勉さと正直な商売を通して根強い偏見を克服して、アメリカで受け入れられることを心から願っていた。

だが、白人に出されたストロベリー・ビスケットケーキに、和睦の握手を交わそうという気持ちがこめられていたとしても、それは無視された。一世が地域に根付こうとすればするほど、まわりの白人は敵意を強めた。

＊

トム・マツオカがシアトルに着いた数か月後、北西部では、まさに彼のような日系人の存在をめぐって政治的な激震が走った。一九一八年、第一次世界大戦が終わってから日系移民に対する不満は募っていった。復員してきた人たちに仕事がなかったからだ。そして一九一九年の夏、それは爆発した。七月二六日、『シアトル・スター』紙の一面に、大々的に見出しが載った。

「日系人を退去させよ」
復員軍人委員会の委員長が要求

その下にはミラー・フリーマンの小さな写真があり、キャプションには「日系人の脅威を語る」とある。最初の段落に、フリーマンの意見がまとめられている。

日系人はシアトルの宿泊施設の四七パーセントをコントロールし、所有が禁じられている土地を借りることによって、日米間の「紳士協定」の精神を侵している。金曜日、復員軍人保護委員会の委員長、ミラー・フリーマンはそう語った。(12)

この記事は、日系人がシアトルの宿泊施設二一八軒を握り（「握る」というのは、必ずしも所有しているということではなく、ただ宿の切り盛りを任されている人も含まれていたことが後日わかった）、ワシントン州の優れた農地を支配していると、細かく説明している。「シアトル近辺の最良の農地はほぼすべて日系人の手中にある。西海岸のすべての都市近くの農地も同様の状況である。

法律では外国人が土地を所有することは禁じられている。この法の精神は、外国人がわが国の農地で利益を上げるのを防ぐことにある。しかしながら彼らは、わが国にやって来て、土地を借りて耕作しカネを稼いでいる。こうして、法律と『紳士協定』の精神が侵害されているのだ」

さらにフリーマンは、この茶番の結果、第一次大戦のヨーロッパ戦線から復員してきた者たちが労働市場から締め出されていると主張している。「商売をコントロールすることによって、日系人はわが国の復員軍人が再スタートを切るチャンスを阻んでいる」。さらにこの傾向が続いた場合、次のような結果を免れないだろうと警告している。「西海岸に日系人が大勢入って来ているため、白人は東部からの移住をやめている。最終的に、白人が食べていくためには別の土地に移らなければならなくなる。……そうなると、日系人は西海岸の政治で力を握ることになる。彼らは投票をして、政治をコントロールするだろう。日本政府は、どの地にいる国民もコントロールしている。彼らが住む地で市民として受け入れられているかどうかは関係ない(13)」

もちろん、フリーマンのこの長広舌の大部分は真実ではないが、とりわけ最後の点ははなはだしい嘘だ。一七九〇年の帰化法により、市民は「自由な白人」のみに限られたため、日本人移民に帰化は許されなかった。日本人を祖先とする者が市民になる唯一の方法は、アメリカで生まれることだった。だが、フリーマンがこのほかにも何度も明言しているように、アメリカで生まれた日系人も、人種的には白人と対等ではなく、白人社会とは絶対に交わることができないとされていた。彼らは骨の随まで日本人であり、市民権があったとしても、疑わしい存在だった。

フリーマンは後年、自分は日系人にまったく偏見を持っていないと主張しているが、上記の『シアトル・スター』紙でも現れているように、主張の土台はこういった人種隔離主義だった。俗っぽい警句を使って、次のように記事や演説でもそれを主張している（同紙の記事も同様）。「日系人は同化できない。ひとたび日系人なら、それを変えることはできない。人種間の結婚がすべて失敗していることでそれは証明されている。『東は東、西は西、両者は相まみえることはない』というように、水と油は混じり合うことはできないのだ」

そして彼の結論は、一つの政治的な基準になった。「市民としての私の見解はこうだ。この問題について、明確に述べるときが来た。私は白人が住む西海岸を支持し、日系人は柵の向こう側にいることを支持する。移民のさらなる流入はすべて取りやめるべきであり、アメリカ政府は、アメリカにいる日系人も徐々に本国に退去させる制度を検討するべく、日本に働きかけるべきだと考える」(14)

フリーマンが政治の舞台に戻ることは、その八年前からくすぶっていた計画だった。一九一〇年以降は州議会から遠ざかり、例の海軍自衛団に血道を上げていたが、自ら発行する商業新聞では日本政府が恐ろしい陰謀を企んでいると不定期に警告を発していた。そして前回と同じように、今回の排日活動もカリフォルニアで始まった動きに触発されたものだった。

紳士協定によって、西海岸への日本人移民の数はかなり少なくなり、一九〇八年の最高時一万人から、その後は年間一七〇〇人まで落ちた。だがまたその数は徐々に増えた。「写真花嫁」がやって来たことが主な原因で、一九一九年には、日本からの移民は年間八〇〇〇人に増えていた。(15)

アジア排斥同盟は、ネイティヴ・サンズ・オブ・ザ・ゴールデン・ウエスト（訳註「黄金の西部に先祖代々住んでいる者」の意）や米国在郷軍人会など、利益団体のあからさまな支持によって強くなっていた。

アジア排斥同盟が続けていた排日運動と、紳士協定の締結後、日本人移民を排斥するさらなる措置を求める声とに拍車をかけられ、カリフォルニア州議会は一九一三年、最初の外国人土地法を可決した。「市民権を持つ資格のない外国人」というおなじみの表現を使ったこの法案では、日系一世が土地を所有することを違法とした。この法案可決は、日本本国の日本人を怒らせ、「東京では、議会議員が日本国民を守り日本国の威厳を保つために軍艦をカリフォルニアに送ることを要請し、二万人の日本人が歓声を上げた」という。日本政府はウィルソン政権に怒りを持って抗議したが、聞き入れられなかった。(16)

カリフォルニアのように州レベルで日本人移民を禁止しようという考えに、フリーマンは夢中になった。彼は一九一六年、ワシントン州排日同盟を設立して、同州で外国人土地法を作ろうと運動を始めた。当時はこの法案を通すことはできなかったが、一九一九年には復員軍人の置かれた状況が突破口を与えた。

フリーマンは一九一九年はじめ、ルイス・F・ハート州知事に同州の復員軍人保護委員会に任命された。目的は第一次大戦の復員軍人の雇用を推進することだった。雇用が遅れている原因は市場の力が遅々としていることによる、複雑な(だがおそらく短期的な)ものだと述べた経済学者もいるが、フリーマンにとって理由は明らかにただ一つであり、またしても日系人のせい、ということだった。

彼の最初の攻撃は、一七〇人の食品店、クリーニング店、商店主の前で七月に行なった「この国は白人の国だ」と題した演説だ。フリーマンは、一九〇七年から引きも切らずにやって来る写真花嫁について非難し、日系人女性は白人の五倍も子どもを産むのだと主張した。(17) この傾向に歯止めがかけられなければ、西海岸全体が日系人に完全に乗っ取られる日も近いだろうと警告した。(18) また、日系人は同州の幅広い面積の土地を所有して、コントロールしていると言った。

日本語新聞の『北米新聞』の発行人スミキヨ・アリマは、これを批判した。「同委員会の意見は大きな過ちである。…同委員会が言うように現在よりもさらに厳しく日本からの移民を制限しなければならないなら、それは妻が日本からアメリカに来て夫と暮らすことを制限することになる。この国にいる日系人の若者に、妻を連れて来てはならないというのは非人間的であり、不当であり、非クリスチャン的である。さらにいえば、日系女性は復員軍人と絶対に競合する存在ではない[19]」

このコメントは七月二五日、『シアトル・スター』紙の一面に載った。翌日、同紙の一面でフリーマンの運動が爆発した。

*

一九〇〇年代はじめ、排日運動のすべての根底にあったのは、白人至上主義の原則だ。白人は自然の完璧な創造物であり、世界に文明と光をもたらすよう定められている——そういう考え方が、何の疑問も持たれずに広く信じられていた。このような昔ながらの人種差別は、人気の高い本や、自称科学者が後ろ盾となり、怪しげな方法を使って学術的なものに見せかけていた。

もっとも人気があった論者は、ロスロップ・スタダードとマジソン・グラントで、それぞれハーバード大学とイェール大学卒だと吹聴していた。二人とも人種問題について、うわべは人類学的、生物学的にアプローチしていたが、それは、ニセ科学的な用語をまとった白人至上主義に過ぎなかった。グラントは一九一六年の著作『偉大なる人種の死』(未訳)で、次のように書いている。

われわれアメリカ人は、この一〇〇年、社会発展の主眼になってきた利他的な理想と、アメリカを「抑圧された者の避難所」にした感傷主義によって、わが国を人種的な混沌に向かわせていることに気づかなければならない。メルティング・ポットが何の抑制もなしに煮えたぎることが許され、国のモットーにしたがって、あえてあらゆる「人種、信条、肌の色の違い」を見ようとしないなら、植民地時代のアメリカ人の子孫は、ペリクレスの時代のアテナイ人や、ロロの時代のバイキングのように滅びてしまうだろう。(20)

また、スタダードは一九二二年、『白人至上世界を襲う有色人種の波』（未訳）を著し、グラントは敬服した調子で前書きを寄せている。同書でスタダードは、真の脅威は南部の黒人ではなく、東洋人だと書いている。「世界が黒人の血で圧倒されるという喫緊の危険はない。だが、白人の血統が東洋人の血によって圧倒されるという危険は、まさにそこに迫っている(21)」

両書とも全米のベストセラーとなり何刷りもされた。彼らの主張は人種についての思いこみと深く絡み合い、排日運動の中心となった。この問題はその前の一〇〇年において人種問題が論じられたときと同じように、最終的には優生学を使って論じられた。優生学は、社会と個人の健全さのためには慎重な血統作りが欠かせないとする、広く信じられていたニセ科学だ。(22)したがって非白人に対して行なわれた排斥運動では、非白人は人間以下というだけでなく、白人の「健康」に深刻な脅威をもたらす有害なずだとされた。カリフォルニアの東洋人排斥運動でジェームス・フェランは、次のように発言している。

「ネズミが穀倉に入っている。扉の下から忍びこみ、おそるべき速さで繁殖している。退治しなければ、われわれは穀倉を失うことになるだろう」(23)

なかでも異人種間の結婚は社会・個人レベルの腐敗だととらえられた。フリーマンが新聞で排日運動を始めるわずか数週間前、『シアトル・スター』紙では、シアトルのある白人女性に自殺の疑いがあるという記事を大々的に載せた。この女性はジョセフ・スギウラという日系人と結婚していた。夫婦の写真の上には、「日系人白人妻の死体行方不明」という見出しがあり、「日系人の妻では『意味のある存在』になれないと自殺を示唆」と副見出しがある。有名人以外の自殺は、当時もいまと同じように微妙で心痛を招くような問題だったため、ほとんどの新聞は報道を控えていた。だがこの事件の〝道徳の教え〟は、そのような懸念を吹き飛ばしたようだ。

土曜日、警察はジョセフ・スギウラさん（一九歳）の遺体をシアトル近辺の湖岸と海岸で探索した。スギウラさんは日系人の白人妻で金曜日に遺書を残してイエスラー・ウェイ一一〇七番地の自宅から消えた。病と社会的地位への心痛による一時的錯乱が原因だと警察は見ている。

記事ではこの女性の遺書の内容が詳述されているが、重いうつ状態だということが見て取れる。「さようなら。これをあなたが読むころには私の悩みはすべて消えているでしょう。人生はいいものだ――なんとうそ寒い言葉なのでしょう。人生は私にとってずっと薬草のように苦かった。誰かにとって意味のある存在になることができたなら、どんなに良かったでしょう」。記事には、彼女が過去三回にわたって同じように自殺をほのめかし、そのたびに違う場所でけっきょく無事見つかっていることも書かれている。同紙では、彼女の死体が見つかったという記事はその後発表されていないため、このときも同じように無事だったという可能性は大いにある(24)。

このような状況のなかで、『シアトル・スター』紙が一九一九年七月に始めた排日運動で、人種という要素が大きな役割を果たしたのは当然だった。フリーマンが最初に声を上げてから一か月、同紙の紙面には、日系人の脅威について記事が何度も書かれた。それはあらゆる面をおさえていた。

日系人の脅威に明らかな事実が

日系人の写真花嫁が押し寄せる

日系人問題について市の徹底調査を求める

われわれは日系人問題を黙認していいのか(25)

このような記事の基本的な考えは、移民である一世も、その子どものアメリカ市民である二世も、「真のアメリカ人」には絶対になれないということだった。「現在も将来も彼らが同化することは絶対にありえない」。フリーマンはそう言い切った。したがって、彼らが増えることは白人が駆逐されるという結果しか招かないのだと。

同紙で排日運動が始まった二日目、見出しの下には次のような題の論説が載った。「この国は白人の地であり続けるのか」

土曜日、ミラー・フリーマン氏は本紙で日系人を西海岸から退去させること、そして、今後日本からの移民を制止する措置をとることを提案した。これによって論争が巻き起こり、シアトルは目を覚ました。もはや先延ばしも、秘密裏の解決もできない問題と直面していると。

ジャップはここに来ている。彼らはシアトル近辺の最良の農地を矢継ぎ早に入手している。シアトルの商業を掌握している。

…ジャップは白人の五倍の速さで繁殖する。問題がいま解決されなければ、完全に西海岸をコントロールすることに必ずやなるだろう。ハワイやサクラメントバレーが完全に日本化されたようなはめにワシントン州も遭うだろう。(26)

この排日気運を受けて、シアトルで議会の公聴会が開かれることになった。共和党議員アルバート・ジョンソンが議長となった。彼はワシントン州ホキアム出身の元新聞記者で、一九一三年から州代表の下院議員五人の一人だった。以来、連邦下院〈移民と帰化に関する委員会〉の委員長をつとめていた。地元の市民のリーダーが何人も話し、日系移民の波に対して対策を練ることを要求した。在郷軍人会の地域代表者は次のように話した。「これはアメリカ主義の危機だ。われわれは一〇〇パーセント、アメリカ主義を支持しなければいけない。この国はアメリカ人のために作られたのであって、非アメリカ的な日系人のために作られたのではない(27)」

ジョンソンが率いる同委員会はその後、この問題について何も行動を起こさなかったが、翌年一九二〇年、選挙の年の夏、ジョンソンはこの問題を演説や議会で積極的に使った。すべての移民を一年間中止する法案を提案し、そのあいだ日系移民の問題を調査する方針を決めた。だがこの法案は、各人種の移民についてそれぞれ割り当てを設定する法案に負けた(28)。そこでジョンソンは、タコマで選挙運動中に、東洋人の移民すべてを禁止するよう連邦政府に働きかけようと、「地域の運動」を求めた。さらに、「ワシントン州の農業と商業における日系人占領の脅威の広がり(29)」について調査することを発表した。

一方、フリーマンと排日同盟は、ワシントン州でも外国人土地法を成立させようと運動を進めた。フリーマンは一九二〇年の演説で、その理由を次のようにまとめている。「むろん、日系人に対する偏見がきっかけだったわけではない。彼らを観察すればするほど、その粘り強さと効率のよさには感服するばかりだ。

彼らは私たちより劣ってはいない。実際のところ、農業、漁業、商業で白人をうち負かす能力をいつも見せてきた。勤勉に働き、いかなる安楽や贅沢に浴することなく、女性を労役に使い、仲間と一丸となってアメリカ人には負かせないものを作り上げてきた(30)」

これは、スタダードやグラントなど、白人至上主義者のあいだでよく見られた東洋人に対する見方だった。彼らは東洋人が科学や芸術において優れていると口を揃え、その知性を認めた。だが道徳の面で欠如しており、それゆえに劣った人種だと考えていた。グラントは次のように書いている。「こういった人種は身体面でそうであるように、知性の面や道徳の面でも異なっている。道徳的、知的、精神的な性質は身体的な性質と同じように不変であり、世代から世代へと変わらずに受け継がれてゆく」[31]。そして東洋人には生来道徳観が欠如しているため、経済、軍事面で危険な競合相手になりうるとした。それは、「良き」白人が健全な社会を作り出すために当然だと考えるような、ふつうの自制心に彼らは欠けているからだと[32]。

フリーマンは、日系人は北西部ですでに基盤を固めていると主張した。『ワシントン・ファーマー』紙の論説ではこう言い切っている。「シアトル近辺の最高の農地はすべて日系人の手中にある。…シアトル市がすべての人のために作った自由な市場は日系人が掌握している。数多くの委託販売店を作り、まもなく実質的な独占状態となり農産物をすべて売るようになるだろう」[33]

フリーマンの先導のもと、復員軍人の組織はさまざまな労働団体や食品店の団体、在郷軍人会、退役軍人クラブ、ネイティヴ・サンズ・オブ・ザ・ゴールデン・ウエストの支部と協力した。日系人は白人には寛容できないような条件を受け入れることによって、白人を凌駕しているというフリーマンのスローガンを、ほかの者も掲げるようになった（日系人がこのような「競合性」を持つようになったのは、いろいろな点で、白人から強いられた条件の産物であるということは、ほとんど認識されなかった）。そしてこのようなスローガンは人種差別に派手にアピールするものが多かったが、ほとんどの場合、経済的な動機が強かったのは明らかだ。ときにははっきりとそれが表現されて、両者が同じものとして表現されることも多かった。

たとえば、日系人に対して法を強化しようとワシントン州議会の前で証言したある果物店主は、こう語っている。日系人の競合相手に店を五〇〇〇ドルで買い取ると言われて拒否したところ、相手は一万ドルを使って彼を追い出すと言い、彼はけっきょく最初の値段の半分で店を売ることになった。議員たちは仰天して恐ろしがったが、競合相手が白人だったら、彼の懸念が適切だったかどうか、誰も考えようとはしなかった。(34)

前述のアルバート・ジョンソンのような政治家は、特に排日運動に乗る傾向があった。それは、排日運動を起こしていたグループが大きな有権者グループを代表していたからだ。一方、日系人に選挙権はなく、政治的な勢力はまったくなかった。特に田舎地方の議員は日系人の脅威を攻撃し、アメリカ社会と文化を救わなければいけないと高潔に話すことが有権者を引きつけることを見出した。また、州レベルにおいてもこの問題は大きな役割を果たした。共和党議員のハート州知事は、日系一世に土地を貸すことを違法化する公約をして再選を遂げた。彼のライバルだった共和党議員、ジョン・ストリンガーはさらに一歩進んで「ピュージェット湾地域のすべての土地をジャップから取り上げて、復員軍人の手に渡すことがわれわれの義務だ(35)」と主張した。

日系人と、彼らが作る作物を流通させていた青果団体など、数少ない仲間は、白人に比べてまとまりがなかった。法案への名ばかりの抗議をしようとしたが、人数がかなわなかった。一九二一年はじめに召集された議会では、排日法案が多数待ち受けていた。第一の法案は、日系人が所有する宿泊施設にすべてアメリカ人の守衛を配置することを義務付けるものだった。第二の法案は日系移民の公式調査を求めるものだった。第三の法案は「いかなる外国人と不忠誠な人物」も公立・私立の学校では教鞭をとれないとするものだった。以上はすべて途中で却下されたが、目玉となった第四の法案は、上院と下院でほぼ問題なく可決した。この法案は、「市民権を得る資格のない外国人」すべてに対して土地の所有を禁じ、また、そのような外国人に土地を売ったり貸したりすることを刑事犯罪とするものだった。下院は七一対一九、上院は三六対二で可決した。再選したばかりのハート州知事はすぐにこの法案に署名した。(36)

政治的な勝利に喜んだフリーマンは、歯に衣着せぬ調子で日系人コミュニティに向けて次のような言葉で記事を締めくくっている。「この国の人たちはあなたたちを招待したことは一度もない。あなたたちはこの国に自らの責任で来たのだ。日本からの移民は止められたとわれわれが考えたあとに大人数でやって来た。それだから歓迎されないことはわかっていたはずだ。この異常な状況を招いたこと、それはあなたたちの責任なのだ」(37)

＊

その後三年間、日系移民に対する排斥の嵐は続いた。大半の場合、政府のお墨付きだった。ニューメキシコ州は一九二二年、オレゴン、モンタナ、アイダホの各州も一九二三年、外国人土地法を可決した。(38)ワシントン州の州議会は、一九二三年、州の外国人土地法をさらに強化した。市民権を得る資格のない外国人に土地を貸したり売ったりした者に対して、州司法長官が土地を差し押さえる権利を得た。(39)

米国最高裁判所もこれに関わってきた。一九二二年、オザワ対アメリカ合衆国の裁判で、東洋人すべての排斥が正式に認められた。タカオ・オザワという日系一世が、地方裁判所で市民権を得る権利を拒否された判決を覆そうと訴えを起こした。オザワは人生のほとんどをアメリカで過ごし、教育もアメリカで受け、アメリカの大学の産物であり、家では英語を話すキリスト教徒だった。裁判所は、彼が「人格、教育面共に市民権にじゅうぶん値する」としながらも、移民法では帰化を「自由な白人とアフリカ生まれの外国人」のみに限定しているとして、彼の訴えを却下した。[40]そして一九二三年、最高裁判所はワシントン州の外国人土地法の合憲性を支持した。このテラス対トンプソン裁判では、市民権を得る資格のない外国人は、法律の下では同じように保護されないという判決が出された[41]（ワシントン州キング郡の地主テラスという男が、日系一世農家に土地を貸したいと主張して、外国人土地法の施行について州司法長官を訴えていた）。

最後の事件は一九二四年に起きた。アルバート・ジョンソンが連邦下院〈移民と帰化に関する委員会〉の委員長として、各国籍の移民をそれぞれ二パーセントと設定する一方、市民権を得る資格のない外国人の移民を禁止するという法案を提案した。法案は下院をすぐに通過したが、上院では日本からの移民割り当てもするように規定が変えられた。ところが、マサチューセッツ州の共和党議員ヘンリー・キャボット・ロッジが日本大使の手紙を糾弾した。この法案が可決したら、日米両国の関係に「重大な影響」があるだろうと警告したこの手紙を、ロッジはアメリカに対する「婉曲的な脅し」だとした。ロッジは下院の法案を支持するように強く呼びかけて、紳士協定の時代が幕を閉じた。まもなくカルバン・クーリッジ大統領が法案に署名し、日本人を完全に排斥することが合法化された。正式には一九二四年移民法という名のこの法案は、「排日移民法」として知られるようになる[42]（その最終条項には、『妻』と『夫』という言葉は代理人や写真結婚によるものを含まないこととする」とあった）。

一つ一つ見ればこのような人種差別的な措置は、当時、それほど大きいものではないように見えたかもしれない。しかしこれは最終的に歴史に甚大な影響を与えた。日本で、外国人土地法の可決を見守っていた日本国民は怒髪天を衝いた。排日移民法が可決したというニュースが発表されると、東京やほかの都市で大騒動が起きた。作家のパール・バックが後日書いているように、当時生まれたばかりで徐々に広まっていたアメリカ式の民主主義は、これで一夜にして消えた。(43) その後二〇年間、軍人が日本を牛耳り、完全に権力を手中に収めた。その基盤の一つが反米主義であり、一九四一年終わりに、戦争という形でついに結実したのだ。

一方アメリカでは、このような排斥法によって土地を所有する一世農家は難しい立場に追いやられた。ベルビューのタケシタ家のように、土地の登記書の名義を市民権のある日系人にして法を免れたケースもあった。しかしほとんどの一世は登記書を二世の子どもの名義にしなければいけなかった。子どものほとんどは成人年齢に満たなかったため、その場合、登記書は地域の白人の弁護士に委託された。子どもがいなかったり、同じような方法で免れることができなかった者は土地の所有権を奪われた。

外国人土地法は、知名度を高めようとする地元ワシントン州の政治家にとっても、いい手段となった。一九二〇年同州キング郡の検事として選ばれたマルコム・ダグラスは、一九二二年春に始まった同州の外国人土地法に違反した例について、一連の裁判を行ない喧伝した。ユーウィン・D・コルビンという名の押しの強い副検事によって、土地法の違反例九四件を明らかにし、追及すると発表した。まもなくバション島とホワイトリバー農協の農家数名を訴えて勝訴し、さらにほかの件も積極的に追及した。ダグラスは一九二三年、少なくとも八〇〇件以上、起訴の可能性があるケースを調べたと述べており、これには法律を無視した白人も含まれる。ダグラスの取り組みは一九二五年まで続いたが、当初の勝訴の勢いが失われ、目立った裁判でいくつか敗訴してからは徐々に弱まった(44)。

一九〇五年ベルビューに移民したリュウタン・クリタは、ベルビューではじめて土地を所有した一世だ。あるもう一人の熱心すぎる検事によって、まるでカフカの小説のような悪夢を経験することになる。一九一五年、現金が必要になったため、クリタはベルビューのサンセット・ハイウェイ沿いにある土地(一九〇九年に購入)の登記を売り、最後のローンを払った。登記書は日系人が経営する投機会社の手に渡ったあと、人の手に二回渡り、最終的に白人が経営する投資会社のものになった。クリタはスノコルミー製材所で仕事をするために引っ越していたが、一九二一年ベルビューに戻り、ふたたび農業を始めようと考えていた。それから二年は農業をやっていたが、突然、州司法長官L・L・トンプソンに起訴された。

この事件を覚えているベルビューの二世は、誰か地元の者がトンプソンを動かしたのだろうと考えている。クリタの土地は価値が上がったからだ。動機が何であれ、クリタの土地の登記書を所有する投資会社は、白人が登記書を持つ土地でクリタが農業をできるようにしたトンネル会社であり、外国人土地法の意図に反するものだとトンプソン長官は主張した。陪審員のいない裁判でクリタは意外にも勝訴した。起訴のじゅうぶんな理由がないからと、訴えが退けられたからだ。トンプソン長官は州の最高裁判所に上訴したが叶わなかった。だが、この裁判のせいでクリタは貧しくなり、傷心を抱えて日本に一九二八年に戻った(45)。

ワシントン州全体で日系人から土地を取り上げようと一〇〇件もの裁判が行なわれた。後年の研究から、このほとんどすべてが日系人の競合相手から出された不平によるものだったことがわかっている。

またいくつかは有権者の人気を得ようとした政治家が始めたものだった。ワシントン州の日系一世の農場主や農場労働者の数は、一九二〇年から二四年のあいだ、七八パーセント減った[46]。当初、排日法はその意図した効果をもたらした。ワシントン州の日系一世が所有する農場は、ピーク時だった一九二〇年の六九九件から、一九二五年にはその半分以下の二四六件になった。一九二〇年、農場の面積は二万五三四〇エーカーだったが、一九二五年にはわずか七〇三〇エーカーに減った[47]。

さらに、外国人土地法の可決とそれに続いた起訴は、一世農家の希望を打ち砕いたに違いない。彼らは勤勉さを見せれば、アメリカ社会で最終的には受け入れられるだろう、そしてひいては市民権を得ることもできるだろうと信じていた。けれどもそのような希望は、楽観的に見ても遠いものとなり、現実的にはおめでたい考え方になってしまった。荷物をまとめて、メキシコなど別の土地に移ろうと話し合ったコミュニティもあったが、日本に帰ろうという話は誰も持ち出さなかった[48]。

だが長期的には、一世の適応力が勝った。これはすでにイチゴ畑で根付いていたものだ。排日派が一世の土地所有を排斥しようとした試みは裏目に出た。ベルビューの例のように、生き残った一世農家は、二世の子どもの名前で土地を買った者が多かった。排日法が可決する前、一世は農業をやっていた土地のおよそ五パーセントのみを所有していたが、一九三〇年には二五パーセントになった。したがって当初は影響があったが、徐々に一世にとって状況は有利になった。一九三〇年のワシントン州の国勢調査によれば、同年の日系人所有の農場は五二三件で、総面積は一万三〇〇〇エーカーだった[49]。

外国人土地法は、当初はある程度、日系人の移動を余儀なくさせたが、悲劇と痛みを引き起こしたわりには、けっきょく手ひどい失敗に終わった。この法の可決後一〇年間、カリフォルニアの土地の保有状況を調べた研究者ロジャー・ダニエルズは、日系人を排斥するといった意味では、この法律はひいき目に見ても「ちょっとした邪魔」にしか過ぎなかったと述べている。ほかの研究でも同じような結論が出されている。しかし、同じように明らかだったのは、排日運動が一世の農業コミュニティの性格を変えてしまったことだ。もっとも冒険心に富んだ移民を排斥してしまったことによって、日系人コミュニティはさらに保守的で消極的になり、ひとところに根付く性質を強めた(50)。

こうして、敵がどれほど排斥を試みようとも、日系人はワシントン州に永遠に根を下ろした。

＊

ベルビュー近辺で輸送園芸をやっていた一世農家は、ほかの地域に住む農家のパターンに従った。最初はイチゴ栽培で始め、すぐにほかのさまざまな青果に手を広げた。だが真のニッチはイチゴで、少なくとも消費者にとって、イチゴはもっとも目立った作物であり続けた。日系人農家は、粒がやわらかすぎず大きく甘いイチゴを育てる腕を備えていた。ベルビューは美味しいイチゴの名産地として名をあげた。

ヤーロー・ポイント地区近くに家族の畑があったケイノ・ヌモトは言う。「ベルビュー産のイチゴを見た人はみんな、大したもんだ、と目を丸くしたものです」

ベルビュー産のイチゴは、当初シアトルのパイク・プレイス市場で名を馳せた。大粒の甘いイチゴは人気が高まり、たちまちベルビュー近辺の名産品となった。

小さな町だったベルビューは、いわば一人前になるためにまだ一歩一歩進んでいるところだった。一九一六年に電話線が引かれ、一九一八年、アメリカン・パシフィック捕鯨会社がベルビューのメイデンバウワー湾に操業所を作った。ベルビューはアメリカ最後の捕鯨港の一つになった（クジラ自体がベルビュー近辺に持ち込まれることはなかった）[51]。同じ年、地元の小新聞『ザ・リフレクター』が創刊され、町のできごとや商店についてのニュースを報じた。ワシントン湖の南にある町レントンからベルビューまでをつなぐ三〇キロメートルの道路が一九二〇年に完成し、ベルビューは徐々に大きくなっていった。住民は主に白人で、商人、専門・熟練工、職人などだった。農業をやる白人もいた。ケルシークリーク地区には酪農場一軒、養鶏農場二軒、リンゴ果樹園数軒があった。アドルフ・ヘニッグは、一九二三年クライド・ヒル地区にブドウ園を作った。彼の作るブドウは市場で高い人気を誇っただけでなく、最高時には年間四万五〇〇〇リットル以上も売れたジュース事業を生み出した[52]。

だがベルビューの農業のほとんどは、日系一世とその子どもたちが行なっていた。日系人は主にベルビューのミッドレイクス地区やピーターソン地区に住んだが、農場はクライド・ヒル、ファントム・レイク、ウィルバートン各地区などに散在していた。輸送園芸はたいへんな手間がかかり、あまり利益が上がらない。狭い土地で最大限の生産性を上げなければならず、需要を満たすために作物の量を調整しなければならなかった。そのため、白人の農家が輸送園芸をやることはほとんどなかった。作業が簡単な広い土地で行なう、集約的な管理が必要ない農業に慣れていたからだ[53]。

当時、ベルビュー名物のイチゴの九五パーセントが、日系人の農場で作られていたと推計される。イチゴ栽培は手作業で、狭い土地で作られていた[54]。一年かけて、エンドウやインゲンなどほかの野菜を作って得られる収入を、イチゴは数週間で得られることを日系人農家は学んだ。

イチゴの植え付けと世話は手間こそひどくかかったが、比較的単純な作業だった。生育期は男手一人とその家族だけで、ほとんどの作業をすることができた。収穫期はもっと人手が必要だった。

ヌモトは振り返る。「収穫期は人手が必要で、家族だけでは無理でしたね。イチゴの量が多すぎる。いつもタイミング良く収穫しなきゃいけませんから。

うちでは、時間給で働く日系人の女性をシアトルで探して雇いました。農場にやって来て、収穫期は農場で泊まるんですよ。収穫期が終わると賃金を受け取って家に帰ります。ほとんどが日系人が経営する宿泊施設に泊まってましたね」

このように、収穫期になるとベルビューは労働者であふれた。地元の若者も手伝いに加わることがあった。そして間もなく観光客も訪れるようになった。

ベルビューはすでに週末の小旅行の目的地として評判が高かった。一九〇六年から一九二〇年代終わりまで、ベルビューのメイデンバウワー湾に面したワイルドウッド公園はシアトルから観光客を引きつけていた。定番のコースは、シアトルのパイオニア・スクエアからイエスラー・ウェイまでトロリーカーに乗り、湖岸のレスキ公園まで行くことだった。そこからフェリーに乗って対岸のメイデンバウワー湾まで乗り付ける。ワイルドウッド公園には野外堂があり、〈ビッグバスケット〉という年に一度の祭りがあった(55)。ただ、レスキからのフェリーが航路を変えてベルビューに行かなくなり、数キロ先のメディナ地区に行くようになってから観光は衰退した。町のリーダーは地域を活性化する新しい方法を探し始めた。そして日系人の農場を見てひらめいた。

イーストサイド地域の歴史研究者ルシール・マクドナルドは、ベルビューのストロベリー・フェスティバルのアイディアを思いついたのは、地元の不動産業者チャールズ・W・ボビーの妻だと書いている。

一九二五年のある夜、彼女はイチゴの収穫をテーマにしたお祭りの夢を見た。不動産業者だった夫に伝えたところ、いいアイディアだと、友人に広めた。男女五人ずつで作られた委員会が発足し、四〇ドルが寄付され、第一回目のストロベリー・フェスティバルが一九二五年六月に開かれた…

ベルビューは大量のイチゴを送り出してイチゴの代名詞になった。一回目の祭りが成功し、二回目は次の年の六月に予定された。五〇〇〇個以上のストロベリー・ビスケットケーキが売られた。大量のイチゴの生クリーム添えと、何百杯ものコーヒーとミルクが売れた。生クリームの売り上げだけでも一二五ドル分にもなった。祭りにやって来た客は音楽や展示を楽しんだ。三年目にはほかの地域から五〇〇台もの車がやって来て、何隻もの大きな船がワシントン湖の湾に錨を下ろした。(56)

祭りの規模はどんどん大きくなり、ベルビューのイメージと切っても切れないものになった。一九三〇年代にはまだベルビューの人口は二〇〇〇人足らずだったが、一万五〇〇〇人も集客した。祭りはパレードで幕を開け、選ばれた「ストロベリー・クイーン」がパレードの先頭を切った。祭りの組織委員会に日本人が含まれたことはなく、ストロベリー・クイーンに選ばれたのはいつも白人だった。一九三九年には、イチゴを作る人々を記念して、着物を着た日本人の少女たちが踊った。

ストロベリー・フェスティバルは、ベルビューの住民にとってもいちばんの楽しみだった。ロバート・ヘニッグは言う。「フェスティバルにはいつも行ってましたよ。それはもう本当に大きなストロベリー・ビスケットケーキが買えたんです。最初は一五セントくらいでしたが二五セントに値上がりしましたね。本当にたくさんイチゴがありましたよ。女性が大勢集まって、準備のためにイチゴを運んでました。…金、土、日はカークランドからグループが来て催しをやって、レントンからも来て何かやってましたね。日曜日はシアトルからで、プログラムはやりませんでしたが、やって来てビスケットケーキを食べてました」

日系人の住民にとっても大きなイベントだったが、イチゴ栽培に忙しく、祭りに参加できないことも多かった。ミツコ・ハシグチはこう話している。「楽しかったですね。シアトルやいろいろなところから何千人もの人が来て、素敵でした。みんながみんな、楽しみにしていました」

＊

ベルビューに住んだ日系人たちは、誕生、結婚、死、そして悲劇といった、人生の春夏秋冬を経験した。

ヒロタカ家の農場からそう遠くない、半キロメートルほど北の一一六番通りには、日系人家族の墓地がある。パイオニア・メモリアル公園の一部だが、当時はほかの墓地から隔離されていた。自らそうしたこともあるが、キリスト教の墓地では仏教のお堂をまつることは許されなかったからだ。この墓地は徐々に、老いた親や、病気で亡くなった子どもや、悲しい運命の犠牲となった者の名が彫られた墓石などで埋められた。

トクオ・ヌモトは一九〇四年にベルビューに来て、弟を一人大学に行かせ、もう一人には近くの農場を始めさせた。ヌモトは一九一八年に大流行したインフルエンザで亡くなり、ここに葬られた。

カメジ・ヤブキの長女は一九二〇年、インフルエンザで亡くなり、妻は次女の出産時に次女と共に亡くなった。ヤブキは日本に帰り、仲立ちを通じて再婚し、一九二一年、新しい妻とアメリカに戻った。妻は英語をまったく話せなかった。ヤブキはホートンにある温室で働き、娘四人と息子二人の、新しい家庭を築いた。次女のローズは一九二三年に生まれた。

最大の悲劇は一九二五年、テイキチ・スダの家族にふりかかった。スダ一家はシアトルで友人と時間を過ごしたあと、メディナ地区行きのフェリーにレスキ公園から車ごと乗った。ところが、なぜか車が止まらず、フェリーの端まで突っ走り、湖に落ちてしまった。スダと妻と子どものうち二人、そしてシアトルのタキザキ一家の子ども二人がこの事故で溺死した。スダの子どものうち、ほかの二人は助かり、シアトルのメアリーノール修道院で育てられた(57)。

ベルビューに最初にやって来た日本人の一人、タツノスケ・ヒロタカは、頑強な大男だったが、一九二三年に心臓マヒを起こして亡くなった。残された妻のナミは、農場を一人で切り盛りした。ヒロタカ一家にとって幸いだったのは、息子が大きかったので、農作業のほとんどは息子にまかせられたことだ。適齢期だった長女のカズエはある若者と結婚し、若い男手が増えた。

＊

その若者トム・マツオカは、アメリカに来て以来、野球に夢中だった。当時、日系人はアメリカ社会になじまないと固く信じられていたが、地域の野球グラウンドに行けば、一世も二世もアメリカ文化の代表である野球に興じていたのを誰もが目にしたことだろう。

野球に触れたのはアメリカがはじめてという一世も多かったが、当時、野球はすでに日本に広まっていた。一八七〇年代、日本にやって来たアメリカの宣教師が野球を教え、たちまち田舎でも人気が広まった。アメリカに来たときはすでに野球の基本を知っていた一世も多く、自らリーグを作って腕を磨いた。シアトルで最初の日系人チームは一九〇四年に作られ、初の二世チームが一九〇九年から試合を始めた。アメリカ人になろうとしていた二世の多くにとって、野球は親の興味の対象と自らの新しい生活の素晴らしいかけ橋だった(58)。

マツオカは日本では野球をやったことがなかったが、バーンストンに住んでいたとき、たちまち夢中になった。製材所で働くためにポート・アンジェルスに引っ越してからも、野球は続けた。日系人で構成された野球リーグが生まれ、いろいろな町の製材所のチームができ、試合をした。マツオカもチームに参加した。ポジションは主にキャッチャーだった。

「日系人の男がたくさんいましたね。みんな野球をしたかったんです。友人に日本の大学にいたナカシマという男がいて、ものすごく腕のいいキャッチャーでした。私が始めたときは二世も多かったです。ポート・アンジェルスの製材所にいたころには、私も結構腕をあげてましたよ(59)」

間もなく野球はマツオカの生活の中心になった。シアトルにまた戻り、パイク・プレイス市場の屋台で父親の農場でできる青果を売った。そうして夏の夕方と週末は野球ができるようにして、製材所から製材所へと移るようになった。給料などの理由で移ったのではなく、製材所の野球チームにリクルートされたのだ。そのため製材所の仕事が楽になることもあった。チームが力をつけるとスカウト合戦も激しくなった。マツオカはレニア山の近くにあったナショナル製材所のチームで野球をやることにほとんどの時間を費やすようになった。

「イートンヴィル製材所の野球チームとは何度も試合をしましたよ。…うちのチームに負けるのが嫌でシアトルから選手をスカウトしてきたそうで、腕のいい選手がたくさんいました。…それで負かせなくなった。それまではいつも勝ってたんですが、もう勝てませんでした。それで次の年ぐらいにやめたんですよ。…イートンヴィル・チームが強くなりすぎましたからね」(60)

一九二五年、マツオカはシアトルに戻り、シアトルパーラー家具工場で仕事を始めた。マエダとカンノという日系人が低価格の椅子や机やソファを中流家庭に売っていた店の工場だ。マツオカの仕事は家具の部品を接着用剤で付ける役目で、時間があるときに野球も続けていた。当時の日系人男性の例にもれず、彼も一人の生活が長くなりそうだった。シアトルには独身の日本人女性はほとんどいなかったからだ。排日移民法のせいで写真花嫁も叶わなかった。そして運命が訪れた。

「接着剤を使っている部屋は、夏はとても暑くなるんです。ですからシャツを脱いで下着だけで作業していました。それで、そばの窓から外を見ると、日系人の女性がいたんですよ。

珍しいな、日系人の女性が仕事に出かけているなんてと思いました。それでわかったのは、うちの工場の人に弁当を作っていたマエダさんの奥さんがおめでたで、…弁当を作れなくなって手伝いを雇ったんです。それがカズエでした。そうやって出会ったんですよ」

カズエ・ヒロタカは、ベルビューの日系人コミュニティで、もっとも結婚相手にふさわしい女性の一人だった。それは、数少ない適齢期の二世の女性だったからというだけではない。若くて美しく人気者で、ベルビュー高校の一九二六年の卒業生総代だった。また、高校のイヤーブックの副編集長をつとめていた。

「強い女性でしたね。絶対にあとには引きませんでした。典型的な日本女性のイメージとはちょっと違います」。長女のレイ・タケカワは言う。

最初の二世の一人だったということもある。「生まれも育ちもアメリカでしたから言葉にも問題ありませんでしたし、とてもアメリカナイズされていました」

ほかの一世や何人かの二世と違って、カズエの英語は完璧で、日本語の訛りはまったくなかった。「ごくふつうのアメリカ英語でした」

カズエはベルビューにいろいろなバックグラウンドの友人がいた。白人と難なく付き合っていたという。「母は白人と一緒に育ちましたからね。でもみんな、とても貧しかったそうです。誰もがそんな感じでした。金持ちもいたと思いますが、おおかた、貧しかったです」

カズエは貧しさを表さないように努力した。「母は本当によくできた人でした。お金がなかったので、自分の服も裁縫で作ってましたね。私たちが小さかったころは、私たちの服も作ってくれて。私に子どもが生まれると、子どもの服までね。とにかく、うまかったんですよ。

それから美人でしたね。一七歳の時の写真を見たんですが、本当にきれいでした。おしゃれでしたしね。あまりお金がなかったことを考えると、本当に素敵な格好をしていたと思いますよ」

カズエは「毒舌」で知られていた、とレイは言う。だがもっとも人々の記憶に残っているのは、その強さだ。「自分の信念というものをいつも持っていました。正しい行動とは何かという、強い倫理感がありました。何に対しても一家言持ってましたね。自分の信じる道を歩んでいて、自分にも他人にも厳しい人でした。信念に従って生きてましたから」

母や祖母、そしておそらくほかの祖先とは違って、カズエは愛のある結婚をした。マツオカに引かれたのは、彼が教育がありハンサムで、同じ二世だったからだろう。仲立ちはいらなかった。二人はたちまち引かれあい、カズエが卒業したらすぐに結婚しようと決めた。

「母が大学に行けないことは決まっていました。もちろん行く学力はあったんですが、お金がなかったんです。ですから卒業してすぐに結婚しました」

マツオカは言う。「出会ったとき、妻は高校三年生でした。妻が高校を卒業してから義母《はは》は本当に苦労してました。義父《ちち》は亡くなっていたので。女三人と男一人、四人子どもがいたんですが、当時はまったく何の援助もなかったんですよ。

妻とは一年半ほど付き合いました。妻は高校を卒業してから貿易会社で会社の仕事に就いてね。結婚すれば義母を助けられるんじゃないか、と話し合って、それで結婚したんですよ」

一九二六年一一月、二人は結婚式を挙げた。それはベルビューではじめての二世同士の結婚だった。マツオカの父カンジュウは、この日を思い出深い日にしようとした。「披露宴をやってくれたんですよ。当時は禁酒法時代でした。でも父は、結婚式なんだから酒がなきゃいかんと言って、家で酒を作ってね。いったい何リットル作ったんだか、わかりません。それで、それをレストランにこっそりと持ち込んだんです。スーツケースに入れてね。おかげでたいへんな盛り上がりようでしたよ」

はじめ、二人はシアトルのマツオカ家に落ち着いた。「義母を援助しようと決めたんです。私は当時、月に一〇〇ドルほど稼いでいました。妻は五〇ドルほどだったでしょうかね。ですから五〇ドルを義母に渡して、私ら夫婦は一〇〇ドルで生活しようとしました。それも長くは続きませんでしたが」

カズエはすぐに最初の娘を身ごもった。「妻が働けなくなるともう街なかに住んでいてもしょうがないですから、ベルビューに移って義母と同居することにしたんです。倹約できますから。それでベルビューに引っ越しました。

私はまだ同じ家具の工場で働いていたんで、夕方六時の船でベルビューに帰りました。うちはミッドレイクス地区にあったんですが、町の外れまで歩くと、メディナ地区のフェリー乗り場まで行くバスがあったんです。朝五時ぐらいに起きて朝食を食べてからバス乗り場まで歩きます。バスは船が出る一五分間から二〇分前に出発でしたね。それで六時の船に乗りました。対岸のレスキ公園に行き、シアトルのイエスラー・ウェイでケーブルカーに乗って、それからファースト・アベニューに行って、そこから路面電車に乗るんですよ。路面電車に乗っている時間がいちばん長かったです。まずデニーヒル、それから転車台があるインターベイ地域を通らなくちゃならなかったからです。橋を渡ってロートン基地まで行ったんです。しんどかったですね」

一九二七年、娘のレイが生まれた。ベルビューで生まれた最初の三世だ。すぐに続けて三人の子どもが生まれた。息子のタツとタイラス（大リーグ野球選手、デトロイト・タイガースのタイラス・カップ(61)にちなんでマツオカが名付けた）、娘のルレーだ。レイは母親がずっと働き続けていたのを覚えている。「妹を身ごもっていたときレタスを切る作業をしていました。どんなにたいへんな作業かわかりますか。ずっとしゃがんでなきゃいけないんですよ。妹が生まれる直前の夕方にも畑に出てましたが、どうやら生まれそうだから、と作業をやめたんです」。ルレーはその夜生まれた。

工場の仕事のほかに、マツオカは夕方と週末は家族の農場で働いた。マツオカ夫婦は、ベルビューを二世や三世の子どもを育てる、より良い場所に作り上げていった。

＊

日系人の農場で育つのは、子どもにとってたいへんなことだった。特に、長女や長男の場合はそうで、ミツコ・ハシグチはその好例だ。

「いちばん年上というのはちょっと特別な立場なんです。兄弟は六人いて、私は長女なので、大役を任されていたんですよ。母は起きたらすぐに畑に出なきゃならなかったので、私がみんなに朝ごはんを作り、ちゃんと食べさせなきゃいけない。弟たちが学校に行くようになったら、今度は弁当を作ってちゃんと準備をさせて学校に送り出すんです。それはもうたいへんでした。それから、週末は洗濯です。もちろんいまのような水道はありませんから、井戸から水を汲み出してこなきゃなりませんでした」

夏も同じように朝起きてから日が暮れるまで、そして夜になっても働き通しだった。「畑でずっと働いてました。父はイチゴ、エンドウ、トマト、カリフラワー、トウモロコシなど、いろいろ作ってましたから、いつも何かしら仕事がありました。それからよくほかの人にも話すんですがね、登校前には、父の手伝いもしなきゃならないんです。兄弟の世話をして学校に行かせる準備をしたあとに。たとえばトマトの季節はいつも温室にトマトがありました。畑でまだ青いうちに摘み取って、温室に入れるんです。熟してから、仕分けして詰める、その仕事を夜はやりました。妹は農作業が嫌いだったんでね。

ですから夜も遅くまで働かなければいけませんでした。そのあと宿題をやって、そしたらもう朝というわけです」

こつこつと働き続ける日系人を見て、隣近所の白人たちは態度を変えて感服するようになった。

「本当によく働く人たちでしたよ。ジャップだとかなんとか言う人も、ときどきいましたけれど、だいたいは、日系人と白人のあいだに問題はなかったですね」。アドルフ・ヘニッグの息子、ロバート・ヘニッグは言う。

「家族全員が働いてましたね。…一年中、毎日ずっと遅くまで」。ベアトリス・マシューソンは言う。ベアトリスは、ベルビューの創設者の孫で、ベルビュー高校を一九三四年に卒業した。ファクトリア地区のイトウ家に行ったときのことをよく覚えているという。大工の父がちょっとした大工仕事をイトウ家に頼まれたときだ。「ダイニングテーブルの上に置く回転盆を作ったんです。…テーブルの上に置いたままのものがあって、皿を置くスペースがありました。私は五歳ぐらいだったと思うんですが、父と一緒に行ったこの日のことをはっきりと覚えています」

後年、兄のラッセル・ウェイリーがミッドレイクス地区のスターテバント湖近くで自動車修理の仕事を始めたとき、ベアトリスはそこに引っ越した。あたりには日系人が多く住んでいた。兄は湖の水利権を持っていて、それは近辺の農場の水源だった。彼はポンプを売り、修理を請け負った。「農家の人たちはポンプで水を湖に出していたんです。問題があれば兄に電話がかかってきました。真夜中のこともありましたよ」

農場の暮らしはいつも厳しいわけではなかった。ミツコ・ハシグチはストロベリー・フェスティバル

ミッドレイクス地区のスグロ農場で。ある晴れた日の風景。前列左から、スミエ・スグロ、トシ・スグロ。後列左から、マエ・スグロ、エヴァ・アラマキ、ミツエ・スグロ。（DENSHO 日系アメリカ人レガシー・プロジェクト、アキヅキ家コレクション提供）

を楽しみにしていたのを覚えている。いちばんの楽しみは独立記念日だった。唯一の休日だったからだ。

「楽しみにしていたのは独立記念日でした。父の友人のオカヤマ一家がシアトルのジャクソン通りに住んでいて、招待してくれたんです。父がくれた唯一の休みの日でした。…パレードや盆踊りもあって、見に行きましたね」

ベルビューの一世はシアトルの日本町の一世と親しくしていた。都市部に住む日系人は、物質面でも家族の面でも田舎に住む日系人のライフラインで、おおかた出身地でつながることが多かった。ベルビュー近辺には、岡山、熊本、福岡、広島出身の家族が多く、シアトルの日系人とは同県人同士で付き合うことが多かった。またベルビューの日系人は、南のホワイトリバーの日系人社会と家族・文化的なつながりが多かった。地理的に近く、行き来ができるフェリーがあったからだ。そのほかにも、シアトルの西にあるベインブリッジ島の日系人コミュニティとも密な親交があった。それは、両者ともイチゴ栽培に携わっていたことと、家族や出身県という共通点があったからだ。さらにベインブリッジ島に住む一世のなかには、一九〇五年から一二年のあいだにベルビューに住んでいた者もいた。そして、そのときの付き合いを以来保っていた。

一方で、ベルビューのコミュニティは独自のアイデンティティを持つようになった。輸送園芸農家の暮らしは、都市で働く者のそれとはまったく似ても似つかないからだ。ベルビューの日系人は、シアトルの日系人より、白人の隣人との共通点が多かった。ベルビューではまず、人種間の関係が都市部とは違っていた。シアトルでは少数民族のコミュニティは完全に白人社会から分かれていたが、ベルビューのような田舎ではもっと行き来があった。田舎では、お互いに依存しなければ生きていけないことや、近くに住んで働くことによって相手への敬意が生まれたこともあった。ベルビュー出身の二世は、隣人や友人が完全に対等な相手として優しく接してくれたことを覚えている。

ニューポート・ヒルズ地区で育ったミチ・シライシは言う。「クランシー・ルイスさんというとても親切な人がいたのを覚えています。いつも助けてくれました。小さいときこう言ってくれたのを覚えています。『ミチ、味方が誰で敵が誰かというのは、いつだってわかるものだよ』」

＊

勉強と厳しい労働の合間を縫って二世の子どもたちは遊んだ。ベルビューの子どもの暮らしはまったく牧歌的なときもあった。ピーターソン・ヒル地区の農場で家族が働いていたトシオ・イトウは言う。「誰かほかの人が働いてるときは誰も遊びませんでした。働くときは一緒に働いて、遊ぶときは一緒に遊んだんです。

ピーターソン・ヒルでは、ファースト川を思い出しますね。ベルビューのほかの川もそうでしたが、ベニザケやシロザケ、ギンザケやキングサーモンなど、いろんな種類のサケがたくさんいました。ピッチフォークを小さな泉に突き刺すと、いつもだいたい二、三匹のベニザケが取れたもんです」

ジョー・マツザワもサケを覚えている。畑用に作った溝にもサケがやって来たという。「溝に来て、卵を産むんですよ。夏のあいだや一年中、釣ったもんです。小さな幼魚しか釣れませんでしたがね。どこか別の川で生まれてやって来たんでしょう。ときどき一五センチや二〇センチのニジマスも釣れましたが、だいたいは小さなサケでした。釣りは楽しかったですよ。…それからザリガニもいましたし、ウナギもたくさんいた。楽しかったですね[62]」

エンジ・タマエの二番目の娘、チズコ・ノートンも、魚にまつわる夢のような思い出がある。「うちの井戸にはマスが住んでいたんですよ。大きなマスで、ベインブリッジ島に引っ越してしまったコウラさんという方が残していったようです。息子さんがマスを捕まえて、井戸に入れたと聞きました。私たちはそのマスに夢中になりました。

皆でずっと井戸の底を覗いたものです。短い時間だったのかもしれませんが、何時間もそうしていたように感じました。危ない、落ちるわよ、と言い合いながら。そうしてマスが泳ぐのを見つめたものです。大きな井戸じゃなかったんですが、随分長生きでしたよ[63]」

無邪気な子どもたちは、近くの白人の子どもたちと遊ぶことも多かった。それは両親がアメリカの生活にどれぐらい溶け込んでいるかにも関わっていた。日本語しか話せない親は孤立した生活をしていて、ほかの日系人としか付き合いがなかった。だが二世のように英語が流暢な場合は白人の隣人とも付き合い、その子どもたちも地域に溶け込んでいた。

レイ・タケカワが、自分はクラスメイトと何か違うと気がついたのは、ティーンエイジャーになってからだった。「自分がまわりとは違うって気づかなかったんです。……学校では自分をアメリカ人だと思っていて、白人のクラスメイトと同じだと思っていましたから。でも、自分は白人ではないとまもなくわかりました。もちろん戦争が始まったときには、誰もが意識しました。その前にも、もちろんちょっとした態度や偏見に直面して、それで学んだのだと思います。でも全体的には白人の友だちとの方が、仲良くしてたんです[64]」

一方、親が英語をほとんど話せなかったり、まったく話せない場合、子どもたちは学校に行くまで日系人社会に閉じこもっていた。ミツコ・ハシグチは最初に登校したとき、ほかの子どもとまったく違うことに気がついたという。「一年生になって、はじめて学校に行ったときは英語が話せませんでした。自分の名前さえ書けなかったんです。もちろんそのあとは〝アメリカ人〟になりましたけれど。

ですからある年齢までは〝日本人〟だったんですが、その後、二年生ぐらいのときにすぐにアメリカナイズされました。アメリカ人の友だちができましたからね。日系人の女の子の友だちもいましたけれど、それは近所の子たちです。学校では、アメリカ人の友だちと一緒でした」

ひとたび英語を学んでクラスメイトに溶け込むと、壁はなくなった。ベルビューの二世は、少なくとも学校では、対等の相手として受け入れられたと感じている。

ハシグチは言う。「学校にも溶け込んでました。それから、家の北側の塀の向こうにドイツ人の家族が住んでいて、よく遊びに行きましたね。そこの家のメアリーとは、一緒に育ったようなものです。なんでもメアリーと一緒でした。ですから私はほかの日系人の友だちよりも、もっと早くアメリカナイズされていたかもしれません。よくわかりませんが、私の家族はそういう感じだったんです」

日系人に感服していた白人が多かったのも事実だ。「本当によく働くし、正直な人たちでしたから、ほとんどの人が日系人に一目置いていたと思います。それから、みんな子どもの教育を大切にしていて、子どもたちも勉強がよくできましたし。非常に感心していました。……まったくのアメリカ人でしたよ」

ベルビュー出身で、高校を卒業したあとベルビューに戻り、教師になったパトリシア・サンドボーは言う。

ただ、近所の人すべてが好意的なわけでも、すべての壁が取り外されたわけでもなかった。ミチ・シライシは言う。「たとえば学校では仲が良かった友だちでも、学校が終わると、もう遊びませんでしたね。六、七歳のころ、シルビア・シュルツっていう子が大好きで、とても仲良くしていたんですよ。家に来てよく一緒に遊んでね。でも、学校に一緒に行った人たちとは、卒業したら、もうそれきりでした」

白人から受ける無言の人種差別を表すのに、日系人が使った表現がある。「排斥」だ。誰かを辱めて社会的にのけものにするということで、恥辱の意味合いが含まれる。アメリカではそれが日系人にとって日常茶飯事となった。

シライシは、小さいころの遠足のできごとを覚えている。「五年生か六年生のころ、先生が七、八人を連れて遠足に出かけたんです。道端でバスを待たなければいけなかったとき、三人ほどいた、私たち日系人を後ろに並ばせました。白人の子が前に来るようにしたんです。

私たちが前にいたらバスが止まってくれないからだと、そのときわかりました。そこは正式なバス停ではなかったから。私たちは、列の前にいる白人の子たちだけバスの運転手に見えるように後ろに隠れていました」

もっとあからさまなことをした教師もいた。カークランドのホートン町で育ったローズ・マツシタは、ある教師の言葉を覚えている。「二年ほど続けて、私がクラスでいちばん綴りができたんです。すると、先生はほかのクラスメイトを叱りました。日系人の私より綴りができないなんて、と」

白人の大人たちは自分と同じような意見を子どもに植え付けていたようだ。アキラ・アラマキは、チェルシー川の泉で、夏休み、友人と泳いでいたときのことを覚えている。

「泳ぎに行くと、その近くに住んでいたドイツ人の家族の子どもがいたんです。私たちに石を投げてジャップと戦争だ、ジャップと戦争だ、とはやし、石を投げてきたんですよ。私たちは素っ裸のまま逃げ出しましたよ。連中がいなくなってから服を取りに戻ってきたんですが、見つからないんです。やっとビーバーの巣のなかに見つけました。連中が埋めたんです」

無言の壁によって日系人のコミュニティはますます孤立した。「私たちは自分たちだけでいることが多かったです。そうしなければ、と感じていた者が多かったですね。白人社会に入るのは難しかったので」。トシオ・イトウは言う。

「バサ公園（サマミッシュ湖）に学校のスケートパーティーに行ったんです。ローラースケート・リンクがあったんですがスケートを貸してもくれませんでした。だから学校の遠足なのに滑れなかったんです。あれは忘れられませんね」

こうして、二世は白人社会には溶け込めない、と言われ続けた。ときには、白人がよかれと思って取った行動からそう感じることもあった。だが、二世はほかのアメリカ人と同じように扱われたい、と心の底から願っていた。クラスメイトと同じように、映画スターのゲーリー・クーパーやメアリー・ピックフォード、スケートのソーニャ・ヘニー、野球のベイブ・ルースに憧れ、クラスメイトと同じような服を着て、同じような髪型をしていた。そしてひそかに、自分が日系人でなければよかったのに、と願った。

チズコ・ノートンは言う。「私はほとんどの日系人より色が黒いので、よくからかわれましたね。自分がなぜみんなと違うのか、それから二世の友だちにまでそう言われるのをいつも悩んでいました。色が黒いということは…日系人にも受け入れられないんだと、いまでも思います。よく手にテープを貼っていたのを覚えています。テープを剝がすと肌がほんの数秒、少し白っぽくなるでしょう。そうすれば色が白くなるんだと私は思っていたんです。それから、…一日だけでもいいから白人になりたい、とお祈りしたものです」[65]

ヤーロー・ポイント地区で一九二三年に生まれたキヨ・ヤブキは言う。「どんなに白人になりたかったことか。白人に本当に憧れていました。白人を批判したりしてるときも、いつも自分が白人だったら、と思っていましたね。自分の外見を恥ずかしいと思っていたのかもしれません」

アサイチ・ツシマの娘ミチ・ニシムラは、いちばん好きな先生の家で夕食をご馳走になったとき、思い知らされることになる。食卓に着いたとき、生まれてはじめてビーフステーキを目の前にして、見たこともない食器を使うことになったのだ。

「ステーキなんて食べたことがなかったんですよ。肉を切るのは本当にたいへんでした。キャッシュ先生の子どもはこっちを見てニヤニヤしていました。先生は失礼なことはやめなさいと言ってくれましたけれど。

そういうことがたくさんあったんです。いまの時代の子どもは経験しないようなことでしょうね。ナイフとフォークなんて、手に取ったこともなかった。いつもお箸で食べていましたから。ふだんは意識していなくても、白人の友だちとはまったく違うんだってわかりました。

親のことを恥ずかしいとときどき思っていた日系人は多かったと思います。日系人じゃなければよかった、そう思っていたときもありましたね」

＊

二世の子どもたちは二つの世界の狭間にいた。親の生まれた日本の伝統的な文化のことはよく知らない一方で、いま生活している白人の世界は自分を受け入れてくれない。二世のほとんどは英語だけを話していたが、家では親とコミュニケーションをとるために少し日本語も使っていた。

多くの場合、二世は親とアメリカ社会の架け橋になった。そして親に英語を教えなければならないこともよくあった。二世は社会的に孤立していたことが多く、家庭で関係を深めることを余儀なくされた。そのため一世と二世のあいだには強い共生関係が生まれた。いろいろな面で、一世が子どもに依存するようになる一方で、二世は独自のアイデンティティを作ろうと必死だった。そのため親子のあいだには、埋めることのできない文化的な溝があった。

チズコ・ノートンは言う。「縄跳びやお手玉など、日本の遊びや歌を教えてくれたのは母でした。私は母に、アメリカの歌や忠誠の誓いまで教えました」

親がアメリカのやり方を知らないことが多かったため、二世たちはひどく恥ずかしく思ったこともよくあった。「母はPTAに興味を持ったんです。でも、私は自分がまわりと違うって意識していましたので、今月はPTAの集まりはないって嘘をつきました。そうすれば母は行かなくて済んだからです。母の英語はあまりうまくありませんでしたから。

私の成績が良かったことを伝えに、先生が家にやって来たって聞いたときは、もう死にたい、と思い

ましたよ。当時は成績優秀などで表彰されると…手紙ではなく、先生が直接家にいらしたんです。とにかく先生が家に来たとあとで聞いたときは、恥ずかしくて死にそうになりました。

母に、まさか何も出さなかったでしょうねと聞いたら、もちろん出したと母は言うんです。おせんべいと干したサクランボと、なんとコーヒーではなくてお茶を！」(66)

高齢者の多くや、トム・マツオカやカズエ・マツオカのように少し年長の二世は、このような隔離された環境で子どもを育てることを心配していた。自分の子どもは幼すぎて参加できなかったにもかかわらず、一九二七年、マツオカはベルビュー青年会を作った。二世の子どもたちに学校や農場の外で社交の場を作るはじめての試みだった。

だが一世は、子どもたちとのあいだに溝が深まることを心配していた。一世のほとんどは学校教育を修了しておらず、英語を学ぶこともあまりできなかったため、その解決策として、子どもたちに日本語と日本文化を教えた。そして日本の文化に馴染ませ、コミュニケーションを強めた。ベルビューでは一九二一年、日本語学校が開校したが、外国人土地法に関わる騒ぎで閉鎖された。一世が日本語学校を作った目的は子どもたちとの言葉と文化のギャップを埋めることだったが、日本語学校は西海岸

ベルビュー日本人会の公会堂開館式。1930年。ベルビュー・ソサエティの中心的人物など、何百人もの人が参列した。（イーストサイド・ヘリテージ・センター、ケイノ・ヌモト・コレクション提供）

の白人のあいだで、いつも疑いのまなざしで見られていた。日本語学校で二世は天皇を崇拝するように教えられ、日本に忠誠を誓うように強制されているという、排日運動のプロパガンダがあったからだ。少なくともベルビューではまったくの言いがかりだった。日本語の勉強に関係する地理や歴史以外には、そのような話が授業で触れられたことはまったくないと、ベルビュー出身の二世はみんな口を揃えている。

一九二五年、二番目の日本語学校が開校し、ダウニー・ヒル地区の一世の家で授業が二九年まで行なわれた。二九年にはコミュニティの指導者たちがメディナ地区で、はじめて建物を借りて日本語学校が開かれた。アサイチ・ツシマが最初の教師だった。

同じころ日系人コミュニティの指導者たちは、自分たちが集まれる場所を作ろうと計画した。一九三〇年、一〇一番通り北東区《ノースイースト》とノースイースト一一番通りの角に、日系人コミュニティの公会堂が完成し、同年七月に開館した。一階にバスケットボール・コートを入れるために天井の高さは五メートル近くあった。ベルビューの主な住民など、五〇〇人ほどが開館式に出席した。

日本語学校はこの公会堂に入れられた。公会堂はたちまちコミュニティの中心部になった。青年会の会合が開かれ、スポーツチームの練習も行なわれた。当初、日本語学校は土曜日だけだったが、毎日放課後に、授業が一時間行なわれるようになった。(67)

日本語の授業は二世の子どもたちに人気があるわけではなかった。特に男の子は、クラスメイトが遊んでいる放課後や土曜日に、数キロメートルかけて学校に行くのを嫌がった。日本語を学ぶことにも興味はなかった。彼らはアメリカ人になりたかったからだ。学校では成績が良かったが、日本語学校では成績が悪かったことを二世のほとんどは覚えている。

「日本語学校には弁当を持って行って、喧嘩をして、キャッチボールを習いました」。アラン・ヤブキは言う。親はヤーロー・ポイント地区で温室をやっていた。

ミツコ・ハシグチは日本語学校で日本の文化を学ぶのが好きだった。「日本語学校は大好きでした。一二年間も行きましたし、夜も行ったんですよ」

マツオカは子どもを日本語学校に行かせなかった。「お前たちはアメリカに住むんだから、英語を習ってちゃんと話せるようになってほしい。ごちゃ混ぜにしないでほしいと、言われました。日本語と英語をちゃんぽんにしている人も多かったので」。息子のタイラス・マツオカは言う。

「日本語学校に行っていた子たちは、ただ弁当を食べに行っていただけですよ。勉強なんかしていない。ずっと英語をしゃべってましたしね」とマツオカは言う。

それでもマツオカは教師の送り迎えなどを手伝って、協力した。教師はだいたいシアトルから来ていたので、フェリーの船着き場から学校まで送った。一九三二年には車を持っていたので、子どもたちや教師をいろいろな活動に送り迎えをするのに、よく運転役を買って出た。手伝うのは大好きだったが、「うちの子は日本語学校には行かせませんでしたよ。日本語学校にはまったく関わりませんでした」と言う(68)。

一方、スポーツは二世のあいだで人気があり、地域社会でも日本語学校より広く受け入れられていた。ベルビュー高校のフットボールチームで活躍している二世も何人かいた。畑仕事のおかげで二世は頑健で持久力があった。畑をトレーニングに使っていた者もいた。

「タケシ・サカグチはいいフットボール選手でした。ポジションはフルバックです。トマトのワイヤーをつけたあと、ワイヤーの下を身をかがめて走る練習をしてたんです。うちは隣同士でしたから、隣を見て、またタケシがやってるよ、と笑ったもんです」。マツオカは言う。

ロバート・ヘニッグは、日系人選手がベルビュー高校のフットボールチームで活躍していたのを覚えている。「絶対に忘れられないのは、ノースベンド高校と試合をしたときのことです。たぶん二〇ポイントぐらいベルビューが勝っていたと思います。それで相手は、こっちに日系人が多かったので怒り出して、『こいつら、ジャップがいなきゃフットボールチームなんか作れないよな』と怒鳴ったやつがいたんですよ。

そんなことを言ったのは大失敗でしたね。そのときは向こうのチームがボールを持っていたんです。パスをして、ゴールに向かってボールを抱えて一人で走っていた。そしたら、どこからともなくベルビューのチームから日系人の選手二人が現れて、まるで大きな岩のようにぶつかっていったんです。だから相手はタッチダウンできなかった。よく覚えてますよ」

マツオカ夫婦は、初の日系人のスポーツチームを一九三一年に作った。マツオカは野球チームを作って、人気を博していたクーリエ・リーグに参加した。これは、『ジャパニーズ・アメリカン・クーリエ』紙の編集者ジェームス・サカモトが作ったリーグだ。(69)カズエは高校でバスケットボールをやっていたので、女子バスケットボールチームのコーチをつとめた。二人ともチームをほかの地域の試合やトーナメントに連れて行き、子どもたちの成長を見守った。子どもたちは二人を完全にアメリカナイズされた現代的な二世として慕った。

「コミュニティのリーダーでした。いつも子どもたちのことを考えて、将来、ちゃんと成功するように考えてくれました。本当にやさしかったです」。ミチ・シライシは言う。

「マツオカはリーダーでした。何かあったらみんな彼のところに駆け込んでいました。日本で教育を受けたけれど、英語もちゃんとできましたし、本当にいろいろと理解のある人でした」。ジョー・マツザワは言う。

マツオカの野球チームは地元の人気チームだった。いつも観客が集まり、英語がわからなくても野球は理解できた一世も見に来て、熱狂的に応援した。日曜の野球の試合は地域の社交の場で、誰もが精一杯着飾って見に来た。

「毎週日曜日は野球をやっていました。少なくとも二試合あって、三試合のときもありましたよ。公営の野球場はあまりなかったので、ガーフィールド高校の二つのグラウンドで試合をしました。でもそこが使われているときは、別のグラウンドを探さなきゃなりませんでした。

ベルビュー青年会の女子バスケットボール・チーム。1930年。後列から、スエコ・ヤマグチ、ミチ・シライシ、メアリー・アラマキ。前列は、トモコ・イナツ、キクエ・ヒロタカ、ノブコ・イナツ。このチームのコーチはカズエ・マツオカだった。（イーストサイド・ヘリテージ・センター、ケイノ・ヌモト・コレクション提供）

当時、日系人の若者が休めたのは日曜日だけでね。全員日系人のチームがあって、リーグもすべて日系人の選手でした。シアトルからベルビュー、ホワイトリバーからも来てましたね。…息子のタツがホームプレートの後ろに座って、私がキャッチャーのときは、パパー！ と応援してくれたのを覚えてます。ものすごく甲高い声なので、みんなに聞こえてね。面白かったです」マツオカはそう懐かしんだ。

女子バスケットボールのチームは少し様子が違った。一世のほとんどは日本女性についてあるべき姿のイメージを持っていた。当時はまだ、娘が適齢期になるまでできる限り日本に帰国させて、日本女性としてのたしなみを身につけさせることが大切だと考えられていた。そのため、少女たちが体操用の短いパンツをはいて走り回る姿は大人たちの眉をひそめさせた。

ケイノ・ヌモトは言う。「私の父は試合を見に来て、ありゃ野蛮だ、と言ってました。バスケットボールはそういうスポーツだと知らなかったんです。しとやかな女性になるためには娘を日本に送らなきゃならん、と考えたのも当然でしょうね」

とは言っても、試合のやり方やユニフォームが現在の価値観からみて野蛮だったわけではない。ルールはアイオワ式で選手は三つのゾーンに分かれた。ベルビュー・チームのミチ・シライシは確かに短パンをはいたがレーヨン製のストッキングも履いたことを覚えている。「それぐらい古くさかったんですよ」

スポーツは若者の唯一の娯楽だった。そのほかは学校で勉強するか、家族の畑で働いた。誰もが口をそろえて言うのは、畑仕事がきつかったということだ。特に夏場は、日の出から日の入りまでずっと働かなければならない。一世のほとんどは、子どもたちがいつでも手伝ってくれなければ、輸送園芸を続けることができなかった。

＊

マツオカは二世に自信を持たせようと、いろいろな活動を行なう一方で、日系人社会の経済力を築こうとしていた。一九三二年、彼はベルビュー青果生産者協会の設立に一役買った。これは育てた作物を通して少し経済的な力をつけようと日系人が作った農協だ。

同じような団体をホワイトリバー・バレーのサムナー町の日系人農家がすでに作っていたため、ベルビューの農家はこれを模範にした。加盟を希望した五〇人ほどのメンバーは二五ドルを払い、リーダー格が作業にあたった。まず、貨車を買ってサムナーの農協から青果を運搬した。最初の一年は、東部で青果を売ることについてもサムナーの農協に頼った。二年目はベルビューの農協もまとまりが良くなり、さらに積極的になって、はじめてじゅうぶんな利益が出た。

「うまくやってましたよ。ノーザン・パシフィック鉄道がミッドレイクス地区を走ってたんです。貨車に青果を積める場所があったので鉄道に引き込み線を使えるように頼みました。そばに倉庫を作って青果を貨車に積んで送れるように」。マツオカは言う。

ベルビュー青果生産者協会は、二年目に経営の危機に見舞われた。主にエンドウに使うひもや支柱など、次の農期のために必要な品をマツオカが買おうとすると、協会の銀行口座の残高がゼロだった。調べてみると、初代の秘書は銀行口座の収支の記録をまったく取っておらず、銀行も記録していないことがわかった。秘書は解雇され、マツオカがあとを引き継いだ。彼とトキオ・ヒロタカは翌日シアトルに行き、ほかの銀行に数か月分だけ金を貸してくれるように頼み込んだ。協会はこれで救われて、すぐに商売は盛りかえした。これはマツオカが貨車の数を増やし、鉄道を利用して客先を広げたことが大きい。

まもなくベルビュー産の青果は全米に向けて出荷されるようになった。行き先は主に東海岸の州だ。「北西部から新鮮な青果をお届けします」と書かれた、トレードマークのネイビーブルーの「ベルビュー印」がつけられた青果がクレートに積まれた。利益が大きく上がり、ベルビュー近辺の日系人農家にとって、アメリカに来てからはじめての大成功となった。

青果の倉庫はまもなくベルビューでいちばん賑やかな場所になった。夏、倉庫で何度か働いたロバート・ヘニッグは言う。「日系人は倉庫では働いてませんでしたね。畑仕事と青果を運んで来るんで、忙しかったんです。白人に管理を任せていて、事務所には一人か二人日系人もいましたが、ほかはぜんぶ白人の若者が働いてました。

エンドウを持ってきて、ハンパー（カゴ）に一・五メートルほど積み上げて、女子作業員がそこに立ってエンドウを入れて揃えるんです。それから冷蔵車に入れます。私は氷の担当でした。一五〇キログラム近くある氷をトラックに積んで持ってきて、板を斜めにして滑らせるんですよ。それから氷をトングでつかんで積み上げて、六つに割る。氷のかたまりを地べたから一メートルちょっと持ち上げて、粉砕機に入れてから貨車に吹き入れるんですよ」

ヘニッグもタイラス・マツオカも、ラス・ギャラガーという大きなアイルランド人の倉庫係のボスを覚えている。ヘニッグは振り返る。「私より少し大きいぐらいでたぶん身長は二メートル近く、体重は九〇キロあったと思います。かなりでかかったですね。氷を砕くシフトは、まず半分ぐらいやつがやっ

トム・マツオカと息子のタイラスとタツ。1932年、ベルビュー青果生産者協会の倉庫の前で。この建物はガラス工場の一部として現在も使用。(DENSHO 日系アメリカ人レガシー・プロジェクト、マツオカ家コレクション提供)

て、今度は、貨車の中で氷を吹き飛ばしてから、私が残りをシャベルで入れました。ある晩、やつがいなかったので、私がぜんぶ自分でやらなきゃならなかったときがありましたけどね、そりゃあたいへんでしたよ。

それで貨車が一ついっぱいになると、次の空の貨車が来る。するとギャラガーが、貨車だ、と大声で知らせるんです。木の柄が二〇センチぐらいの長さの道具を持ってきて、貨車の車輪の下に入れて貨車を持ち上げているあいだに、みんなで貨車を押す。それでその道具で貨車を一車両分ぐらい動かしてから、後に来ている貨車も動かします。列車がやって来て動かしてくれるまで待たなかったというわけですよ」

青果生産者協会の運営は、まもなくさらに独立性を増して、経営も安定した。マツオカは言う。「一九三四年、三五年、農家は景気が悪かったんです。一ポンド（約〇・四五キログラム）分のエンドウを作るのに三セントかかりました。卸売りでは一ポンド〇・五セントでしか売れない。だから何とかすることにしたんです。

ノーザン・パシフィック鉄道は、線路の横に使っていない小屋があって、維持費がかさんでいました。それで私たちに買わないかと言ってきたんです。協会内で投票して買うことにしました。三五〇ドルで、当時にしてはかなりのお金でしたよ。

ファイフからベルビューまでの、農場の青果を扱ってました。いちばん大きな市場はニューヨークでしたが、全米に送ってましたね。収穫期のときは、一度に四〇から五〇の貨物列車がいっぱいになったもんですよ」

＊

ベルビューの日系人の商売は、三〇年代後半、繁盛した。白人の隣人たちも景気が良くなった。日系人の農家が経済を刺激したおかげでベルビュー近辺の商業施設は繁栄した。さらにシアトルの金持ちでベルビュー近辺に引っ越してきた者も多く、風光明媚な土地に大きな邸宅を建てた。シアトル市内の職場までは船でワシントン湖を渡って通勤した（高価なヨットが多かった）。

熱心な黄禍論者のミラー・フリーマンも、その一人だった。フリーマンは引き続き排日同盟の会長をつとめていた。一九二五年、メディナ地区に住むようになっただけでなく、ベルビュー近辺の土地を買い始めた。言うまでもなく、日系人農家には絶対に貸さなかった。彼にはもっと大きな計画があった。

フリーマンがメディナ地区に構えた新しい家に最初のころ訪れた一人に、ヘンリー・スザロ博士がいる。ワシントン大学の学長でフリーマンの長年の友人だ。スザロは、長年表舞台で活躍し新聞を発行してきたフリーマンが、なぜシアトル市内からメディナ地区のような片田舎に引っ込んだのか聞いている。

「家にいるあいだは都会の気苦労から逃げたかったんだ。息子たちには都会じゃないところで育ってほしい。いろいろなことに首を突っ込まなくていい場所に住みたかったんだ。雑事に時間が取られないようなところにね。つまり家族以外のことはすべて仕事場に置いておける、そういう田舎に住みたかった」

スザロはこう答えている。「冗談言うな。君はすぐにメディナ地区全体でいろいろなアイディアを思いつくだろうよ。水道の計画に関わったり建物を建てたり、道路の改修やら新設やら、この地域のできごとに首を突っ込まざるにはいられなくなる。面倒なことから逃げようとしてここに来たんだろうが、もっと違うことに手を出すことになる。君が考えているより、実にたくさんのプロジェクトに手を染めるだろう。この湖に橋でも架ける計画に君が関わったとしても、僕は驚かないよ」(70)

スザロは預言者だったか、あるいはフリーマンを知り過ぎていた。フリーマンは事実、都会になったベルビューを中心にしたイーストサイド地域の将来を思い描いていた。それは彼だけではなかった。ベルビューの大地主の一人、ジェームス・S・ディッティも、サンフランシスコの郊外都市オークランドのように、ベルビューがシアトルの郊外都市になる構想を練っていた。一九二八年、ディッティは都市化されたベルビューの予想図を描いているが、それは現在のベルビューの姿に酷似している。

このビジョンを実現する大きな障害は、ワシントン湖だった。この湖は全長約五〇キロメートルで、ベルビューとシアトルはちょうど真ん中の対岸同士に位置していたため、行き来するには遠かった。ベルビューは船以外の交通機関が届かない奥にあった。

そして一九三七年、州の交通機関エンジニア、ホーマー・ハドリーは革新的なアイディアを思いついた。シアトルのセントラル地区の西岸から、ベルビューの南端、マーサー・スラウ地区近くまで浮橋を造ることだ。これは湖のいちばん細い部分で、それまでにも同じ提案がされたことはあったが、厳しい嵐で湖に渦が起きることから、技術者は諦めてきた。湖の深さを考えると、通常使われる浮くタイプの木造の構造が必要だったが、最初の嵐でばらばらに壊れてしまうことが予想された。

ところがハドリーが提案したのはコンクリートの橋だった。笑いぐさになったが、ハドリーはコンクリート製の浮きはしけは激しい波のなかでも安定することを知っていた。つなげて湖の底にケーブルで結べば、はしけは完璧に安定した橋になる。だがこのアイディアを聞いた地元の新聞は、笑い飛ばした。『シアトル・タイムズ』紙は、あざける調子の社説を載せた。風刺画では、コンクリート製のはしけが、風の最初のひと吹きで岸に打ち上げられる様子が描かれた。

だがミラー・フリーマンは、おそらくある意図から、彼を弁護した。『タウン・クライアー』紙など自分の新聞で、フリーマンはハドリーを「ビジョナリー」と呼んだ。フリーマンは州都オリンピアの共和党州議会議員の支援を受けて、ハドリーの案に出資する資金を得た。(71)『ポスト・インテリジェンサー』紙と『シアトル・スター』紙など、ほかの新聞もこれに加わった。おおかたの予想通り、『ベルビュー・アメリカン』紙もハドリーの計画を絶賛した。

賛成派の主な動機は、ベルビューの経済を活性化することだけではなかった。橋ができれば、ベルビュー近辺で広がり続ける農業から利益の恩恵を受けられる。さらに、シアトルから東部への幹線道路であるサンセット・ハイウェイやスノコルミー・パスへの距離も短くなる。橋を造ることは道理にかなっていた。

まもなく、シアトルでこのアイディアについて笑う者はいなくなった。設計図がまとめられ、橋の建設が一九三八年に始まった。派手な宣伝とともに、一九四〇年、マーサー島浮橋は開通した。通行料金二五セントは大不評だったが、ワシントン湖に嵐が何度か来たあとも橋にほとんど影響がなかったことから、近代工学技術の功績だとたちまち褒めそやされた。車で通行した者はその安定性に感心した。ベルビュー近辺は静かな農業の町から住宅地と商業の中心地にたちまち変身した。シアトルのダウンタウンからベルビューまで、もはや一時間ではなく一五分しかかからなくなったのだ。

ケイノ・ヌモトは言う。「私が結婚したのは一九四〇年で、その年の六月、橋が開通しました。結婚したのは春でした。もうお前は一家の主なんだから、俺はもう引退だ、日本に帰る、と父が言って、あとは私と妻が農場を引き継いだんです」

父が帰国する前に、橋を渡ることにした。

「開通式からすぐの週末でした。父に、じゃあ橋を渡ろう、と言ったんです。

そのあとは何も言わずに、ただ車で橋を渡りました。すると父が、いつになったら渡るんだい、と聞くんですよ。だから、いま渡ったばかりだよ、後ろを見てごらん、湖がもう後ろにあるだろう、と教えたんです。

父は、橋を渡るときには、車がぐらぐらと揺れるだろうと思っていたんでしょう。私はいま来た道を引き返して、橋はあそこだよ、じゃあまた渡るよ、と教えました。

父は、こりゃあ橋なんかじゃない、四車線の大通りだ、と驚いてました」

こうしてベルビューの暮らしは、永遠に変わった。

*

長年の苦労がたたり、亡くなる一世も出てきた。酪農場で雄牛に突かれてからずっと調子が悪かったヒチロウ《原文ママ》・マツザワは、一九三二年に亡くなった。あとには妻と娘二人、息子四人が残された。

ベルビューにやって来た最初の一世の一人、ヒコタラ《原文ママ》・アラマキは、一九三六年、病に倒れて亡くなった。二三歳の長男アキラが中心になり、残された息子二人がミッドレイクス地区の農場を継いだ。農場はこのときすでに二人の名義になっていた。

マツオカの父親、カンジュウも亡くなった。マツオカは言う。「父は馬に頭を蹴られて、働けなくなってから、日本に戻りました。医者に診てもらいましたが、何もできない、手術をしたら死んでしまうだろうと言われて、日本に戻って温泉で養生すれば、痛みがよくなると考えたんですよ。帰国したのは確か三八年で、三九年に亡くなりました」。父カンジュウの死後、ワシントン大学の学生だったマツオカの弟ジョン・マツオカは、オーバーンに戻って農場を手伝わなければならなかった。学費にはカンジュウの年金を当てていたからだ。

こうして亡くなる一世も出てきた一方で、二世は活躍の場を広げていった。三〇年代後半から四〇年代前半にかけて、日系人の農場は利益を上げ始めた。これはベルビュー青果生産者協会がみるみるうちに成功したことが大きい。一九四〇年、浮橋が完成したあとは、日系人の経済的な安定は保証されたかに見えた。

日系人は生活を快適にするものを買えるようになっていた。車や冷蔵庫、洗濯機、トラクター数台などだ。まわりの白人たちにも徐々に受け入れられていた。

「あのときは特に問題もなく、すべてスムーズにいってましたね」。ジョー・マツザワは懐かしむ。余暇の時間も多くなった。「みんな、野球をやってました」

ミチ・シライシは言う。「戦争の前は、すべて上向きだったんです。子どもも大きくなり、どの家も自家用車を買えるようになってました。それまでは仕事用のトラックしか買えませんでしたが。少しずつ生活がよくなってきていたんです」

だが、嵐はすぐそこまで来ていた。日中戦争のせいで、日米間の緊張は高まっていた。特にアメリカが中国の肩を持ったこと、日本が太平洋地域で領土拡張を激しく展開したことが、これにさらに拍車をかけた。さらに日本がナチスドイツと同盟を結んだ。一九四〇年、アメリカは日本に対して経済制裁措置を取った。

ベルビューでは、このような情勢は遠くのできごとのように感じられた。だがトム・マツオカは一九三九年から、「きな臭くなってきた」ことを覚えている。日本の領事がベルビューの日系人の公会堂を訪問して、日米間の雲行きが怪しいことを伝えた。

「一九四〇年に、一二人ぐらいの子どもの見学団を連れて日本に行ったんです。紀元二六〇〇年の祝賀の年でした。……

子どもたちを日本国内のいろんなところに連れて行ったんですが、特高にずっとつけられていました。どの列車に乗るか、いつも確認されてね。本当にいやなものでしたよ」

特高はしつこく彼に尋問したという。「私がリーダーだからというんです。いろんな質問をされましたよ。どうしてあの子の肌の色は違うのか、とか。違わない、と答えましたがね。

するとこう言うんです。いや、違う色をしている、アメリカ生まれと日本生まれは肌の色がちがうんだと。……おかしな質問ですが、そういうことを知りたかったんでしょう(72)」

マツオカはいやな予感を抱えながらベルビューに戻った。ベルビューはまだ世のなかから遠く離れて、平和な地に感じられた。だが、マツオカの生活は一瞬にして壊されてしまう。

＊

ある日曜日、何の前触れもなしにすべてが終わってしまった。それはからっと晴れた寒い冬の日で、日差しや爽やかな空気から、何もおかしなことなど起きるはずはない、そう思わせるような日だった。レイ・タケカワは、父のマツオカと同じように、その日のことをはっきりと覚えている。空には雲一つなく、田舎ならではの、のどかな日だった。マツオカは冬の準備のために畑に出ていた。レイは家のなかで家事を手伝っていた。

「お昼ごろ、ラジオをつけていたんです。緊急ニュースだとすぐにわかりました。いつもの番組が中止になりましたから。父は畑に出てました。ウドに覆いをかぶせていたのを覚えてます。大急ぎで父に伝えました。母はどこにいたのか、わかりません。日曜日でしたから、出かけてたんでしょう。父にニュースを伝えたところ、それほど驚いてはいない様子でした[73]」

六〇年たって、マツオカは微笑みさえ浮かべながら、その日を思い出して言った。「子どもたちが走ってやって来てね。ラジオで聞いたんですよ。『戦争が始まった！』『なんだと？』『日本軍が真珠湾を攻撃したんだ！』と。なんてこった…[74]」

レイは、マツオカの反応は日本的だったという。黙り込んで、じっと何かを考えているふうだった。しばらくしてから、何も言わずに畑に戻った。その日はずっと静かな日だった。誰もあまりものを言わなかった。

それはただラジオが伝えた遠くのできごとで、ベルビューのような田舎町までその余波が届くには、とてつもなく長い時間がかかるだろうと思われた。だがその晩、すべてが変わってしまった。

第三章　ジャップはジャップだ

夜中の三時、ＦＢＩがマツオカの家のドアを激しく叩いた。真珠湾攻撃があったその夜だった。約半世紀前のこの日をマツオカは思い出す。「みんなもう寝てました。やって来たのは、ＦＢＩが三人です。地元の警察かと最初は思ったんですがね。ナンバープレートのない車二台で来ましたよ」

当時一五歳だった娘のレイは、一階の寝室から出ず、震え上がっていた。「ＦＢＩが家に入って来たんです。うちの母は気が強いとお話ししたでしょう。えらい見幕でしたよ。ＦＢＩに向かって怒鳴ってました。

そういえば、自分には権利がある、と怒鳴ってましたね。あなたたちにそんな権利はない！　私には権利がある！　私はアメリカ市民だ！　と怒り狂ってました。母は相手が誰だろうと関係なかったんです。とにかくカンカンでした」

ＦＢＩは家を捜索して、手紙や日記を押収した。スパイ行為につながりがないか調べるためだ。次に、マツオカ家の息子二人が寝ている屋根裏部屋を捜索しようとしたところ、カズエが阻止した。諦めたのか、ＦＢＩは上へは行かず、一階にとどまった。

マツオカは言う。

「私をどうするつもりなのか、聞いたんですよ。『シアトルで尋問を受けてもらいたい』と言うので、服の着替えはいるか聞くと、『おそらくいるだろう、ひげ剃りと歯ブラシもだ』と。

そう言われたとき、ああ、家にはすぐに帰れないんだ、とわかったんです」

ＦＢＩはナンバープレートのない車でマツオカを連行した。そのときはベルビューにもう戻らないことになろうとは知る由もなかった。だが当時、ベルビューでも西海岸のどこでも、近い将来、何が起きるか予測できた日系人は誰一人としていなかった。その将来とはセージブラシの生える砂漠で鉄条網のなかに入れられることであり、それまでの生活の完全な崩壊だった。

＊

その夜、ベルビューの自宅からＦＢＩの手で連行された者は三人いた。いずれも日系人社会のリーダー的存在だった。ベルビュー青果生産者協会の事業責任者だったマツオカ、講演などをよく行ない、地元初の日本語学校の立役者だったアサイチ・ツシマ、それから不幸にもベルビュー日本人会の会長として選ばれていた、ヤーロー・ポイント地区に温室を持っていたテルマツ・ヤブキだ。

司法省の意図が、日系人社会のリーダーを逮捕することだったのなら、マツオカとツシマについては的を射ていたといえる。だが、ハンツ・ポイント地区に住むヤブキは、日系人社会からは離れていた。日本人会で活動するようになったのもごく最近のことだった。彼が逮捕されたのは不思議だった。

息子のキヨ・ヤブキは言う。「父は予想もしていなかったと思います。日系人社会のリーダー的存在ではありませんでしたから。ＦＢＩが連行しに来たのは私も呆然としました」

アサイチ・ツシマは、ターゲットになる予感があったのかもしれない。娘のミチ・ニシムラは、真珠湾攻撃のニュースを家族に伝えたときのことをこう話している。「誰もが、しんとしてしまいました。ショックでした。足もとががらがらと崩れてしまったような。

その夜、男性の声で電話があって、父がその晩いるかどうか聞かれました。いると言うとＦＢＩが二人連れでやって来たんです。ＦＢＩだと知ったのはずいぶんあとになってからですが。

『お父さんに一緒に来てもらわなければならない』とその二人連れは言いました。

そして着替えをまとめるように言い、銃は持っているか聞きました。もちろんそんなものはありません。ＦＢＩは寝室に行って荷物をまとめる父について行き、父を連れて行ってしまったんです」

主《あるじ》を逮捕された三家族は、女性が家を守ることになり、不安でいっぱいになった。その夜起きたあるできごとで不安がさらに強まったとミチ・ニシムラは言う。「母と二人きりになってしまって、どうすればいいか、途方に暮れました。その夜は雨がかなり降っていて、私は二階に一人で寝ていました。二階には二部屋ほどあったんですが、何かいやな予感がしたので電気を消して外を見ると、なんと窓の下に誰かが潜んでいたんです。私は一階に駆け下りました。

翌朝わかったんですが、屋根か何かの修理で家の前に父がはしごをかけていたんです。それを誰かが上って窓から覗いていたというわけです。誰だったのか、けっきょくわからずじまいでした」

＊

マツオカ、ツシマ、ヤブキは日系人社会で目立った立場にあり、それが逮捕の大きな原因になったと思われる。ＦＢＩは、何年も監視した結果集めた情報をもとにして、日本との突然の開戦という非常事態を受けて、彼らに危険な可能性があると考えた。

アメリカの諜報機関（当初は米海軍情報部でのちにＦＢＩ）は、一九三六年から活動していた。フランクリン・ルーズベルト大統領は、ハワイに住む日系人と、オアフ島に停泊する日本の商船が連絡を取っているという報告を受けて、次のような命令を下した。「そのような連絡を取る日系人は秘密裏に、しかし必ずや割り出して、特別なリストに名前を載せること。危急の折にはそのリストに名のある者をまず収容所に入れることとする[1]」

ルーズベルトは長年、東洋人に対して陳腐な白人優位主義を信奉していた。大日本帝国がアメリカを侵略するという黄禍論には懐疑的だったが、ほかの面では人種について旧式の考え方をしていた。特に人種的な特性と「東洋人的な考え方」についてだ。日系人は「同化不可能な」人種であり、アメリカのメルティング・ポットには絶対に受け入れられないと、頭から信じ込んでいた[2]。一九二五年、論説で次のように書いている。

まずは多くのアメリカ人、特にカリフォルニアの同志にとっての悪夢について見てみよう。すなわち、太平洋岸地域で日系人が増え続けている現状だ。これまで、数千人もの日本人が法的あるいは違法にアメリカに入り込んで住み着き、子どもを育て、子どもがアメリカ市民となったのは、疑いようもない事実だ。カリフォルニアの住民は、日本からの移民はアメリカ人に同化できないというしっかりとした理由に基づいて、適切に反対してきた。これがこの問題を考えるに当たって、アメリカの姿勢の理由として一貫していたなら、問題はまったく生まれなかっただろう。日本の国民もいまそれを理解し、われわれの決定を受け入れたことだろう。

極東に行った者なら誰でもわかることがある。東洋の血とヨーロッパやアメリカの血を混ぜれば、それは九割がた、不幸な結果に終わることを。東洋全域にユーラシア人と呼ばれる者が何千人もいる。東洋の血とアメリカやヨーロッパの血が混じっている男女や子どもたちだ。この者らは、当地に住むヨーロッパ人やアメリカ人、純粋な東洋人に品のない者として見下されて軽蔑されている。

この考え方は両方向において真である。私は、文明化され教育を受けた、素晴らしい日本人を大勢知っている。彼らは皆、何千人ものアメリカ人が日本に住み着き日本人と異人種間結婚をすることに、同じような嫌悪感と反対の意を示している。それはおびただしい数の日本人がここにやって来て、アメリカ人と異人種間結婚することに対する私の気分と同じだ。

アメリカから日本人を排斥するという問題について、真の理由を推し進めることが必要である。それは、異人種間の血を混ぜるのは望ましくないということだ。この姿勢は日本でも完全な理解を得ることだろう。日本でも大人数のアメリカ人が移住してくることについては同じように反対しているのだから。(3)

一九三六年、フランクリン・ルーズベルト大統領は、ハワイの日系人監視命令を下した。これは、当時日系人の忠誠心に対して強まっていた疑いをルーズベルトも信じていたことを示している。ハワイの日系人に対する疑いは、一九三三年ハワイの陸軍諜報機関の報告によってさらに強まった。この報告によれば一世も二世も、ハワイの日系人の大半が、戦争が起きたら日本側につくであろうし、アメリカに積極的に忠誠を誓っていないということだった。さらに、ハワイにおいて疑わしい行動に関係している「すべての日系の市民あるいは非市民」が「収容所」入りになるという表現は、ルーズベルトはアメリカ人の大半と同じように、日本人と日系アメリカ人を区別していなかったことを示している。(4)

一九三八年、ルーズベルトはこのような監視体制を本土にも広げて、西海岸の日系人について陸軍省が情報を集め始めた。このときもまた、アメリカ市民である二世と、日本人の一世は区別されていない。アメリカ海軍情報部(ONI)のベテラン捜査官、ケネス・リングル中将は、一九四〇年七月、「日系人の状況」について調べるために南カリフォルニアに送られた。彼の報告書は、西海岸に住む日系人は「とみにアメリカ化して」おり、「アメリカと、よりよい生活への見通しをかたく信じている」と結論づけている。そして忠誠心のない可能性のある日系人は非常に少なく、それが誰なのかは明確だとしている。リングルは、ロサンゼルスで立花止《いたる》が行なった有名な情報活動を暴いた一人だ。この調査中に集められた証拠は、日本政府が日系アメリカ人を裏切り者として強く疑っていたことを示している。(5)

海軍情報部がほかの方法で集めたデータでも、同じような評価が出ている。そのなかには超機密作戦だった「マジック(MAGIC)」解読があった。これは日本の外交官のあいだで使われた高度な暗号通信で、一九四〇年秋に傍受されて解読された。通信は五〇〇〇件以上もあり、解読された情報は非常に重要なものだった。特に、いくつかの日本領事館できわめて活発なスパイ活動が行なわれていたことが明らかにされた。その一つはシアトル領事館で、日本政府のスパイが活動していた。この通信には、一世やその子どもの二世たちなど、民間人のスパイを使ってスパイ活動を広げようという計画が検討されていたものもあった。だが同じ通信で、明らかにスパイとしての採用が優先されていたのは不満分子の黒人やナチスを信奉する反ユダヤ分子で（特にウィリアム・ダドリー・ペリーの団体〈シルバーシャツ〉など）、日系アメリカ人は最終的な手段としてのみ検討されていた。それは通信によれば、日系人は疑われる可能性が高く見つかりやすいこと、そしてアメリカの日系人コミュニティ全体にひどい悪影響が及ぼされるだろうという理由からだ。注目するべき点は、どの通信文にも、日系人とそのような連絡を取った事実は示されておらず、民間人のスパイは誰も特定されていないことだ(6)。

ルーズベルトも、日系アメリカ人の脅威について外部の分析を入手している。開戦の数か月前、ルーズベルトはシカゴの事業家カーティス・マンソンに、アメリカにおける日系人について情報を報告するよう命じている。一九四一年一一月七日にマンソンがまとめた報告書には、これ以上ないほどはっきりと書いてある。「［アメリカにおける］日系人の武装蜂起は起きない。…全般的に日系人はアメリカに忠誠心を持っており、最悪の場合でも、おとなしくしていれば収容所や無責任な暴徒から逃れられると考えている。アメリカにおける、アメリカの敵の人種グループと比べて不忠だとは考えられない(7)」

司法省は一九四〇年五月、アメリカ開戦の暗雲がただようなか、スパイ活動と破壊活動に焦点を当てた特別な調査団を作った。この調査団は特別防衛課とのちに名付けられ、海軍情報部の傍受内容や地域のFBIの情報員など、さまざまな情報源から情報を得て、二〇〇〇人以上のスパイ容疑者について調査書を作成した(8)。彼らは三つのカテゴリに分けられた。

A「既知の危険な」容疑者。それぞれのコミュニティで影響力のある者。あるいはその仕事から、敵のスパイである「第五列」のメンバーの可能性がある者。

B 「危険な可能性」のある者。不忠が疑われるが、まだ調査されていない者。

C 親日派の傾向を示したり、親日派のプロパガンダに従事した容疑者。この分類によれば、地域のコミュニティの協会に参加しただけでFBIの調査書に名を連ねることになる。[9]

このような一連の情報活動により、当局はアメリカ開戦後、スパイや第五列によるどのような深刻な脅威にも立ち向かうことができると確信していた。そして一二月七日が来たとき、彼らは行動に移した。

＊

ベルビューで逮捕された三人は、このような監視があり逮捕されたとはまったく知らなかった。マツオカは、誰が彼に疑いの目を向けたのかはわからないが、日系人コミュニティでリーダー的存在だったことが原因であることは明らかだと言っている。西海岸のほかの一二六五人の日系人と同じように（シアトルでは一二月七日の夜に一〇三人が逮捕された。最終的に、シアトルFBI当局は「敵性外国人」四一三名を逮捕している）[10]、三人とも取り押さえられて監獄に入れられた。ベルビューで逮捕されたのはこの三人のみで、当局は、彼らがほかの逮捕者と同じように日本政府による破壊活動とスパイ活動に関係していたとほのめかしたため、ベルビューのコミュニティ全体にはわずかな波紋しか及ぼさなかった。だが日系人コミュニティには、暗い影を投げかけた。

「あっという間に連れて行かれて、みんなパニック状態でした」。ミツコ・ハシグチは言う。彼女はこのときにはシアトルのムツオ・ハシグチという男性と結婚し、一九四〇年に両親の農場を引き継いでいた。三人が逮捕されたことで、「誰が次に連れて行かれるのか」と、誰もが自分の身を案じたという。夜中に玄関のドアがノックされるのでないかと。

二世にとって、日本はあまり知らない遠い国だった。だがその日本が真珠湾を攻撃したせいで、自分たちの世界が変わってしまった、まぎれもない印象を受けた。

トシオ・イトウは、真珠湾攻撃の知らせを聞いたその日曜日、シアトルにいたのを覚えている。母親を友人の家に連れて行ったところ、ラジオでニュースを聞いた。「その日はそこにいて、夕方、家に車で戻りました。［州間高速九〇号線の浮橋につながる］トンネルの入り口に入ろうとすると、警察に止められたんです。何をしているのかと尋問されたので、ベルビューの自宅に戻るところだと答えました。車とトランクを調べられました。

何も見つからなかったので、『行ってよし』と言われましたがね。そういうことがよくありましたよ。不必要な、余計な言いがかりをつけて、調べられたんです。破壊活動やスパイ活動をしていないかと」

次の朝、日系人の子どもたちは、学校で最初の厳しい洗礼を浴びた。レイ・タケカワは言う。「もちろん、あの次の日のことはよく覚えてますよ。ルーズベルト大統領の『屈辱の日』の演説が校内で放送されました。そのとき、『ああ、自分は日系人なのだ』と身をもって感じました。これは、自分に深く関係していることなんだとね。全校が大統領の演説を聴いたんですから。自分が完全にアメリカ人ではなく、日系人なのだということを意識しました。

その前は、皆と同じように自分もアメリカ人だと思っていました。でもその日から、自分は友だちとは違うんだとわかったんです」[11]

同じ朝、メディナ地区のスクールバスの運転手は、日系人の児童五人の乗車を拒否した。FBIの命令で、日系人は乗せるなと言われたという。同校のアイナー・フレットハイム校長は、バスの停留所まで自分の車で子どもたちを迎えに来て、学校に連れて行き、放課後は家まで送った。

校長は、このできたばかりの学区の若い教育委員会委員長に文句を言った。委員長は、ミラー・フリーマンの次男、インテリのケンパー・フリーマンだった。フリーマンがFBIに確認したところ、命令には子どもは含まれないことがわかった。二世の子どもたちは翌日、バスのいつもの席に座って通学した。次は何が起きるのだろうと思いながら。[12]

それは、始まったばかりだった。

＊

真珠湾攻撃のあと、西海岸全体を大きな恐怖が襲った。次は西海岸が攻撃されると考えて、人々は灯火管制の訓練をした。空を見て敵機が来ないか警戒し、隣人に目を光らせた。

事態はみるみるうちに、ヒステリアに発展した。灯火管制が突如課されていたシアトルのダウンタウンで、一二月八日の夜一一時を過ぎたころ、灯火管制に違反している店を暴徒が襲った。水夫の妻、一九歳のエセル・チェルスヴィッグという女性が煽動し、二〇〇〇人ほどがシアトルの街にあふれ、電気がついている店のウィンドウを割った。宝石店や看板店も含まれていた。警察が介入し何人かが逮捕され、群衆は散った。[13]

同じ夜、サンフランシスコで空襲警報が誤って鳴った。軍の探知システムは敵機の軍団がサンフランシスコ湾岸地域の上空を飛行し、攻撃をせずに沖の方に戻っていったと報告した。西海岸の新聞の見出しは警告を発した。『シアトル・タイムズ』紙は、「サンフランシスコ上空に敵機三〇機」と報道し、敵機が来たということは、航空母艦が近くにあるということであり、「陸軍迎撃機は最初の飛行隊を追跡したが、その後の行方は不明」(14)としている。けっきょく敵機はどこにも行かなかった。というのも、そのような敵機は存在しなかったからだ(15)(『ポスト・インテリジェンサー』紙は、「謎の飛行機」が「駆逐された」と報じている(16))。

次の朝、第四軍西部防衛軍の指揮官、ジョン・デウィット中将が、表舞台に躍り出た。この前夜、サンフランシスコの空襲警報に対する市民の反応は、素晴らしいものとはいえなかった。何も起きなかったかのように、誰も電気を消さなかったのだ。デウィットは怒髪天を衝いた。

アンジェロ・ロッシ市長や民間人二〇〇人、事業主を前にデウィットは言い渡した。「諸君は、われわれが戦争中であることをわかっていないようだ。昨晩、この街の上空に敵機が来襲した。日本の軍機で、その後、沖の方に飛んでいったことが探知されている。嘘だと思うのか。陸軍や海軍がそのような嘘をサンフランシスコの人々につくと思うなら、それは完全なナンセンスだ」。爆弾の一つや二つ、落ちていた方がましだったと、デウィットは考えていたようだ。「これは戦争だということに気づこうとしない、この街の愚か者たちは目覚めたかもしれない」と(17)。

次の日、デウィットは「信頼できる筋」から、二万人の日系二世の蜂起が計画されているという情報を得て、部下と共に、全員を軍の拘留下に置く準備をした。この計画は、地域のＦＢＩの長だったナット・ピーパーに止められた。「信頼できる筋」とは、以前FBIが雇い、「豊かすぎる想像力」のおかげで解雇した者だったからだ。また、蜂起するとされた人数は、サンフランシスコ湾岸地域の日系人男女と子どもの合計数をやや上回っていた。[18]

二週間後、デウィットは同じように「信頼できる筋」により、攻撃が迫っているから市民はすべて避難するようにと、ロサンゼルス市に非常警報を発することを計画した。幸い、実際に警報は発されなかった。のちにビルマ戦線の「ビネガー・ジョー」として知られるようになったジョセフ・スティルウェル少将は、当時まだデウィットの配下の幕僚だったが、誤報が続くことにいらつき、プレシデオのスタッフはまるで素人で、デウィットは「間抜け」だと日記に書いている。[19]

*

どう考えてみても、デウィットが起こす騒動にはほとんど根拠がなかった。実際、日本軍は西海岸に対する散発的な空襲や攻撃を計画して実行してはいたが、特に「黄禍論」でつくりあげられたようなイメージの規模の本当の侵略は、一度も真剣に検討されたこともなければ、兵站的に実現可能だったこともない。

西海岸における日本海軍の活動はきわめて少なかったが、大型潜水艦の艦隊はあった。それぞれが操縦席のみの軍機、特殊潜航艇、最新型の魚雷を載せて、真珠湾攻撃後の数か月間、西海岸を偵察していた。ある記述によれば、潜水艦の司令官は、クリスマスイブにサンフランシスコを攻撃する準備をしていたが、日系人に危険が及ぶことを恐れて取りやめるよう命令されたという。[20] 日本の艦隊は、攻撃度が目立って弱かった。大西洋アメリカ沿岸でドイツ軍が二〇〇隻以上の米軍軍艦を沈めていたのと比較すると、アメリカの水域を偵察していた日本軍の潜水艦は、商用船わずか一四隻を沈めたに過ぎず、軍艦は一度も攻撃せず、中途半端な爆撃を数回行なっただけで終わった。

最初の攻撃は一九四二年二月二三日に起きた。カリフォルニア州サンタバーバラ沿岸で、潜水艦が石油貯蔵施設に向けて一三発撃ち、貯蔵タンク一つにわずかなダメージをきたした（これは翌晩、「ロサンゼルスの戦い」を起こした。ロサンゼルスの街には灯火管制が敷かれ、日本の戦闘機が上空を飛んでいるという誤報を受けて、高射砲が撃たれた）。二度目は六月二一日、オレゴン州スティーブンス基地で起きた。この基地はアストリア近くのうっそうとした森林地域にあり、少ない人員でコロンビア川を防衛していた。潜水艦が基地近くに一七発撃ってきたが、わずかな数の樹木が傷ついただけだった。さらに六月と九月、同じ潜水艦に搭載された小型飛行機が、エミリー山とブルッキングス近くの森に焼夷弾を落として山火事が起き、地元の新聞で大騒ぎとなった。これがきっかけで連邦当局は、北西部の森林における火事対策の資金を増やした[21]（この爆弾は飛行機から落とされたものだが、当初マスコミで「風船爆弾」と呼ばれていた。だが二年後、本当の風船（気球）爆弾が北西部に現れ始めた。一九四四年一一月から、日本海軍は焼夷弾と対人爆弾を気球でジェット気流に乗せて北米に落とそうとした。実際にたどり着いたのは数百個のみで、ハワイやワイオミングなどの地域にばらばらに着いた。死傷者は、一九四五年オレゴンの森林でこの爆弾を見つけていじってしまい亡くなった牧師の妻と子ども五人のみだった[22]）。

当時デウィットは後年起きたこういった事実を知る由もなく、西海岸の防衛を最優先にしなければならなかった。日本の潜水艦の存在は、西海岸全域のたくさんの防衛施設や、重要なインフラ施設の石油貯蔵タンクやダムなどの脆弱性を浮き彫りにした。前線からの戦報は容赦ないものだった。日本軍はグアム、ウェーク島、マレー半島、フィリピン、そして香港とシンガポールに着々と進軍し、バターン死の行進などの残虐行為の報道はアメリカに怒りを巻き起こした。

デウィットの懸念は理にかなってはいた。だが歴史が示しているように、彼の取った行動はそうとはいえない。デウィットの得意技は、慎重すぎて失敗するのではなく、ヒステリアと過剰な反応を起こして失敗することだった。国民を落ち着かせなければいけないはずが、反対に逆上させた。また、西海岸への脅威を現実的に見きわめるのではなく(陸軍省のほかの者がすでにやったように)、疑わしい情報に基づき、最悪のシナリオに飛躍した。特に日系アメリカ人について最悪の想像をしたのは、明らかに偏見が影響している。当初は、すべての日系人、すなわち一世もアメリカ市民も収容されるべきだという案をデウィットは愚弄したが、アメリカ市民である日系人も西海岸の安全全体に対する大きな脅威になると確信するようになった。そして彼が取った行動は、彼の過ちを浮き彫りにしている。

多数の歴史研究者が辛辣に観察しているように、運命が与えた職にデウィットほど不適任な者はいなかった。西部防衛軍の司令官は、安定したふるまいと戦略的防衛に対する深い理解を備えた力強い人物であるべきだった。だがそれと対照的に、デウィットは高齢で、軍歴も目立ったものではなく、地味に官僚的に昇進してきた人間だった。スペインアメリカ戦争の復員軍人で、フィリピンに何年も駐屯したが、日本はルソンを侵略するだろうという説をこのときに見聞きしたのは明らかだ。この説は、ホーマー・リーの『日米必戦論』によって広められた(のちに彼は同書を持っていると記者に話している)。そして明らかに「黄禍論」について詳しく、日本語学校は親日プロパガンダの中心機関だというような、日系人の〝背信行為〟について広められていた話を信じていた。また、日本人移民は疎外的で、アメリカに長居するつもりはないなど、古く誤ったステレオタイプを事実だととらえた発言をしている。さらに彼は思いこみが激しく、無線通信についてのデマを頑なに信じ込んでいた。これは、彼がパニックを起こしやすい傾向にあったことを表している。[23]

思慮深い人物ならば、現実を見て慎重な姿勢を取っていただろう。たとえば、FBIなどの当局は、銃二五九二丁、弾薬一九万九〇〇〇個、ダイナマイト一六五二本、無線受信機一四五八個、カメラ二九一四台、映写機三七台を、真珠湾攻撃直後に取り調べた一世の家や事務所から押収した。だが、どれも個人的な用途以外に使われたという証拠はまったくなかった。司法省は報告書に次のように書いている。「しかしながら、この取り調べにおいてほかに知りうることのなかった危険人物は見つからなかった。また一つ一つのダイナマイトや弾薬のいずれからも、爆弾に使われたという証拠はまったくなかった。…スパイ活動に使われたと考えられるカメラも見つかっていない」。戦後、陸軍の歴史研究者は明言した。「事実、真珠湾攻撃後、西海岸の日系人において、破壊活動やスパイ活動があったと証明されたケースはまったくなかった」[24]。実際、これまで見てきたように、連邦当局の情報機関は、日系アメリカ人は国家安全保障に対する脅威ではないという評価を下していた。

同じように、陸軍省の軍事戦略専門家は、西海岸は侵略や持続的攻撃の深刻な脅威にはさらされていないことをはっきりと認識していた。当時、陸軍地上軍副幕僚長だったマーク・クラーク大将と、海軍作戦長のハロルド・スターク大将は、その春、上院委員会の前で証言したとき、日本が西海岸を攻撃するというシナリオを揶揄した。[25]一方クラーク（彼はワシントン州ルイス基地で何年か将校として務めた）は、アリューシャン諸島に対する空襲や持続する攻撃の可能性は「幻想ではない」と認めている。[26] さらに、デウィットは西海岸の防衛に軍が必要だとやかましく訴えたが、状況を把握していた陸軍省は却下した。ヨーロッパと太平洋地域に攻撃準備をしていた当局にとって、そのような要請は放縦な時間の無駄でしかなかった。[27]

開戦当初、デウィットがサンフランシスコ地域に住む民間の日系人を逮捕して収容しようとしたことで、法的な問題が浮き彫りにされた。戦場ではない状況で、敵性外国人を含む民間人を軍が管理するという前例はないという事実で、これについて陸軍省当局はすでに考えていた。陸軍の法執行最高責任者、アレン・ガリオン憲兵司令長官は、一九四〇年からこの問題に関わってきた。陸軍情報機関の要請を受けて、彼は戦争が起きた場合について、二つの重要な質問に答えた覚書を用意していた。戦時下において、軍は「敵性外国人」に対して治安維持活動を行なうことができるのか。そして、外国人ではない民間人についてはどうだろうか。最初の質問にガリオンはイエスと答え、その場合、外国人は一四歳以上という条件を設けた。二番目の冷ややかな質問については、ノーと答えた。[28]

ガリオンの昔からの知り合いだったデウィットは、通常の指揮系統を大きく超えて彼に連絡し、西海岸の日系アメリカ人について自分の見解を持ちかけ、ガリオンは理解を示した。デウィットは一九四一年一二月一九日、陸軍省に「一四歳以上の敵性外国人すべてを集めて収容することを実施可能なるべく早い時期に開始すること」を求め、収容は内陸のいずれかの土地にして、兵がこれを守ることにする、とした。この行動は日本人だけでなく、ドイツ人とイタリア人にも影響することになっていた。[29]

ガリオンは陸軍省でこの考えを推し進め始めた。外国人部門の長は当時少佐だったカール・R・ベンデソンだった。彼はすぐに覚書を作成し、大統領は「必要だと判断したときに外国人を引き受ける権利を陸軍省長官に委任する」とした。その年の終わりには、ベンデソン（その直後には大佐に昇進した）とデウィットは、西海岸の二世の監視と管理について計画を練っていた。[30]

＊

真珠湾攻撃のあと西海岸を吹き荒れたヒステリアの火を煽ったのはデウィットだけではなかった。彼は連邦当局や地方当局のさまざまな方面からおおやけに受けたプレッシャーに応えたことが大きかったと、記録に示されている。彼らは「日系人の問題」について声を揃え始め、根拠のない噂を事実としてメディアに喧伝した。海軍長官のフランク・ノックスは、真珠湾攻撃は、ハワイの日系人の第五列活動が直接招いた結果だと記者に明言した（これはのちにまったく根拠がないことが判明した）。[31]当然ながら、あらゆる党派の政治家が、記事になるようなばか騒ぎに参加した。一九二〇年代によく見られたような、日系人に対する紋切り型のイメージがふたたび目立つようになった。日本人移民は自分たちの社会に閉じこもり、欲得ずくで、いずれは日本に帰るつもりなのだ。彼らの子どもは完全に東条英機の従属下にあり、彼らは絶対に「アメリカ人」にはなれない。そして彼らはひそかにわれわれを憎んでいるのだ

――

すでに世論は決まっていた。長いあいだ多くの人が抱いていた疑念は本当だった、「ジャップ」は日本のスパイなのだ、と。そしてそれは、軍や民間のリーダーによっておおやけに奨励された。「世論に影響できる立場にいる人たちは影響をしっかりと及ぼしました。みんな彼らの言うことを聞

きました。マスコミのせいでヒステリアもたくさん起きましたね」。トシオ・イトウは言う。

戦争で潤っていたマスコミは、地元の視点から戦争を報道することを強く望んでいた。そのため、西海岸侵略の可能性は素晴らしい売れ筋の記事になった。『ロサンゼルス・タイムズ』紙には「暗号を送るジャップの船」「日系人が栽培するトマトの覆いは空軍基地に向いている」などの見出しの記事が載り、(32)たちまち右へならえの状態になった。沖にいる疑わしい日本船に暗号が送られたという報告が増えた。ある記事では、オアフの海岸で犬が吠えるのを聞いた者が、犬は沖にいるスパイ船にモールスコードで吠えているに違いないと言っている。(33)当時はこれを多くの人が真に受けていた。

シアトルでも、同じようにばかばかしい話が広まっていた。「シアトルに向けられた火の矢印」と、一二月一〇日『シアトル・タイムズ』紙はがなり立てるような調子の一面記事を書いている。シアトル西、太平洋に面したオリンピック半島のポート・アンジェルスの畑で、日系人農家が、上から見ると矢印に見えるような形で火を放ったという。その「矢印」が、日本からの爆撃機のターゲットになるシアトルの造船所や航空機製造工場に向いていたのだという。翌朝『シアトル・ポスト・インテリジェンサー』紙は、同じような内容の一面記事を書いた。(34)だがその後、どちらもこの火について続報は載せていない。まもなく当局の調査で、この火は土地を開墾していた白人が放ったものだということがわかった。

「今度は、ミッドレイクス地区の話を聞いたんです。鳥を追いやるために畑の上にワイヤーを張って服をかけていた。それも日本の戦闘機に向けた目印だろうというんですよ」。ジョー・マツザワは言う。ロサンゼルスで最初に伝えられたトマトの覆いの記事はシアトルでも広められた。

タイラス・マツオカは父親が連行されたにもかかわらず、ただ日系人だというだけで自分たちが疑われていることに気付いた。「うちはベルレッド通りの丘の上にあったんです。庭には電灯がありました。灯火管制で日の入りとともに電気はすべて消さなければいけなかったんです。でも子どもですからね、外にいて消すのを忘れてしまうことがあって。八時か九時にはもう暗くなります。家の前の坂の下、一一六番地に女性が住んでいたんですが、うちが九時までに電気を消さないと、郡警察に電話したんですよ。それで警察がやって来てね。ひどいのはその女性のお子さんと私は同級生だったんです。こういうことはよく覚えているもんですね」

地域を守るという名目で徒党を組んだ人々も日系人を仕事から追いやった。シアトルでは、二世の若い女性二六人が、シアトル学区で事務職から追いやられた。それは地元のゲートウッドPTAの母親グループが彼女たちの雇用に抗議したからだ。(35)

＊

一一月に脳卒中で倒れたミラー・フリーマンはまだ療養中だったが、日系人について発してきた警告が真珠湾攻撃で的中したと確信して、イーストサイドで行動を起こした。地域の日系人が裏切り行為に参加しないことを確証しようと、彼はベルビューの住民を集めて特別委員会を作り、会合を開いた。第一回目の会合はキャンプ・ファイヤーハウスで一二月一三日に開かれ、白人コミュニティの代表格が参加した。『ベルビュー・アメリカン』紙の編集者A・J・ホイットニーもその一人だ。彼はこの会合についてこまめに記事を書いた。日系人コミュニティからは五人の代表が参加した。トキオ・ヒロタカ、アキラ・アラマキ、マサミ・イナツら三人の二世、カンジ・ハヤシ、コマジ・タカノの二人の一世だっ

た。(36)

フリーマンは、まず自分の意図を説明する演説で口火を切った。「われわれの仕事は、目の前の現実の問題についてどうするべきか考えることだ。むろんわれわれはこの国の防衛に関心がある。今日この場にいる皆さんは、外国人もいれば市民もいる。われわれは秩序を守った方法で問題に対応する。そして偏見や感情的なやり方ではなく、思慮深く思いやりを持った方法で行ないたい。この地域で騒ぎが起きるのは防ぎたいし、皆さんと率直に話し合いたい。誰の気持ちも傷つけたくはないが、いまは戦時中であるから、煮え切らない態度ではだめなのだ。

この地域における日系人に、これから課されることがある。すでに、経済や旅行の面における制限などは設けられている。戦争は始まったばかりで、詳細についてはこれから多くを詰めていかなければならない。私自身は、皆さんにとってたいへんなことになるよりも、この問題について一緒に考えていくことが可能だと考えている。

不公正があれば、おさえたい。われわれは皆さんを守りたいが、いまの状況をこのままにしておきたくはないのだ」

フリーマンは、この地域を「正義と公正さを持って日系人との関係を作ること」のモデルにし、「そしてそれを日系人が住むほかの地域のモデルにしたい」とも述べた。

アキラ・アラマキが最初に答えた。「アメリカ市民は一〇〇パーセント自分の役割を果たす所存です。けれども、いま現在、若者の多くはヒステリアに直面して立ち上がるのを恐れています。昨晩、われわれはJACL（日系アメリカ人市民同盟）の集会に行きました。彼らは軍、赤十字などを通して、一〇〇パーセント尽くすつもりです。目上の者はわれわれに軍でできることをなんでもやれと言っています。したがってわれわれは行動し、地域でできることを始めています。ここでじゅうぶんできることはありますが、外に出るのを怖がっていたため、行動は少し遅くなりました。なるべく家にいるようにと言われていたからです」

ほかの委員は、「第五列」スパイをつき出したり、「反米的活動」を報告するのが日系人が忠誠を見せるいい機会だと述べた。フリーマンはこの点をさらに追及した。

「私は皆さんに考えてほしい案を持ってきた。皆さんのバックグラウンドや訓練を考えれば、最初はこの案を受け入れたり理解するのが難しいかもしれない。だが正直に向き合うことが必要だ。これは委員会ではなく私自身の提案だ。

一つ。日本政府との関係をすべて断ち切ること。それは日本政府の利益を推進するような、親日的な組織の解散も意味する。中途半端ではなく、一〇〇パーセントでなければならない。

二つ。日本領事館代表との関係をすべて絶つ。

三つ。日本語を使うのをやめる」

カンジ・ハヤシは、数少ない一世出席者の一人だった。そこで彼は遮り、フリーマンが二世の立場を誤解していることを説明しようとした。決して流暢とは言えない英語で訴えた。「彼らには日本政府に対して何かの義務があると考えている人もいるかもしれませんが、そんなことはまったくないのです。日本領事館との関係はまったくありません。一世はこの国の市民にはなれません。ですから日本（政府）は、彼らのめんどうをみようと思った、ただそれだけのことです」

「それはもうやめてもらおう」。フリーマンはきっぱり言った。

フリーマンは「黄禍論」説を繰り返した。アメリカで生まれた日本人の子どもは自動的に日本で二重国籍を得て、天皇は二世すべてを自分の国民だと考えると（それには正しい点もわずかだがある。確かに一九二四年まで二重国籍は自動的に与えられていた。だが日本政府が方針を変えたため、二世の場合、誕生後の二週間以内に日本領事館に出生が届けられなければ、日本の国籍は得られなくなった）。

フリーマンは続けた。「日本語学校はすべて取りやめにすること」

「すでに閉校になっています」。カンジ・ハヤシが言った。

「いままでは開いていたのだろう」

「そうです」

「聞きたいのは、日本語学校の目的は何か、ということだ。なぜ年長者は若者を日本語学校に行かせたのか」

「日本語を教えるため、それだけです。ほかの目的はないと思います」。ハヤシが説明した。

「われわれは、日本語学校は大日本帝国への忠誠心を教えるプロパガンダ的学校だと考えている。アメリカにおいて、すべての日本語新聞と発行物を取りやめるべきだ。この国の言葉は英語だ。英語を使い、英語の新聞を読めばいい」

トキオ・ヒロタカが発言した。「私たちの親は英語がわからないんです。ですから、われわれ子どもに日本語を教えなければならなかったんです」

「それでは、彼らは日本語でなく英語を話さなければいけないと提案したい」

「誰かがそう言ってくれればよかったと思います。私たちは言えませんでしたから」。困惑したヒロタカが言った。「ハヤシさんのような方の場合、子どもさんは日本語学校にまったく行きませんでした。ほかの年長者は、ハヤシさんやタカノさんのように英語がわからないんです。私の母は六五歳で、アメリカに四〇年住んでいます。日本に住んでいた年数よりも長い。でも英語はよく話せないんです。うちのほかのみんなは家で英語を話しますが、母には私は日本語で話すんです」

「ではこれからは、年長者は、日本式や日本語で子どもを育てないことを提案する」

ハヤシは、一世にとってなぜ英語が難しいのか、説明しようとした。「日本語はほかの国の言葉とまったく違うんです。ですから学ぶのはとても難しい」

「英語は難しい言語ではない」。フリーマンは答えた。

「日本人と比べると、イタリア人やスウェーデン人にとっては、英語はそう難しくないんです」。ハヤシは言った。

フリーマンは次に進んだ。「いまこの国では日系人だけではなく、ドイツ系やイタリア系についても問題がある。二重国籍という問題だ。日系人の若者が忠誠を示す一つの方法は、日本の国籍を捨てたと証明することだ。つまり、日本政府に国籍離脱を申請することだ。いままでどれぐらいこれは実行されてきたか。君たちはどうか」

トキオ・ヒロタカはきっぱりと言った。「私はアメリカ市民です。二重国籍だったことは一度もありません」

フリーマンは続けた。「皆さんの立場ははるかに良くなるだろうから、集まってよく調べて考えるといい。そして、意に沿わない状況にならないように、記録にする法的な方法があるか調べてみた方がいいだろう。複雑だろうが、適切かつ法的な方法で、申請すればいい。

皆さんは自分がアメリカ市民だと思っていて、忠誠だという。だが、日本から国籍離脱の手続きを取らない限り、日本はあなた方を日本国民だと見るのだ」

二世たちは驚愕した。「それはまったく知りませんでした」。アラマキが言った。

「なんてことだ」。ハヤシが言った。誰もが首を振った。

「もっと調べてみた方がいいかもしれないが」。確信が持てなくなった様子でフリーマンが言った。

「ここで生まれたアメリカ市民でも、日本政府と関係があるというんですか。ここで生まれた者でも？」トキオ・ヒロタカが聞いた。

「完全な国籍離脱の証拠がない限り、そうだ。あなた方はみんな、日本で徴兵の対象になる」。フリーマンが答えた。

「なんてことだ」。アラマキとヒロタカが言った。

「国籍離脱をしない限り、だ」。フリーマンは繰り返した。

「日本はアメリカ市民を徴兵しない。それは確かです」。アラマキは言った。彼は確かに知っていた。彼はトム・マツオカについて日本に一年前に行ったばかりで、自分の目で軍の行動を見てきたからだ。(37)

「日本領事館で登録すれば日本国民になる。ですが登録しなければ、この国で生まれた者について、国民だと日本は主張できません」。ハヤシは説明した。

「あなたの子どもたちは日本領事館に登録しているのか」。フリーマンは聞いた。

「いいえ」。ハヤシは答えた。コマジ・タカノやほかの一世も違うと答えた。

「それでは、この地域で人口調査をするのが望ましいだろうか。あるいは現実的だろうか。あなたがたの団体は人口調査を実施しているか」。フリーマンは聞いた。

「子どもすべてにはやっていません」。タカノが答えた。「年長者だけです。……四月か三月に、二重国籍者がいるかどうか調べましたが、いませんでした」

「誰に聞いたのか」。フリーマンは聞いた。

「この地域すべての日系人です。二重国籍者は誰もいなかったと思います」

「自分ではそう思っているかもしれないが、法的にどうかと聞いているのだ」

「つまり行動が必要だということですか」。アラマキは言った。

「日本語の新聞は廃刊することを提案する。謎や秘密をなくし、すべてをよきアメリカ的な方法で開示することだ」

「ベルビューで発行されている日本語の新聞はありません。全員が英語を読めたり話せたりするわけではないので、日本語新聞でニュースは読んでいるだけです」

「英語の新聞を読めばいい。日本語新聞はドイツ語新聞と同じだ。プロパガンダばかりで、脅威だ」

「FBIがすぐにやめさせました。日本語新聞は、いまはアメリカの新聞を日本語に翻訳したものです」。アラマキが答えた。

FBIの話が出たところで、二世たちはトム・マツオカとアサイチ・ツシマがどこにいるのか聞いた。フリーマンは、委員会は調べる予定だと言い、その日の集会は終わった。

トシオ・イトウもこの集会に出席した。フリーマンの脅しを感じたという。日系人はいまや隣人の意のなすままであり、余計なことはしない方がいいと。「頭に残ったのは、『これからは隅っこで生きていくことを学ばなきゃいけない』というメッセージでした」とイトウは言う。

二週間後、次の集会はフリーマンの自宅で行なわれた。アメリカ移民帰化局のシアトル支部の長R・P・ボンハムからフリーマンが受け取った手紙についてだけ話された。ボンハムの説明はすべてにおいてカンジ・ハヤシが言った通りであり、フリーマンの前提は崩れた。「この件における日本の法律では、一九一六年以前は、日本人の親から生まれた子どもはすべて、日本領事館で誕生が記録されていようがいまいが、どこで生まれようと日本国民だとみなされていた。……一九二四年一二月一日、日本の議会は、日本国外で生まれた日本国民の子どもは日本の国民としてはみなされないという法律を制定した。ただし、その誕生から二週間以内にもっとも近くの日本領事館に出生が届け出られた場合は別だ(38)」

フリーマンの委員会はそれでも「日本人の子どものうち、どのぐらいの割合が日本領事館に登録されたか調べることを勧告する」とした。また、「アメリカ生まれの日本人も日本に忠誠であるよう確証するプロパガンダが日本語学校の真の目的である」とし、日本語学校を調査することも勧告した。

八日後、大晦日の日、フリーマンはふたたび委員会の会合を開いた。白人のメンバー全員がいたわけではなかった。フリーマンの息子ケンパー・フリーマンはいたが、ホイットニーはいなかった。一方、「招待」された日系人も全員揃っておらず、カンジ・ハヤシ、コマジ・タカノ、アキラ・アラマキだけがいた。フリーマンは、これを問題だと考えた。

「なぜほかの二人はいないのか」。フリーマンは言った。「これはアメリカ政府の集会なのだということをはっきりわかっていただきたい！

以前言ったように、この委員会の目的は日系人のあなた方と協力し、あなた方の困難を理解し、意見交換を行なって、何ができるかを考えることだ。目的はまず、あなた方日系人を守るということだ。だがそれよりも、戦争においてあなた方がアメリカと協力するのを保証することにある。それについては、はっきり理解していただきたい。この二人が来なかったということは、即刻あなた方のグループに疑惑が持たれることを意味する」

答える者はいなかった。

「昨日知らせがあったはずだ。なぜ彼らは来ていないのか。われわれは仕事を休んでここに集まり、あなた方の問題について話しに来た。国民感情はますます深刻になっている。アメリカ政府と協力するというのがあなた方の姿勢なら、それをわれわれは知っていなければならないし、ごまかしはごめんだ。

前回の集会にはほかに二名いたはずだ。ヒロタカは、ケント［キング郡の南部］に行ったのか」

「教えたんですが、来ませんでした。イナツは電話がないんです。前回の集会でヒロタカに、イナツに伝えるように頼んだんです。直接イナツと話したわけではありません」

「私は公平でありたい。だが、集会を呼びかけたのにその全員が揃っていないのは、いったいどういうことか」。フリーマンは言った。

ほかには何も発言はなかった。フリーマンはたいへん不満な様子で集会を切り上げた。日系人の代表がきちんと揃うまで委員会は再開しないと言った。

委員会がまた会合を開いたことを示す記録はない(39)。また、マツオカがどこにいるのか、委員会が答えた記録もない。

＊

逮捕されたマツオカは、乗せられた車からＦＢＩと出たとき、すぐにどこに連れられてきたのかわかった。シアトルの移民帰化局だった。「逮捕されたあと、まず移民帰化局に全員連れて行かれたんです。名前では呼ばれませんでした。『九九番！』ってね。私の番号は九九番だったんです。そういえば、すでに九九番が誰なのか、知っていたことになりますね。そのときはもう準備が整っていたんでしょう」

知っている顔がいた。「ある部屋に入ってみると、『こいつは驚いた！　君もここに来たのか、トム！なんてことだ！』と言われました。…輸出入会社の連中でした。四〇人ぐらいいたでしょうか。

次の朝、朝めしが出されるところに行ったら、…たくさんの日系人が食堂にいたんです。『君もかい！』と言い合いましたよ。わかったのはそれだけです。シアトルのリーダー的な人たちが最初に逮捕されたのも知っていました。すでに朝めしを食べてました。

ずっと話してましたよ。フレディーは？　フレディーも来てるのか、とかね」。マツオカは思い出して笑った。

最初の手続きが終わったときには、内陸に八〇〇キロメートルほど行ったところにあるモンタナ州ミゾラに彼らを拘留することがすでに決まっていた。間違って捕まった二世のほとんどは釈放された。対象は「敵性外国人」だったからだ。同じように、マツオカのようなアメリカ市民権を持つ二世で、日本で教育を受け、アメリカに若いときに戻ってきた「帰米」は、親日派の可能性はあると考えられたが釈放された。ほかの帰米は数日で釈放されたのをマツオカは覚えている。

だがマツオカは特別なケースだった。彼は市民権の証拠を提示することができなかったのだ。出生証明書がなく、彼が生まれたマウイの郡の記録はなかったので、引き続き拘留された。

マツオカがミゾラに送られる前に、家族が面会に来た。レイ・タケカワは言う。「どうやって面会を取り付けたのか、それとも取り付けなければ会えなかったのかはわかりませんが、とにかく母は私たち全員を連れて父に面会に行きました。そして…まあ、いまは移民局だというのはわかっていますが、まるで監獄でしたよ。

列になって部屋に入ると、父が連れられてきました。私は確か一四歳でした。…何を話したらいいか、わからなかったですね。私たちは母と一列になって座ったんですが、なんともくだらないことしか口から出てこないものなんです。私も本当にどうでもいいことしか言わなかったと思います。でもずっと会っていない父を目の前にして、…それが不安な状況だとわかるわけです。これからどうなるのかわからないと。…悲しかったですね(40)」

一二月一八日、三六四人の拘留者が鉄道で小さな大学町のモンタナ州ミゾラにある基地の司法収容所に送られた。マツオカもここに送られた。

仲間のほとんどは、ここに冬のさなかに送られたことにショックを受けていた。「ミゾラは、本当に寒いと思いましたよ。でも実はそれほどでもないんです。モンタナの人は『バナナ地帯』と呼んでます」。マツオカは笑う。

ミゾラ基地にはすでに九〇〇人ほどのイタリア人が収容されていた。彼らは戦争が勃発したとき運悪くアメリカの港にいて、真珠湾攻撃のすぐあとに逮捕された水夫たちだった。イタリア人と日系人は分けられて、食堂は共有だったが使う時間帯は違っていた。一九四二年四月一日までには、ミゾラ基地の拘留者は二〇〇三人になり、そのおよそ半分が日系人で、半分はイタリア人だった。イタリア人は古い木造のバラックに、日系人はタール紙が貼られたにわか作りのバラックに入れられた。一年も経たないうちに、このようなバラックは西海岸の日系人にとっておなじみの風景となる。(41)

ミゾラは自警団が多いことで有名だったが、住民は拘留者に対する扱いはおさえていた。地元の新聞『ミズーリアン』紙は、「この地域において反日ヒステリーが起きてはならない」と書いている。基地の外国人拘留者の監督、ニック・コラーは、厳しい待遇が見られることを予測していたが、「優しい処遇に非常に驚いた」という。(42)

だがこの基地は活発な活動には適していなかった。拘留者はこれから数か月以上、気が遠くなるほど退屈だろうと冬を覚悟し、春になれば何かが変わるかもしれないと、季節が変わるのを待った。

＊

二世のなかには、白人に対して、自分が忠誠な市民であることを証明しようと試みた者もいた。真珠湾攻撃がまだ起きないうちから、トム・マツオカ、アサイチ・ツシマ、カメジ・ヤブキを含むベルビューの日系人四六人は、戦時国債を一八七五ドル分買って、人々に認められた。このできごとは一一月二一日、『ベルビュー・アメリカン』紙の一面を飾った。(43)

真珠湾攻撃のあとは、さらに同じような取り組みが見られるようになった。ＪＡＣＬのリーダーは、戦争に一〇〇パーセント協力し、アメリカへの忠誠を証明する意思表示をする記者会見を開いた。そのために、地域の一世のリーダーを逮捕するときに協力したことを誇らしく説明さえした。『ジャパニーズ・アメリカン・クーリエ』紙のジェームス・サカモト記者は、次のように断言している。「二世は決して変わらずアメリカに忠誠を誓う」ものであり、親日分子の「破壊活動家をまっさきに見つける者となる」と。「西海岸では、ヒステリアがやや見られるかもしれないし、ときどき騒ぎが起きるかもしれない。だが私はアメリカには公正さがあると強く信じている。アメリカ人は弱者に公正だ。そしてアメリカで生まれた日系人は、いままさにその立場に置かれている(44)」

この、やや悲惨なまでの嘆願にも誰も聞く耳を持たなかった。聞くべき人物は特にそうだった。デウィットとカール・ベンデソンは、日系アメリカ人の忠誠心について私的な会話のなかで、忠誠心を主張する二世こそが怪しいと話していた。「リップサービスをする者がいちばん怪しい」とベンデソンは発言している(45)。

国民にも同情する者はいなかった。二月には、ロサンゼルスからシアトルまで、西海岸から日系人をすべて追い出そうという気運が高まった。これは特に政治家が率いたもので、その一人はオレンジ郡の共和党議員アンドリュー・ジャクソン・ヒンシャーだ。三月はじめ、ルーズベルト政権に「ぐずぐずするのをやめて」西海岸から日系人を追放するように要求した。AP通信は次のように報じている。「ヒンシャーは、ハワイと西海岸で日本人による大がかりな破壊活動が翌月予定されていることを聞いたという。彼の情報源は、『政府には無視されてきたが、いままで信頼できた筋である』としている(46)」

日系人が追放されると、問題が生じるだろうと警告した者もいた。「ここで栽培されている野菜のおよそ九五パーセントは日系人が作っている」とJ・R・デビッドソンは述べた。彼は、ベルビュー近辺の日系人が作物のほとんどを売っていた、シアトルのパイク・プレイス市場の責任者だった。「市場の売り手のおよそ三五パーセントが日系人だ。白人の多くは青果業を離れて軍事関係についている。日系人はつけない仕事だからだ」[47]。地域の新聞への投稿でも、同じような意見が聞かれた。

こういった見方はすぐにあざけりの対象になった。シアトルのシャーロット・ドライスデールは、『ポスト・インテリジェンサー』紙に次のような投稿をしている。

ジャップが収容所送りになったら、青果が消えるという投稿が多いのは興味深い。今世紀はじめ、極端な低賃金で働くためにジャップがやって来たが（その代償を私たちはまだ払っている）、そのずっと前からこの国には畑がある。ジャップがいなくなっても、畑は残るのだ。

私たちはアメリカ人の能力をもっと信じるべきではないだろうか。

アメリカ人、と私がいうのは、帰化が許されない者の子どものことではない。この国で生まれたからというだけで、市民権の権利と特権が与えられるべきではないのだ。

アメリカ生まれの者に市民権を自動的に与える憲法修正第一四条は、ニグロを守るためのものであり、当時、大量のジャップの流入など予想もされなかった。近年においては、彼らの感情を傷つけることを恐れるあまり、誰もが状況を是正しようという勇気はなかった。いまこそ、ものごとを本来あるべき形に戻すときが来たのだ。[48]

このように考えていたのは彼女だけではない。テネシー州のトム・スチュワート議員は、日本人を祖先に持つ者すべてから市民権を剝奪することを提案した。「ジャップはどこにいようとジャップだ」と。[49]

日系人追放を率先して提唱したのはマスコミだった。『シアトル・タイムズ』紙は、読者に対して警告した。「警察の調査によると、何百人という外国人とアメリカ生まれの日系人が戦略的防衛施設の近くに住んでいる。…すべての貯水地、橋、防衛設備の近くに日系人がいる」[50]

同紙にコラムを掲載した、有名な保守派のヘンリー・マクレモアは、西海岸の日系人を頻繁に攻撃した。「これは戦争だ！　ジャップの感情を傷つけないかと心配するのはやめよ」という見出しのコラムで、彼は痛烈に非難した。「私は西海岸のすべての日系人をいますぐ内陸部に追放することを提案する。まとめて詰め込んで、内陸部の快適な土地ではなく、悪地に閉じこめればいい。困らせ、傷つけ、腹を空かせ、苦しめればいい。…個人的に私は日系人が嫌いだ。すべての日系人が」[51]

彼と同じ意見を持つ者は地元にたくさんいた。シアトルのW・M・メイソンは『ポスト・インテリジェンサー』紙にこう投稿している。「市民に対してそんな行動は取れないという者は、思い出せばいい。われわれはこの国をインディアンから取りあげ、何千人も殺し、遠くへと追いやり、いままで彼らの権利、義務、市民としての特権を拒否してきた。

インディアンに対してできるなら、ジャップにもできる。

いま、それを行なおうではないか！」[52]

＊

当初、デウィットはすべての「日本人を祖先とする人」を追放しようという声には反対だった。それは「ひどいナンセンス」であるとして、一二月半ば、こう言っている。「アメリカ市民はアメリカ市民だ。全員が忠誠でないかもしれないが、それなら忠誠でない者を抜き出して閉じこめることができよう」。それから一か月ほど、彼は意見を変えなかったようだが、少しずつ反対の意見に変わっていった。(53)

これはいろいろな状況が組み合わさった結果だ。もっとも目立ったのは、ガリオン憲兵司令長官とその弟子で弁護士でもあるカール・ベンデソンの影響だった。ベンデソンはワシントン州アバディーンの出身で、スタンフォード大学の卒業生だった。当初、デウィットとベンデソンは軍事的に重要な地域を絞り出し、それを軍事地域として指定することにした。はじめのいくつかの案には、シアトルやポートランドなど、日系人が多く住む都市が含まれていた（ドイツ系やイタリア系も命令の対象になった）。何千人もの人を退去させる輸送の問題から、フランシス・ビドル司法長官は直ちにノーを出して、この案を退けた。ビドルはまた、スパイ活動の証拠を見つけるために日系人コミュニティの大がかりな手入れをしようという、デウィットの要求を拒否した。そのような捜索や取り押さえは市民の権利を侵害するというのが理由だった。(54)

さらに、忠誠な者とそうでない者を分けることが、当初予想されていたよりもたいへんだということが明らかになった。たとえば帰米は、天皇に忠誠を誓っているに違いないからと、一世の次に疑われていた存在だった。それは日本の学校でそう教え込まれたように考えられていたからだ。だが帰米はアメリカ市民だったため、市民かどうかを忠誠心の基準にするのは難しかった。さらに、何千人もの二世が、いまだに親の一世の扶養家族だった。したがって一世だけを退去させることは、たくさんの家族を離散させることになる。計画者はそれは避けようとしていた。こういった問題が原因で、全員を一律退去させることのような、「全面的」な解決策が考え始められたのは疑いようもない[55]。

一方、デウィットが思いこみが強く、「黄禍論」の陰謀説を信じて「東洋人」に対する偏見を持っていたことも、大きな役割を果たした。情報部からの報告に対して、デウィットは警戒を強めた。その一つは「日本人、日系一世、二世、ほかの人種が含まれたスパイグループが…徹底的に組織されて地下で動いている[56]」というものだった。デウィットはガリオンに、FBIがベインブリッジ島に手入れを行なったとき、「銃、弾薬、爆発物、無線、短波ラジオ、そのほかの密輸品…」を見つけたと報告した[57]。もちろん、その大半はどの日系人農家や白人農家も持っているようなものだった。だが、デウィットにとっては所有者が日系人であることが問題だった。彼はこのときには、二世は一人も信用に値しないと結論づけたようだった。一月二一日、マーク・クラーク大将との電話で、デウィットは日系人による「統率され管理された破壊活動の暴力的な発生」が予想されると主張している[58]。

デウィットはまた、根も葉もない情報や、事実が大きく歪められた情報を信じ込む傾向にあった。上層部レベルの会合で、コロンビア川の河口から出航した船はすべて敵の潜水艦に遭遇したと繰り返した。彼自身の情報部からの報告では、これが事実ではないことがはっきりと書かれているにもかかわらず（実際、開戦後の数週間、潜水艦は数回しか見られなかった。そのあと、数は劇的に減った）。陸から船への無線通信の証拠はない、と何度も連邦通信委員会（FCC）から伝えられたが、彼は敵性外国人についての集会や文書で、それが何度も起きていると繰り返し述べている[59]。

デウィットは思いこみが強く、彼を知っていた人たちによれば、強い性格の人に影響されがちであった。アレン・ガリオンと特にカール・ベンデソンはその例だ。デウィットは彼らの意見を一も二もなく聞き、彼らの思惑を実現する役割を果たした。その思惑とは、戦時中、陸軍省が民間人に対する権力を握ることだった。実際、真珠湾の余波が続くあいだ、デウィットが取り入れた「敵性外国人」と市民の管理政策のほとんどすべてを作成したのはベンデソンだった。日系アメリカ人収容の真の立役者を挙げるとすれば、ベンデソンがそれに一番近く、その背後の権力者がガリオンだ。彼らは徐々に、そしてときには気づかれないような形で一連の政策を提案し、ひいては最終的に軍の権威のもと、強制退去と収容を実施した。

強制退去を主導したのは上層部だという説を唱える者もいるが、それを示す証拠はない。陸軍長官ヘンリー・スティムソンと陸軍次官補ジョン・マクロイと、その直属の上官は、西海岸から日系人を退去させることの合憲性（そして必要性）に懐疑的だった。両者とも、強制退去の「軍事的必要性」という主張について、デウィットにさらに情報を求めた。だが同時に、スティムソンはデウィットの要求に応えて、西部の州に「禁止地域」をつくることに同意した。それは、敵性外国人が強制的に退去させられる地域で、軍と重要な産業施設の安全を確証するのが目的だった。一月二五日、スティムソンはビドル司法長官に、このような地域が設けられることを勧告した(60)。

しかし明らかだったのは、ルーズベルトからデウィットまで、このような政策を策定した者たちのあいだでは、日系人は信用できず、スパイや破壊活動をするということがいわば通念となっていたことだ。日本人と日系アメリカ人を区別するのは無意味だと考えられたことも同様だ。ルーズベルトの場合、開戦前からすでにこのような考え方をしており、それはその前の世代の排日気運の名残である、誤ったステレオタイプに基づいていた。

同じことがほかの関係者にもいえる。二月九日までは、ベンデソン、ガリオン、デウィットがスティムソンとマクロイに提案の趣旨に同意するよう説得したのは明らかだった。スティムソンは日記に、強制退去に賛成だと書いている。それは、二世の忠誠心に疑問が持たれることは明らかだからで、「彼らの人種的特徴から考えて、アメリカ市民の日系人でも理解できないし信用さえできない」と書いている。二月一一日、マクロイは、スティムソンに日系アメリカ人と敵性外国人である日本人の両方を西海岸から退去させるよう、ルーズベルトを説得しろと主張している(61)。

ビドルは高官のなかで強制退去に反対した唯一の人物だった。当初から彼は「なんとしても収容と、第一次大戦で見られたような外国人迫害を避ける」と言っていた。彼は、二世が一般の人々や軍事面の安全に対して脅威となることに懐疑的だった。そしてデウィットの言う「軍事的必要性」は、彼の想像と偏見が作り出した虚構だと疑っていた。さらに、収容の合憲性について強い懸念を抱いていた(62)。

だが、収容を主張する軍をあざけったJ・エドガー・フーバーFBI長官以外、ビドルと意見を同じくする者はほとんどいなかった。特にデウィットの主張を鵜呑みにしたスティムソンは、大統領に軍事面の問題についてすべて報告していた。同じように重要だったのは、西海岸の白人が日系人に対する反感を強めていたことだ。これはヒステリー気味のマスコミに触発されてのことだった。そして議員たちはわき出てきたようにビドルとルーズベルトに圧力をかけ始めた。

議会でこの動きを率先して推し進めたのはワシントン州のモン・ウォルグレン議員だった。彼はエベレットのニューディール支持派の民主党議員で、〈外国人国籍・破壊活動に関する委員会〉の委員長だった。[63] 軍当局は、西海岸は侵略の脅威にさらされていないという情報をこの委員会に伝えていたが、この勧告は侮蔑と共にはねつけられた。委員会の短気な者は軍のリーダーを間抜け呼ばわりし、ロサンゼルスが真珠湾の二の舞いになることは許さないと断言した。

二月五日、最初に同委員会が開かれたときから、西海岸における日本人を祖先とする者すべてを管理することが目的だったのは明らかだった。それは市民も外国人も一緒だった。ビドル司法長官は市民の権利をいじくることは反対だと述べた。だがベンデソン少佐は、強制退去を実施しなければならないというのが軍の見解だと証言した。最終的に、〈外国人国籍・破壊活動に関する委員会〉と西海岸の議員代表は、満場一致で決議を出して勧告した。「その存在が我が国の国防に対して危険で好ましくないと思われる、外国人と市民すべてを含む、日本人を祖先とするすべての者をあらゆる戦略的地域から即刻強制退去させること[64]」

ロサンゼルスのレランド・フォード議員は、外国人と市民を含む日系人をすべて強制退去させることを下院で要求した。しびれを切らした彼はビドルに連絡した。「ぐずぐずするのはいい加減にしろと言ってやった。二四時間以内に強制収容通告をしないなら、議会に持ち込んで、あらゆる手段を使ってやる。ごまかしはもうたくさんだ…いますぐ行動を取らないなら、司法省のやつらを追い出してやる。司法長官と部下にもいまと同じような口調で言ってやった。本気だとわかったはずだ[65]」

真珠湾攻撃を盾にして白人優先主義の声が前面に押し出された。「これは人種の戦争だ」。ミシシッピ州議員のジョン・ランキンは下院で述べた。「白人の社会は日本の野蛮主義と相容れない。…ジャップはしょせんジャップだ。変えることはできない。人間の本性は変えられない。…ハワイであろうと本土であろうと、すべての日系人を退去させることが重要だと私は主張する。…アラスカ、ハワイなどアメリカの日系人をすべて捕まえて、収容所に入れるのだ。…くそったれどもをいますぐ叩き出そう！」(66)
テネシー州のトム・スチュワートは、上院でこう主張した。日系人は「敵のなかでも最悪で、卑怯で不道徳だ。あらゆる意味でアメリカ人とは違う。どこに住んでいたとしても日系人はアメリカ市民権を得る権利を主張するべきではない。どこにいようとジャップはジャップだ。この国に忠誠を誓うことが許されたとしても意味はない。連中は神を信じないし、宣誓を尊重しない。連中は長年、アメリカと民主主義にあらがおうと計画してきたのだ(67)」

デウィットは強制移住という軍の計画の正当な理由を聞かれたとき、これと同じ表現を使った。「ジャップはジャップだ」――下院海軍分科委員会での彼の有名な答えだ（例のサンフランシスコ市長のジェームス・フェランの全盛期からあった謳い文句だが）。「連中は危険分子だ。忠誠心を測る方法はない。アメリカ市民であっても関係ない。理論的には日本人だからだ。連中を変えることはできない。紙きれ一枚を与えただけでは(68)」

当初、ビドルはデウィットが提案した軍事地域を西海岸につくることに合意したが、対象は敵性外国人のみでアメリカ市民は対象外だった。だがデウィットはこれでは満足しなかった。二月はじめ、彼は軍事地域の範囲と対象者を広げようとスティムソン陸軍長官に同意を求めた。スティムソンはビドルを超えて、二月一一日、大統領に直接話した。司法省は二の足を踏んでいる、軍事地域から日本人を祖先とする者すべてを強制退去させる計画を作りたいと。ルーズベルトはゴーサインを出した。スティムソンに「波紋を起こすかもしれないが、軍事的必要性を持って対処すること」として、「できるだけ道理をわきまえて」と付け加えた。この電話の会話が、収容を決定的に不可避にした(69)。

一方、FBIはハワイと西海岸における、無線信号、「火の矢印」、モールスコードで点灯する電気などの報告や、その他すべてのスパイ活動の可能性について調査した。調査では、どの件もスパイ活動があったとは認められなかった。

FBI長官のJ・エドガー・フーバーは、証拠を見て、報告を取り合わなかった。ルーズベルトへの覚書で、ハワイで「第五列」活動があったというノックスの報告は単なる間違いであるとし、ほかの覚書では、デウィットの「ヒステリアと判断欠如」についてあざけった。シアトルの「火の矢印」については、何のことはない無実の行動が悪辣な意図があると誤解された例だとした。これはただ、白人の地主が土地を開墾し残りの木を燃やしたとき、西からの風で火が東方に広がり、怖がった近隣の者が報告したに過ぎないと。フーバーは、すべてのケースにおいて、日系人の破壊活動と考えられたものはヒステリアに過ぎなかったと述べた(70)。

だがデウィットのトレードマークともなったカフカ的な論理によれば、この「証拠がないこと」こそが、日系人が破壊活動をしていることを示す証拠だった。二月一四日、彼はスティムソンの要求に応え詳細な覚書を提出した(ベンデソンが作成)。これには、西部防衛軍が直面している状況の評価が書かれ、西海岸地域への軍事的攻撃だけでなく、第五列による積極的な破壊活動が予測されていた。「日本人という人種は敵の人種である。アメリカの国土で生まれ、アメリカの市民権を持ち、アメリカ化した二世や三世は多いが、人種的系統は弱まっていない。そうでないと考えるのは、日本の国土で白人の両親のもとに生まれた子どもがすべての人種的背景を断ち切って日本の忠実な国民となり、必要とあらば親の生まれた国と戦い、日本のために死ねる準備がある、ということになる。……したがって、西海岸という重要な地域で、潜在的な敵一一万二〇〇〇人の日系人の血統が野放しになっている。彼らが機会をとらえて組織だって協力し、行動を起こすだろうことが示唆されている。いままで破壊活動が行なわれていなかったこと自体が、そのような行動が取られることの不穏で確固たる示唆になる」

デウィットの覚書には、すべての日系アメリカ市民を「軍事的に重要な地域」から強制退去させること、そのための「最初の集合所、受容所、登録、配給、監視、収容所への輸送、収容所施設の選択と建築」が含まれていた。覚書にはスティムソンの承認印があり、強制収容は既成事実も同然となった。(71)

スティムソンはすぐに陸軍省補佐官の会合を開き、アメリカ陸軍の後援のもと、強制退去の大統領命令を出すよう計画した。数日後、一九四二年二月一九日、ルーズベルトは大統領命令九〇六六号「陸軍長官への軍事地域指定権限付与」に調印した。

西海岸の日系人の運命は決まってしまった。

＊

ベルビューなど各地の日系人コミュニティでは、一世も二世も不安と恐怖を感じていた。噂が駆けめぐり、壁に並ばされて撃たれるのではないかと言う者もいた。どの噂でも、日系人が収容される可能性について話された。

「アメリカ市民の日系人は、収容されるのはアメリカ市民ではない日系人だと考えていました」。レイ・タケカワは言った。「当初は、自分たちも収容されるなんて夢にも思っていなかったんです」

地域のリーダーがすべて逮捕されたため、日系人を代表して意見を言おうとする者は誰もいなかった。例外はＪＡＣＬで、各地支部のリーダー（シアトル支部のリーダーも）は、「軍事的必要性」がはっきりと説明されるならという条件で、強制退去に協力する意図を発表していた。[72] デウィットが最終勧告を出したときには、政治的圧力が議論を抑えてしまった。彼の理由づけはひいき目に見ても疑わしいものだったにもかかわらず。さらに、日系人の隣人を弁護しようとする白人はすべて黙らざるを得ないような国民感情があった。弁護しようとした者は「ジャップびいき」と呼ばれた。

ルーズベルトが大統領命令九〇六六号に署名したとき、議会も行動を起こした。カリフォルニア州の民主党議員ジョン・トーランが率いる下院特別委員会は、西海岸のさまざまな地域で公聴会を開いた。「ジャップの問題」をどうするか決めるというのが表向きの目的だったが、どうするかはすでに決められていた。陸軍当局は、デウィットの言う「軍事地域」に住む一二万人の一世と二世を強制退去させる計画を立てていた。

この計画はおおやけには知らされていなかったが、日系人はこれはすでに決定済みだと感づいていたため、トーランの公聴会を疑いの目で見ていた。公聴会を「茶番」と呼んでいた者も多かった。ある二世によれば、公聴会はまるで、「絞首刑にする前に公平な裁判をしておこう」とでもいうような雰囲気だったという。

三月第一週、公聴会がシアトルで開かれたとき、この決定済みの措置に支持を表明するため、地域の排日派のトップが出席した。長いあいだ派手に日系人の排斥を主張してきたミラー・フリーマンが中心に躍り出た。フリーマンは、日系人全員を内陸に即刻強制退去させ監視下に置くことを支持する証言を行ない、『ポスト・インテリジェンサー』紙の一面を飾った。

「ジャパン・ソサエティは〝第五列〟とフリーマン」と見出しにある。記事はフリーマンが繰り返してきた日系人についての意見をまとめたもので、それは鋭い予言として取り上げられている。

アメリカ政府の著名な官僚、弁護士、教育者、牧師、平和活動家、ジャパン・ソサエティ・オブ・シアトルのメンバーは、日本政府に「だまされている」。昨日、ミラー・フリーマンは下院特別委員会に対してそう述べた。フリーマンは新聞発行者でワシントン州計画委員会の元委員である。

昨日、フリーマンの意見は同委員会に口頭と文書で提示された。フリーマンは、ジャパン・ソサエティ・オブ・シアトルはメンバーの大半がアメリカに対して不忠ではないとしながらも、「第五列」組織であり、解散するべきであると述べた。

「ただだまされているのだ」。フリーマンはそう述べ、同団体が日本の利益団体、弁護士、教育者、牧師、平和活動家によって雇われ、構成されていると説明した。

アメリカ政府の高官たちが、同団体の理事でありメンバーであるという。

「日系人は詐欺と欺瞞と共謀によってアメリカにいる。日本政府は紳士協定を無視して、国民三〇万人を永遠にこの国に住ませようという奇跡的な離れ業を実現した。一九〇七年に日本からの移民をおさえようと紳士協定が発動されたときから日系人の数は四倍になったのだ。

今後五〇年におけるこの三〇万人の出生率を計算すると、ほかと混じり合うことのできない人種という問題を将来の世代に手渡していることがわかる。そしてそれはますます深刻さを増すだろう。

これは日本の植民地化の取り組みに抵抗できず、適用された排斥措置の原則と精神を実施できなかったわが国の政府の弱さによって起きた事態である。

日本が西海岸の州とハワイを植民地化しようとした計画は、全米に支部があるジャパン・ソサエティのような、この国の親日分子によって煽動された」

日系人は外国人も市民も全員、西海岸の州と軍事地域から内陸に強制退去させて、厳しい監視下に置くことをフリーマンは主張した。

「日本語学校を監視下に置かず運営するのを許したことは、われわれの責任である。アメリカで生まれた日系人も、日本語学校で日本に忠誠を誓うことを学び、教師はその役目を与えられたのだ。日系人が自分たちで言うようにアメリカに忠誠だというのなら、なぜ日本が中国に侵攻したときに抗議をしなかったのか。抗議すれば重みを持ってとらえられただろうに、彼らはまったく反対の声をあげなかった」(73)

ほかにも、まったく同じではなくても似たような意見を公聴会で述べた者が多かった。シアトルのアール・ミリキン市長は、同市の日系商人の多くは生活の糧を失うだろうが、「あいにくだが」同情の余地はないとした。

アーサー・ラングリー知事、スミス・トロイ司法長官、その他民間の重要人物たちも、強制退去に賛成する証言をした。強制退去は日系人のためだと言った者もいた。それは、地元の日系人に対して自警行動が計画されているという噂を聞いたからだという。ほかの者は、ミラー・フリーマンの提案と似た意見で、日系人は西海岸を侵略するという壮大な陰謀の一部を担っており、姻戚関係が日本にあるからには絶対に信頼できないと言った。

これに抗議する意見は、あざけりを受けた。ワシントン州ワパト市の住民、ダン・マクドナルドとエスター・ボイドの二人は、強制退去への騒ぎは「愛国心ではなく経済的な理由から来ている」という考えを述べた。

「何人もの白人が『ジャップがいなくなれば土地がもっと手に入る』と言うのを聞いた。私はこの地域の日系人は忠誠なアメリカ人だと思うし、そう信じている」。ボイドは述べた。

ワシントン州青果物荷送協会の広報担当者、フロイド・オールズは、日系人が強制退去させられた場合、同州の青果の生産は打撃を受けるだろうと警告し、再考するよう委員会に対して要求した。だが委員会は、日系人農家に代わってほかの農家が受け持つ計画がすでに整っていると述べて、オールズに、ベルビューなどの日系人青果組合と何か仕事上の付き合いがあるのか質問した。

ワシントン大学の社会学教授J・F・スタイナーは、慎重さを求めて声を上げた。委員の一人、イリノイ州議員ローレンス・アーノルドは口を挟んだ。「あせることはないというのか。いま日本の空母が西海岸から三二〇キロメートルまで接近し、シアトルの工場を爆撃して破壊したらどうするのか。それでも民間人には影響がないというのか」

「散発的な空襲にしかならない可能性もある」。スタイナーは言いかけたが、アーノルドに遮られた。

「真珠湾のように散発的だと？」

「真珠湾のときより、われわれの準備は整っているはずだ」。スタイナーは応じた。

「そんな賭けには出られない」。アーノルドは答えた。

地域の教会のリーダーは収容に反対する発言をした。ハロルド・ジェンセン牧師は、シアトル教会理事会の代表として証言した。彼は、日系人を強制退去させるという露骨な差別に反対した。彼の証言は二日間の公聴会でもっとも赤裸々な意見交換を呼び起こした。

「この差別は、一部は偏見、一部は太平洋における不幸なできごとによって起きた恐怖とヒステリアによるものだ。ほかの民族の二世の市民と比べて、日系二世の忠誠心が問われなければならない理由はない。

アメリカは人道性と国際性で有名だ。軍事的な必要性がない限り、強制退去には断固反対する」

「いまは、われわれとは考えを異にする敵と戦争中だということを理解しなければならない」。アーノルドが反駁した。

「われわれと考えが同じ者はたくさんいる」。ジェンセンは言った。

「だがいまの情勢を動かしているのは彼らではない」。オハイオ州ジョージ・ベンダー議員は怒鳴った。

「それはそうかもしれない」。ジェンセンはそれだけ言った。

公聴会の最後、トーランはこの問題が公正に検討されたと満足を表して言った。「もう長くはかからないだろう(74)」

＊

確かに決定まで長くはかからなかった。翌日三月二日、デウィットは、日本人を祖先とする者は、外国人も市民もすべて西海岸から強制退去させられることを記者に伝えた。一連の「軍事地域」を西海岸に設置したことを発表し、この命令に影響されるのは、次のカテゴリにある者だと述べた。第二級は外国人である日本人、第三級は日本人を祖先としたアメリカ市民、第四級は外国人であるドイツ人、第五級は外国人であるイタリア人である。「第二級と第三級の者は、今後出される命令により軍事地域内の重要地域から最初に退去しなければいけない」とデウィットは述べた。[75]

このとき、当局は大半が「自主的退去」することを望んでいた。デウィットは日系人すべてに対して、自主的に立ち退くように要求した。だが日系人への敵意は西海岸だけでなく内陸にも広がっており、政府の措置に対して、強制退去者の行き先である内陸の郡や州から抗議が続出した。カリフォルニア州の田舎、オレゴン州南部、ワシントン州東部など、日系人農家を移そうとしたところから怒りの抗議が起きた。近隣州の州知事は連邦当局に、退去者を受け入れる場合、戦争が終わるまで退去者を収容所に入れることを条件にすると述べた。[76]アイダホ州の州知事、チェース・A・クラークは、州・連邦当局の集まりで次のように言った。「はじめから認める。私の偏見はあまりにも強いから、少し理屈がずれているかもしれないと。私は日系人を誰一人として信じないからだ。誰を信じればいいかわからないから、誰も信じないのだ」[77]。自主的退去の計画は、始まってから三週間もたたないうちに急停止した。

三月二四日、決定が下された。デウィットは記者会見を開き、一連の布告を発表し、強制退去が突如として現実となった。もっとも早急に行なわれたのは、ベインブリッジ島の日系人住民の立ち退きだった。通告はその日に貼られ、日本人を祖先とする者が全員、三月三〇日までに強制退去させられることになった。[78]退去の当日、デウィットの新しい戦時民間管理局（WCCA）の長となったカール・ベンデソン大佐の指揮のもと、[79] 陸軍がベインブリッジ島に現れて、二七六人の二世と一世を家から連行し、フェリーに乗せ、シアトルに連れて行った。そこで彼らは列車に乗せられて、カリフォルニア州マンザナールにそのまま行かされた。最初の収容所ができたところだ。

ベインブリッジ島がまず選ばれたのは海軍の航路に近く、また、島に重要な無線の設備があったためだ。C・S・フリーマン提督は、ベインブリッジ島の農家で輸出入禁止品が見つかったという情報報告を挙げて、ベインブリッジ島の日系人を退去させるように一月からデウィットに訴えていた。デウィットも輸出入禁止品の知らせを警戒した。[80] そのため彼らは軍によって強制的に退去させられ収容所に送られた西海岸ではじめての日系人となった。

「それで何が起きるかはじめてわかったんです。ああ、本当に立ち退かせるつもりなんだ、と」。ミチ・シライシは言う。

デウィットが三月二四日に出したもう一つの布告は、さらに大きな影響を及ぼした。それは、民間人の行動を軍事下に置いたからだ。日系人全員に対して午後八時以降の夜間外出禁止令が出され、いかなる銃器、爆発物、武器、無線機、カメラも持つことは禁止された。[81]「ある時間を過ぎたら、橋を越えることはできませんでした。決められた時間までに家に帰らなければいけませんでした」。ミチ・シライシは言う。必要でした。決められた時間までに家に帰らなければいけませんでした」。ミチ・シライシは言う。

外出禁止令は諦めと従順さをもって受け止められた。ベルビューの若い二世、ヒデオ・サカイは、シアトルでこれに背いた罪で逮捕された数少ない日系人の一人で、一五日間留置場に入れられた。[82] ムツオ・ハシグチの反応は平均的なものだった。彼はベルビューの農家は、五月の収穫の時期までは外出禁

ベインブリッジ島でフェリーを待つフミコ・ハヤシダ（ベルビューで家族が1903年から1910年まで農家をやっていた）と11か月の娘ナタリー。マンザナール収容所への旅の始まり。ハヤシダは強制退去の数日前、妊娠していることがわかった。（歴史産業博物館、シアトル・ポスト・インテリジェンサー・コレクション提供）

止令にあまり影響を受けないと記者に対して話している。「家にいて、トランプのピナクルゲームをしちゃいけないっていう法律はありません。ですが、電話でやらなきゃいけないかもしれないですね」。そして電話を取っておどけた。「スペードのエースだ」[83]

ラジオや、切り株を爆破するためのダイナマイト、そのほかにも破壊活動に使われると当局が考えたものはすべて没収された。ダイナマイトの場合、日系人の脅威の証拠としてみなされた。数日後の三月二七日、デウィットは、軍事地域の日系人すべてにいまいる場所に留まるよう命令した。そして来る強制退去に備えて当局に登録するよう命じた。

すべてにおいて日系人はよき市民として従った。特にリーダー的存在だったJACLの二世はそうだった。当局に協力することは、JACLのメンバーを退去させようとする露骨な試みに対する、惨めな降伏だった。彼らは間もなく日系人退去における、当局との情報の橋渡し役になった。「JACLは、強制退去反対を取り仕切るよりは、その過程を管理することに長けているようだ」。そうシアトルのJACLの職員フランク・ミヤモトは書いている。彼は後日、当局との徹底的な協力について詳しい報告書を書いている。

JACLが強制退去に対する反対をうまく取り仕切ることができなかったのは、一二月七日から取ってきた政治的な姿勢に基づくものかもしれない。…JACLが強制収容に対して反対できなかったのは、その立場によるものだろう。…二世は、弱いマイノリティに対する強大な政府の行動を非難するような役割は果たしていなかった。この逆説からJACLのリーダーは陸軍と協力するようになったのだろう。

そしてこれはこの時期シアトルでずっと続いた。(84)

ＪＡＣＬが過剰なまでに平伏したのだとしても、日系人コミュニティはそれに反対したわけではなかった。日系人はこの逆境にひたすら我慢した。日系人の多くが仏教の信者だったということだけでなく、脅威にさらされたときには目立たないようにするという文化的な特徴があった。本書のインタビューで、二世は「出る釘は打たれる」という諺をよく引き合いに出している。

だがその我慢には、強さがあった。

カズエ・マツオカは、夫が逮捕されても変わらずに突き進んでいた。「ほかの日系人の家族と違って、もしかしたら、かなりアメリカナイズされていたからかもしれませんが、母は発言権が大きかったんです。たとえば農場についてもそうでした。父が缶詰工場で働いていたとき、農場のまとめ役は母でした。ですから父が逮捕されたときも強制退去するまではずっと母が仕切っていたんです」。娘のレイは言う。

カズエは一度も涙を見せなかったし、恐怖を感じていたとしても、子どもにそれを見せることはなかったという。「母はそれはもう本当に強かったです。一度も文句を言いませんでした。もちろん心配していたでしょうし、不安だったと思います。私は兄弟の一番上で、確か一三か一四歳でした。母は父にいつ会えるかわからなかったんです。でも一度、ミゾラまで妹を連れて父に会いに行ったのを覚えています」

最終的には、ペットを置いていかなければならなかった者もいる。ミチ・シライシは言う。「私は犬を飼ってたんです。とても可愛い犬で、誰かに預けるなんて考えられませんでした。本当に大事にしてましたから。でも収容所には連れて行けなかった。ですから、デウィット中将に手紙を書いたんです。読む暇なんてないだろうとは思いましたが、『私の犬は例外だと思います。買い物袋に入れて連れて行けますから、連れて行ってもいいでしょうか』と手紙を書きました。

『今回はペットを連れて行くことはできません。でもあとで送ることは可能かもしれません』という返事が当局から来ました。

私にとっては、これがいちばん深刻な問題でした。私たちが毛布を床に敷いて荷物をまとめているとき、犬は部屋の真ん中に座って、本当に悲しそうに私を見つめるんです。私も座りこんで泣くしかありませんでした。

やっと、不動産業のチャールズ・W・ボビーさんの家で預かってくれることになりました。とてもいい友人で、本当にいい人たちでしたよ。私の犬は小さくて毛が長くてふさふさのしっぽをしてましたからね、ボビーさんの奥さんが預かってくれる、と言ったんです。ほかに安心して預けられるところはありませんでした。とにかく犬を連れて行って、八時までには帰らなければいけませんでしたから、犬とドッグフードとブランケットを置いて家に急ぎました。

本当に悲しかったです。たかが犬かもしれませんけれど、家族の一員でしたから」

＊

いままで耕してきた土地から追放されるというのに、日系人は、戦争を阻むような行動はすべて破壊活動としてとらえられると当局から警告を受けた。そしてそれは、作物を植え付けて世話をし続けなければならないことを意味した。

「おかしかったのは、その法律では、働き続けないと罰金や逮捕の対象になったということです」。ミチ・シライシは言う。「ですから、作物に肥料をやらなければいけませんでした。エンドウはよく育っていましたから、ひもをつけたり、肥料をやりました。畑の世話を続けなければいけないと言われました。レタスもよく育っていて、もうすぐ収穫ができる状態でした」

マツオカの農場は、ルバーブの収穫を迎えていた。カズエは子どもたちの手だけで収穫しなければならなかった。ときどきトキオ・ヒロタカやほかの親戚が、自分たちの農場で手があいたときは手伝いに来た。

アキラ・アラマキは言う。「うちの農場は収穫が間近だったんですが、収容所のことで登録に行ったりしなければいけませんでした。畑の世話をしないのは破壊活動だと政府は言うんです。ですから誰かに頼まなければならなかった。うちは、友人のイタリア系の男に頼みました。

でも来たとたん、家賃まで請求してきたんですよ。私は収容所に行くまで家にいるつもりだったんです。ところがやつは、野菜をすべてタダで奪い収穫分も取って、そのうえ家賃まで払えと言ってきたんです」

ベインブリッジ島の日系人が強制退去させられたため、日系人農家が作った作物が大量に売られることになった。だが収穫準備ができていたものはほとんど売ることができなかった。それは市場が急にレタスとエンドウであふれたのと、商人が日系人から買うことを拒否したせいだ。アラマキはエベレットで、レタス一個あたり一ペニーで売ったのを覚えている。「ただで手放すこともできませんでした」

トキオ・ヒロタカは言う。「エンドウは五エーカー分ありました。二週間で収穫が始まるはずだったんです」

夜間外出禁止令も障害になった。日系人は夜八時から朝六時まで外出が禁じられたため、決められた時間に青果を市場に持っていくことができなかった。そのため、市場は品薄になった。たとえばシアトルのパイク・プレイス市場のスケジュールは混乱をきわめた。同じような状況が西海岸全域で起きた。

新聞は日系人の農場が放棄されることによってどんな問題が起きるか、記事を書いた。『ポスト・インテリジェンサー』紙の金融記者フレッド・ニーンドーフは、日系人農家の強制退去によって地域の野菜供給が危うくなることを連載コラムで警告した。このときすでに連邦政府の農業部門はベインブリッジ島の日系人の強制退去に伴い、大量のイチゴを収穫するために大慌てだった。ベルビューやホワイトリバー地域で同じことが起きる可能性は、これがさらに大きな問題になることを示していた。同地域では日系人の人口も多く、栽培されるイチゴの量もはるかに多かったからだ。

だが、このような危機が目前に迫っていても、人々は取り合わなかった。強制退去を支持する意見が強かったためだ。アメリカ的な創意工夫を持ってすればなんとかなるだろうという自信が広がっていた。農業安定局の地域担当官、ローレンス・I・ヒューズ・ジュニアは、ニーンドーフ記者の取材にこう答えている。「〝自由のための食糧〟プログラムのもと農産物生産量の増加は戦争において肝要である。これはわれわれの陸軍への供給だけでなく、イギリスやロシアへ送っている供給分にも影響する。したがって日系人農場の生産を続けることは基本的な軍事措置である」

ニーンドーフ記者はこう書いている。「この論旨の正当性は疑いようもない。だが、ワシントン州西部やほかの土地でもおそらく、日系人農場の生産を続けることは非常に難しい。それは、『行動』を起こそうと声を上げた机上の空論者と薄っぺらな批評家が考えているよりはるかに困難だ。

この問題について対応して来た当局なら誰でも指摘するように、白人の農家はジャップが残した土地を受け継ぐことに関心がない。それが悲しくも冷酷な事実である。白人は輸送園芸が得意でなく、日系人の輸送園芸用の畑は白人がやって来たような農業をやるには小さすぎるからだ」[85]。事実、これは西海岸全域で見られた状況だった。日系人の輸送園芸農家は、サヤマメや、春や冬のセロリ、キュウリ、イチゴなど幅広い青果栽培をすべて請け負っているような状態だった[86]。

まもなく、日系人の農場を引き継いで生産を続けることが愛国的な義務とみなされるようになった。農業安定局は融資を提供し、ほかの戦時関連の当局は企業に外注して農場を引き継がせようとした。

この問題を解決することは愛国的であるだけでなく、利益も得られると考えたのか、シアトルの弁護士H・C・ヴァン・ヴァルケンバーは、ベルビューの日系人農家の作物を救うために会社を作った。日系人収容後、戦争が終わるまで農地を預かり、青果栽培を続けようというのが目的だった。この会社はウエスタンファーム&プロデュースといい、イーストサイド地域で、日系人農家に申し込み書類を渡して、どういった作物や、農機具、車種などを売りたいか聞いてまわった。その代わりに一九四二年収穫分の作物には金を支払い、戻ってくるまでの借地料を日系人が払い続けるため、資金を提供することを提示した。同社は、ベルビュー青果生産者協会と交渉して、ミッドレイクス地区の倉庫施設を預かることにした。

すべてきちんとした取引に見えたが、同社が価格を提示したときから雲行きが怪しくなった。このようなオファーをするのは同社だけという立場を利用して、同社が作物や農機具代として提示した支払額は、価値の半分にもならなかった。たとえば半エーカー分のイチゴはおよそ七〇ドルで、市場で売られる値段より一〇〇ドルも低かった。このオファーを受け入れる農家にとっては大きな金銭的損失を意味した。(87)

卸売業者からのオファーがないことは警鐘になった。連邦当局は、「日系人が強制退去したあとの農地に対して白人のオファーが少なかったことに落胆した」と言っている。(88) この懸念は当局のほかの部門にも広がり、収容当局は当初の期日よりも六〇日から九〇日、収容の時期を遅らせることさえ考えた。そうすれば日系人が少なくともイチゴを収穫する時間ができるだろうと考えたのだ。

レタスはすでに収穫されていたが、イチゴはまだ熟しておらず、収穫までもう少しだった。トマトももうすぐだったが、エンドウやキュウリはまだで、あとで収穫される予定だった。どの日系人家族も畑の世話を続けた。作物のほかに、栽培や収穫に必要な農機具も売らなければならなかった。トマト用の支柱、灌漑用パイプやポンプ、エンドウの支柱やひも、レタス用の箱などだ。トラクターやトラックが売りに出され、新聞は農場の緊急大安売りの広告でいっぱいになった。

少なくともイーストサイド地域で土地を持っていた農家は、強引な買い手をはねつけることができた。二世の子どもたちを通して土地を所有していたベルビューのおよそ一二家族の大半は、留守中、隣人に世話をしてもらう約束を取り付けていた。だが農地を借りていたおよそ四八家族に、選択肢はほとんどなかった。ほかにまともなオファーはあまりなかった。

ウエスタンファーム&プロデュース社は、農地を耕し続けることと、戦争が終わったら日系人の手に戻すことだけは約束した。そこで、土地を借りていた者はほとんど同社と契約した。だがもううんざりして諦めてしまった者もいた。カメジ・ヤブキは、カークランドの温室を売りに出すことにしたが、ただ同然の値段しか付かなかった。

日系人の持ち物のうち、農機具はほんの一部だった。ほかの持ち物はしまっておく場所を見つけたが、洗濯機、車、冷蔵庫などはすべて売らなければならなかった。そしてそれを利用しようとする連中はたくさんいた。彼らを「ハゲタカ」と呼ぶ二世もいる。

ミチ・シライシは言う。「二束三文で売りました。家にやって来て、洗濯機やミシンを買いたいと言うんです。私たちがどうしても売らなきゃならないと知っていて。まだじゅうぶん使えるものをたった五ドルで買おうとしたんですよ」

トシオ・イトウは家族の車や、トラック、トラクターを二束三文で売ったのを覚えている。「ぜんぶ現金払いでした。値段を交渉したり、ちゃんとした値段を払ってもらおうと思っても無駄でした。作物についてもそうです。入札に来る人はいませんでした。ただやって来て、何があるか見て、言い値を言ってくる。こっちはそれにうなずくしかありませんでした」

カズエ・マツオカは、何ごともなかったかのように農場を切り盛りし続けた。そして夫が手伝いに雇っていたフィリピン人ジョニー・ロス・アンゼルスに、留守中、作物を収穫して農場を運営するよう頼んだ。レイ・タケカワは言う。「持ち物をすべて…屋根裏にしまいました。思い出の品や写真、記念品、それから素敵なお皿や、ピクニック用の塗りの重箱などすべて(89)」

四月二一日、シアトルの掲示板や電柱に、日系人はすべて翌週退去しなければならないという通告が貼られた。退去の日、日系人は列車でプヤラップの「キャンプ・ハーモニー」に運ばれた。ここは日系人を収容するために、州の催し物場の厩舎の周辺に作られた、仮収容所だった。

郡の南、ホワイトリバー地域の日系人がこれに続いた。ベルビューの日系人は、シアトルの日系人と同じ場所に行かされると考えられていた。だが行き先がどこなのかは伏せられていたため、謎のままだった。

そして突然、五月一五日金曜日、「ベルビューの日系人は翌週五月二〇日の水曜日に退去すること」という民間人退去命令第八〇号が貼り出された。発表は長いあいだ予測されていたが、退去までの期間が短かったため、人々はパニックに陥った。

いつもまとめ役のミツコ・ハシグチでさえ慌てた。「荷物をまとめて出て行けと言われても、農場にあるものや、やらなきゃいけないことや、家にあるものをどうするか、それはもうたいへんでした。誰もどうしろと指示してくれる人はいなかったので、とにかく全部しまいこんで鍵をかけて、戻ってきたときに、まだありますようにと願うしかなかったんです」

夫のムツオは『ベルビュー・アメリカン』紙に、地域の人々に向けて公開書簡を投稿した。手紙は立ち退きの翌日に紙面に出た。

長年の友人たちへ

誠に残念ながら、しばらくお別れです。戻ってきたときには白い目で見られることなく、隣人として迎えられることを私たちは心から信じています。私たちの気持ちは言葉ではなんとも表現できませんが、共に学校に通った人たちや、一緒に育った人たちは、この強制退去について私たちがどう考えているかご存じかと思います。私たちは怒ってもいなければ、私たちの政府に対して不敬な思いを抱くこともありません（〝私たちの政府〟と言ったのは私たちの多くはアメリカ市民だからです）。私たちはこの軍事命令を潔く受け入れます。皆さんのいままでのご厚意、公正な姿勢、あたたかいご親切に感謝いたします。これはお別れの手紙ではありません。それではまたお逢いする日まで、というご挨拶の手紙なのです。

ムツオ・ハシグチ

ベルビューの日系人と一緒に学校に通ったパトリシア・サンドボーは、このとき小学校の教師をしていた。生徒のうち三人は強制退去させられた。突然のできごとにサンドボーはショックを受けた。「五月のある日、あの子たちはいなくなってしまったんです。本当に悲しかった。いきなりな話でしたから。間違っている、と思いました。こんなことが起きるなんて、本当に信じられなかったです」(90)

日系人農家は作物の取引を終えた。もっとも大切な財産は信頼できる白人の隣人に預けて、ほかのものは家の物置にしまった。家族の墓に最後の墓参りの花を置き、友人に別れを告げた。

ハシグチ家の隣で農家をやっていたセイイチ・ハヤシダは言う。「持って行けたのは、一人当たりスーツケース一つ、ひと家族あたりシーツを入れるダッフルバッグ一つだけでした。シーツや毛布や枕といいますが、四人や五人の家族では、ぜんぶ一つのダッフルバッグには入れられません。でも、それだけしか許されていなかった。いまでいう小さな一泊用のスーツケースを持っていたのを覚えています。

たったそれだけだったんです」

そして一九四二年五月二〇日、よく晴れた水曜日、日系人はカークランドの小さな駅に集まった。古い石炭式の機関車に引っ張られたぼろぼろの列車に乗せられて、アメリカという名の地獄への旅が始まった。

第四章　強制退去

　五月二〇日、カークランドから出発した列車には、ベルビューの日系人全員が乗せられていた。合わせておよそ六〇家族、三〇〇人以上。七割近くがアメリカ市民だった。誰も行き先を知らされていなかった。

　プヤラップの州催し物場の〝キャンプ・ハーモニー集合センター〟に送られると考えていた者もいた。その前に退去させられたシアトルとホワイトリバーの日系人たちと同じ場所だ。だが、列車はプヤラップを過ぎて南へと走り続けた。その年は夏の訪れが早く、日中は暑かった。三〇〇人の日系人は黒煙を吐き続けるボロボロの機関車に詰め込まれていた。

「とにかくのろかったですよ」。そうトキオ・ヒロタカは言う。

列車はひどいしろものだったという。「おそらく第一次大戦当時の客車で、錆び付いて汚らしかったですね。どの車両にも、両側に監視のMPがいました[1]」

　旅は四日間も続いた。走れたのは夜だけで、昼間は引き込み線停車をしていたからだ。「昼間は引き込み線に止まっていたんですよ。本線では列車や貨車が毎日走っていたから、夜だけ走ったんです」セイイチ・ハヤシダは言う(2)。

たなびく黒煙が車両のなかに入って来た。数日もたつと、日系人の持ち物はすすで真っ黒になった。すすと砂が口に入って来たこと、道中ずっと焼け付くように暑かったことをほとんど誰もが覚えている。家族ごとに番号が与えられた。子どもは親から離れてしまったときのために、荷物のように札がつけられた。番号は日系人が物扱いされたことを表していた。番号が彼らの〝名前〟になったのだ。二世のほぼ誰もがいまでも自分の番号を覚えている。

「なんでもかんでも〝家族番号一七一二三〟でした。そこに数字が入った箱がとってありますよ。絶対忘れません。いつも番号で呼ばれましたから」。ミチ・シライシは言う。

軍の命令で、誰もがわずかの荷物しか持つことはできなかったが、全員が従ったわけではなかった。「自分で持てるものしか持ってきてはいけないと言われました。一度に持てるものじゃなきゃだめだと。でもベルビューから、なんと三〇〇キログラム近くもある荷物を持ってきたやつもいました。大きな木製の工具箱を持ってきた大工です。ダッフルバッグとほかの荷物以外にもね。そりゃあものすごく重かったと思いますよ」。ケイノ・ヌモトは言う。

列車の旅をそう悪くないと考えた者もいた。エド・スグロは当時、もうすぐ七歳になるところで、列車に乗るのはこれがはじめてだった。冒険みたいだ、と思ったという。

「まったく新しい経験でした。夏のキャンプにでも行くような気分ですよ。何をやっても何を見ても、はじめてのものばかりで。もちろん誰も、こんな旅に出てみたいとは思わないでしょうがね」

一方、特にティーンエイジャーや二〇代前半の二世にとって、これは最悪の経験だった。これから新しい人生をと思っていたときに、集団で収容所に送られたショックに、ほとんどの者は呆然としていた。当時一九歳だったローズ・マツシタは言う。「小さい子たちは傷つかなかったんでしょうが、私たちにとっては本当に屈辱的でつらい経験でした」

トシオ・イトウは言う。「ティーンエイジャーやもっと年上の者にとっては、まったく違って、たいへんつらい経験でした。少なくとも私は、…これから何をするのか、何が起きるかまったくわからなかった。だからその日その日を生きるしかありませんでした。〝憤怒〟といえるかわかりませんが、アメリカ市民を追い立てて、外国人として、裏切り者として扱うのは間違っている、と確かに思いましたよ」

数日経っても、軍は依然として行き先を教えなかったため、日系人たちは不安な思いを巡らせた。セイイチ・ハヤシダはこう話している。「どこに行くのか、何をするつもりなのか噂が飛び交っていました。特に一世など、よくわかっていない人はたくさんいました。私たちもわからなかったので、親に教えることができませんでした。とんでもない想像を働かせる者もいました。…刑務所に入れられて、家族がバラバラになるとか(3)」

ミツコ・ハシグチは言う。「いったいどこに行くんだろう、と考えてましたね。誰も教えてくれないし、窓の外は見ていけないと言われてましたから。敵が攻撃してくるかもしれないから、シェードをずっと下ろしておかなきゃいけなかったんです。それから毎晩、毎日、駅や引き込み線に止まっているように思えました。

カリフォルニアだかどこだかわかりませんが、いつまでたっても目的地に着かないように感じました。

少なくとも南に向かっていることはわかってました。でも、絶対にどこなのかは教えてもらえませんでしたね。やっと目的地に近づいたころ、そこが〝パインデール〟なんだと教えられました。そんな名前、聞いたこともなかった。でも列車の外に出て、ものすごく暑い土地だってことはわかりましたよ」(4)

＊

カリフォルニアのフレスノ近辺は、その灼けつくような暑さで知られている。世界随一のレーズンの名産地だと名乗っているのも当然だ。そしてフレスノからすぐ北の小さな町パインデールの塀の内側で、北西部出身の家族たちも、レーズンのように暑さでひからびたような気分になってしまった。

「みんな温暖な地域の出身ですからね、パインデールは本当に暑かったですよ。三八度以上ありました。しかもタール紙が貼られたバラック住まいなんですから」。ジョー・マツザワは言う。

パインデールの「集合センター」は、「転住センター」と呼ばれた収容所が完成するまでの仮収容所だった。日系人はその後数年、どのような環境に住むことになるのか、ここではじめて知る。バラックがブロック状に並び、二五〇〇人収容できるようになっていた。ベッドは軍用の鉄ベッドだった。薄いアスファルト・パッドの上に突貫作業で建てられたタール紙のバラックは、暑くて隙間だらけだ。風が吹くと砂埃がすべての隙間から吹き込んでくる。ひと家族に部屋が一つずつ与えられ、七人がひと部屋に押し込められることもあった。日中、バラックはオーブンのように熱くなったため、皆、外で過ごした。鉄ベッドの足は、柔らかくなったアスファルトに沈んでしまう。

「木のかたまりを探してベッドの足の下に入れて、傾かないようにしました」。アラン・ヤブキは言う。

「プライバシーがなかったのが大きな問題でした。隣の家族が近すぎたんです。収容所に入った最初の日から最後まで、それは変わりませんでした」。エド・スグロは言う。

バラックは自然の力から身を守る場所にもならなかった。「夜、風が吹いて起きてみると枕には頭の形が残ってましたね。頭があったところは真っ白で、そのまわりはグレーか黒になっている。それぐらい砂埃がすごかったんです」。タイラス・マツオカは振り返る。

「食堂では、ふたのない穴に汚水が流れてました。まるでゆだっているみたいに泡立って、ものすごい臭いでしたよ」。そう、ジョー・マツザワは話している。

プライバシーを大切にする日系人は、プライバシーが守られないことにとりわけ困惑した。狭いところに大人数が押し込められたせいだ。「屋外に建てられた共同トイレでは…仕切りのないスペースに一〇人ぐらい入るような、そんな感じになっていました。とにかく、プライバシーがない、そういう造りでした。浴室も同じで、シャワーはぜんぶ共同シャワーでした(5)」。ミツコ・ハシグチは言う。

しかも実は、ほかの集合センターに比べて、パインデールはまだましだった。「ほかの人たちよりも運が良かったんです。パインデールは新築で、南カリフォルニアみたいに競馬場を集合センターに使ったわけじゃありませんから。カリフォルニアのサンタアニタでは競馬場が使われたんですよ。…中を上塗りしたり、まったく洗いもしていない汚い臭い厩舎に入れられた人たちもいるって聞きました。私たちのところは新しかったんですが(6)」。セイイチ・ハヤシダはそう説明する。

パインデール集合センターは製材所あとに建てられたが、ほかの集合センターのほとんどは催し物場や競馬場に作られた。基本的な施設がすでにあり、人が増えたときにもスペースがじゅうぶんあるからだ。急いで準備されたこういった施設は、収容所が完成するまでの一時的な収容場所だった。収容所のほとんどは西海岸の「軍事地域」よりも内陸側に設けられた。(7)

パインデールやプヤラップの集合センターが過密状態になって混乱をきたしたのは、強制退去のすべてを担当するという大きな難題が、戦時転住局(WRA)に押し付けられた結果だった。戦時転住局は、大統領命令九一〇二号によって三月一八日に設置された独立民間機関だった。わずか数週間で一〇万人以上もの人間を移す準備をしなければならなかったため、ある程度の混乱は避けられなかった。状況を考えれば、戦時転住局は驚くべきスムーズさで移動・収容を実行したといえる。(8) 陸軍は、戦時転住局との合意に基づいて日系人の家から集合センターへの移動を担当し、戦時民間管理局(WCCA)は退去者をまとめ、戦時転住局が収容所を建てるまで、集合センターの運営を行なった。

一九四二年三月二日から一〇月三一日まで、計一一万四四九〇人の日系人が西海岸の軍事地域から強制退去させられた。そのうち一万八〇二六人が、すでに建てられていたカリフォルニア州南部のマンザナール収容所とアリゾナ州のポストン収容所に直ちに送られた。おもに西部各州にあるほかの僻地およそ八か所にも、同じような収容所の建設が始まった。戦時転住局は残りの九万一四〇一人を一五か所の集合センターに集めた。そのほとんどは、以前自分が住んでいた地域近くに送られたが、パインデールに送られたワシントン州とオレゴン州の四〇四八人はほかのグループに比べて、もっとも家から遠くに送られた(マンザナール収容所に入れられたベインブリッジ島出身の二七六人は除く)。最高時で一万八七一九人を収容したカリフォルニア州サンタアニタの競馬場は、このなかでもっとも大規模な集合センターだった。プヤラップのキャンプ・ハーモニー集合センターには七三九〇人(主にシアトル近辺から)が収容された(9)。

一一万七〇〇〇人の退去者のうち、七万二〇〇〇人はアメリカ市民だった。そのうち二一歳以上の成人はわずか二万二四〇〇人で、一世は三万八五〇〇人だった。第一地域（ほとんどが西海岸地域）からの退去は一九四二年六月までに完了、沿岸州から一六〇キロメートル内陸の第二地域は、八月七日までに退去した(10)。

＊

退去を強いられた日系人は次の行き先についての決定を待った。内陸部に建築中の収容所に移されるということは聞いていた。だがそれがどこになるのか、誰も知らなかった。

一方、戦時転住局は、民主的な管理を取り入れる試みを始めた。同局の一般方針によると、収容所の基本的な目的は、「コミュニティの住民に、市民参加とコミュニティという民主主義の原則を教える」こととあった。したがって学校、警察、消防署、病院、娯楽、保全維持など、必要な役割は収容者が運営した。戦時転住局が中央当局にあてた最初の覚書の一つに、この自治システムの理想を実現するための案が書かれている(11)。

「私は消防署に配属されました。トキオ（・ヒロタカ）や、…ほかの何人かの知人もそうです」。ジョー・マツザワは言う。

実際の消火活動は一度もしなかったという。「訓練と呼べるのかわかりませんが、やりましたよ。それから毎日、晩や昼間に見回りをしました。隊員は毎回違ったので、それまで知らなかった人たちと知り合いになりました」

ヒロタカは、消防署がどのような組織だったか覚えている。「消防署には二一人いて、七人ずつ三つのグループに分かれて交替したんです。一グループ八時間のシフトでした。…ベルビュー出身者が多かったですよ」

「夜のシフトは最高でした。眠れるときもありましたからね。ほかのやつが眠ってるのを見つけたこともありましたよ。…起きているためしがないと評判のやつもいました(12)」。マツザワは笑う。

誰もがそれぞれの仕事のほかに、暇つぶしのためにさまざまな娯楽を見つけた。フライフィッシングのクラブがあり、碁の愛好者は囲碁のトーナメントをやり、ティーンエイジャーのためにはダンスパーティーが催され、手作り工芸品の展示会が行なわれた。学校が作られて、授業が行なわれた。一世は英語の授業を受けることができた。そしてもちろん野球をする者もいた。セイイチ・ハヤシダの妻はソフトボールチームに入った。ハヤシダはそのチームのコーチ業で忙しくなった。

「とにかく、なるべくやれることをやろうとしたんです。いつも忙しくしていようとね。美術などの授業がありました。一世には隠れた才能がある人が多くて驚きましたよ。…アメリカにやって来て、家族を養うために働きづめだったから、一世は時間がなかったんです。だから時間ができたことはよかったと思うし、喜んでいました。本当に仕事ばかりでしたからね。うちの父と母は、毎日毎日、日の出から日の入りまで、それから夜になっても働いてました。でも収容所に入って、家族を養うために働き続けなくてもよくなったんです。…それは大きな変化でした(13)」

若者にとっても変化があったが、いい変化ばかりではなかった。一五歳になったばかりだったレイ・

タケカワは、時間がありすぎて悪い方向に走ったという。「収容所に入ってからは、仲間とつるんでいろいろ悪いことをしましたね。いまなら不良とでもいうのでしょう。もちろん父はいませんでしたから、どうなるかわかるでしょう。弟も仲間を作ってました。母はいつも何かのボランティアで忙しくしていました。それから父が戻ってきたんです」

＊

トム・マツオカは半年以上、ミゾラ基地で敵性外国人審問委員会に釈放されるのを待っていた。釈放が遅れた一つの理由は、出生証明書の問題だった。ハワイの当局は彼の出生証明書を見つけることができなかった。彼が生まれたマウイの町で、書類が破損してしまったからだ。

基地に抑留されていたのはほとんどが一世だったが、集合センターの日系人と同じように退屈しのぎの方法を編み出していた。娯楽のためのさまざまなプログラムが作られた。特に冬は工芸をやり、そして最終的には五〇〇〇冊もの日本語・英語の本が収められた図書館が作られた。週に二度、イタリア人と日本人の抑留者を対象にして、ハリウッドの映画が上映された。

春、雪どけのころ、抑留者は外に出た。モンタナの大自然は予想外に美しいことがわかった。天候はさわやかになった。基地の軍人はソフトボール、テニス、バレーボール、馬蹄、釣具、ハイキング用具を用意した。何人かいた船大工が作った小さな手漕ぎボートは「ミネハハ号」と名付けられて、ビタールート川で釣りに使われた。この川はキャンプ端にあった清流で、マスがたくさんいた。基地にふんだんにあった芝生に簡単な九ホール式のゴルフ場を作った者もいた。ゴルフクラブは軍から提供された。(14)

基地の敷地内を歩いているうち、抑留者はメノウのような石やザクロ石を大量に見つけて、大流行が起きた。マツオカは振り返る。「三月ごろ、雪がやんで雪どけが始まって、外に出られるようになったんです。地面のあちらこちらに石が顔を出していました。きれいな線や模様のある石です。まもなく誰もが石を掘るようになりました。

石をシャワールームに持って行って、セメントの床で磨いたんです。そりゃあきれいになるんですよ。それから政府から支給された毛布できれいに磨きあげました。

いろいろなものを作りましたね。装飾品とか灰皿、壺などです。牛乳瓶にセメントを塗った人もいましたよ。どこでセメントを手に入れたのかはわかりません。あとで入って来た人たち用に建てたバラックからだったかもしれない。とにかく、牛乳ビンの外にセメントを塗って石を真ん中にはめたんです。なかなかのものでしたよ。二、三回、食堂で作品の展示会もやって、大盛況でした。

誰かが、ほかの収容所にいる奥さんに私たちの〝石ころ熱〟について手紙を書いたようです。その奥さんからすぐに、心配だ、という手紙が返ってきました。〝熱〟というからには、何かの疫病で、みんな倒れたのかと思ったんだそうです(15)」

マツオカはいちばん気に入った石をいまでも持っている。つらい日々の思い出として取ってあるのかもしれない。それは表面が滑らかで面白い形をした石だ。底は平らで、赤茶、緑、紫の層になっている。シアトルのウィング・ルーク・アジア博物館で展示物になった一九九二年まで自宅にしまわれていた。

半年経った六月、ついにマツオカの審問会が開かれた。「審問会にはFBIが一人、近隣の著名人が何人かいました。…彼らが聞いてきたのはベルビューのことじゃありませんでした。子どもたちを日本に連れて行って来たときのことだけ聞かれたんです。……『日系二世なのになぜ日本人のグループの責任者もたくさん務めているのか』そう聞かれました。私は寺関係や日本人会の責任者をやってましたからね。

私は、自分はまず〝日本人〟ではないと言いました。『私はアメリカ国民です。でも、日本人のグループに属しています。アメリカ政府は日本人を支えてくれなかったからです』と。政府は本当に何もしなかったですから」

審問会はマツオカの意図について疑ったかもしれないが、何といっても最大の問題は市民権を証明するものがなかったということだった。けれどもアメリカ国民だということをけっきょくは納得したようで、最終的には放免許可が勧告された。ところが司法省はこの決定に同意せず、マツオカに仮釈放の身分になることを命じた。マツオカはパインデール集合センターにいる家族のもとに行くことができたが、戦時転住局の監督下にいることが義務づけられた(16)。

この点、マツオカは幸運だった。ほかの抑留者は審問でもっと厳しい処遇を受けていた。ミゾラ基地は、移民帰化局が抑留者を尋問で虐待しているという噂で国際的な注目を浴びる寸前まで行った。後年の記録によると、一世がいつアメリカにやって来たのか移民帰化局がこの尋問で見極めようとしていたことがわかった。一九二四年、排日移民法が可決した年よりあとに来た場合は不法入国となり、強制送還の対象になる。移民帰化局は一世の話を信じようとせず、部屋の内外にいた数多くの証人によれば、「真実」を割り出そうとして暴力をふるったという。何人もの証人が、移民帰化局が言葉と身体的な暴力を行なったと証言している。「黄色いどてっ腹の腰抜け」「嘘つき」などの言葉を浴びせて、壁に押さえつけたり髪を引っ張ったり、腹を殴ったりした。司法省が訴えを調査をしたあと、朝鮮人の通訳が二名クビになり、虐待の大半を行なった調査官三人は九〇日間停職になった。一人は降格させられた[17]。

マツオカのような立場の者は皆、審問会で問題に突き当たった。もっとも顕著なケースはマスオ・ヤスイだ。ヤスイはオレゴン州フッドリバーの一世で事業主だった。彼もやはり地元で活躍していた。何千エーカーもの農園や果樹園の共同経営者で、ロータリークラブとリンゴ農家協会のメンバーで、地元のメソジスト教会のリーダー的存在だった。ところが審問会では、日系の民間組織との関連だけが問題とされた。それには、日米関係を推進したことから、天皇から授与された賞も含まれていた。

「この審問会はひどい茶番でしたよ」。ヤスイの息子ミノルは言う。活動家の彼は、ポートランドで夜間外出禁止令を破り、父親の審問会に出席した。「いちばんひどかったのは、子どもが描いたパナマ運河の絵を…閘門《こうもん》のからくりを描いたものだろう、と言いがかりをつけたことです。審問官は絵を取り出して、『ミスター・ヤスイ、これはなんだ』と聞きました。父は絵を見て『パナマ運河の絵に見えますが』と答えた。子どもの名前と一緒にそういう題がついていましたから。すると、なぜそれが家にあったのか、と聞いてくる。『家にあったのなら、おそらく私の子どもが宿題で描いた絵でしょう』と父は答えました。

すると今度は、『パナマ運河の閘門の爆破計画を指図するために、この地図と図を持っていたのではないか』と言うんです。『まさか！　これはただの子どもの宿題です』そう父が言うと、『違法な意図を隠蔽するために子どもを使ったのだろう。パナマ運河を破壊しようという意図があったとわれわれは睨んでいる』と。父は断固として『違います！』と反論しました。すると審問官は厳しい調子で、『では、爆破する意図はなかったと証明しろ』とのたまったんです」。マスオ・ヤスイは連邦当局により再拘留され、一九四六年の春まで陸軍の捕虜収容所に入れられた(18)。

マツオカのベルビューの友人、テルマツ・ヤブキとアサイチ・ツシマも同じような運命をたどった。日本人会と日本語学校に関係していたことから、国防上の脅威だと決定が下り、戦時中の大半をニューメキシコ州のアルバカーキにある捕虜収容所で過ごした。

マツオカは六月終わり、パインデール集合センターに着いた。ミゾラには厳寒の時期に行ったため、持っていた衣服はウールの冬服だけだった。一方、パインデールは酷暑のまっただなかだった。「気温は三八度ぐらいでしたよ。いやあ暑かったこと！」マツオカは思い出して顔をしかめた。

集合センターに着いたマツオカは、すぐに問題があることを見て取った。子どもたちは悪さをして、家族として一緒に過ごす時間はなくなっていた。住環境は劣悪だった。

娘のレイ・タケカワは、マツオカがつらい経験をしたにもかかわらず変わっていなかったことを覚えている。「何があったかはあまり話してくれませんでした。でも、基本的な性格は変わりませんでした。…集合センターでの状況には唖然としていたようです。…家族という単位がなくなってしまっていましたから。…たとえば食事のとき、私たちは友だちと一緒に食べていたんです。家族とは座りませんでした(19)」

マツオカは、どんなことをしてもここから家族を出そうと決めた。「思い出すと、収容生活は本当につらかったです。子どもを育てる場所じゃありませんでした」。仮釈放の身では、そのなかにいなければならないということに気がつかず、マツオカは計画を立て始めた。

マツオカが行動に移す前に、戦時転住局が行動を起こした。七月終わりに、パインデール集合センターの日系人は、完工したばかりの収容所に軍によって移された。収容所は、正式には「転住センター」と呼ばれた。この収容所はカリフォルニア州ツールレイクにあり、オレゴン州との州境の南、クラマスフォールの近くだった。

*

列車の旅は今回も異常に長かった。夜しか動かず、昼間は引き込み線で待っていたからだ。ミツコ・ハシグチは言う。「ツールレイクまでの旅は永遠に続くかと思いました。『オレゴンにあるらしいけど、それにしては遠いわね』と言い合いましたよ。私たちが列車に乗った最後のグループだと聞きました。…どこか暗いところにいつも止まっているように思えましてね。外を見ることは許されなかったので、自分たちがどこにいるのか、わかりませんでした[20]」。遂に二日後、新しい〝家〟に到着した。

ツールレイク収容所は、北カリフォルニアのひからびた湖の底に建てられた。砂漠だったが、まわりは山脈で囲まれた高地だった。夜は涼しく、住環境はパインデール集合センターよりましだった。

「セージブラシがたくさん生えてました。収容所のなかじゃありませんが、山の近くにはここではまったく見ないようなガラガラヘビとサソリもいましたね。外に行ってヘビを捕まえて見せっこしました。サソリを捕って瓶に入れて『毒だよ』と言い合ったり」。エド・スグロは言う。

七歳だったスグロは大喜びだった。「なんでもかんでも目新しいことだらけでしたから、わくわくしてましたし、平気でしたね。まわりの人も一緒でしたから、それがあたりまえだと思っていたんです。

まわりもみんな同じことをして、同じところに住んで、一緒に食事をして、同じ便所を使って、順番に洗濯をして。それがふつうでした。みんながやっていたことでしたから」

タイラス・マツオカも収容所の生活を楽しんでいた。「楽しかったですよ。同じ年齢の仲間は責任もないし。食事の時間に食堂にいること、それだけ気にしていれば良かったんですから」

家族はそれぞれの部屋に入れられた。複数の家族が一緒に住むスペースだった。二世によれば、明らかに五人用の部屋に四人家族が二家族、あるいは最高一一人の一家族が住んでいたという。

食事、風呂、洗濯、トイレはすべて共同だった。これは年長者の一世の多くにはつらいことだった。こういった行為のプライバシーが文化に深く根付いていたからだ。収容所に来て急に時間がありあまってしまった一世は、こういった現状について文句を言って過ごした。

マツオカは行動を起こした。収容所を出て、モンタナ州のテンサイ（砂糖大根）農場で働けるチャンスがあるという話に飛び付いたのだ。モンタナ州北部にあるハイライン地域の農家は、テンサイの収穫を待つばかりだったが、深刻な労働力不足に悩まされていた。そこで、収容所に労働者を雇いに来た。ゴットリーブ・ブラッターというドイツ人農家がマツオカ一家とトキオ・ヒロタカ一家を雇った。

もちろんマツオカは正式にはまだ仮釈放の身だったため、収容所にいなければならなかった。だが、戦時転住局はミゾラ基地からその旨を示す書類を受け取っていないか、処理していなかったので、ツールレイク収容所当局は労働のため出所する許可証に署名して、一家は収容所を離れた。

こうして九月の終わり、農家で働くことを決めたマツオカ一家やヒロタカ一家、ほかの家族たちは、モンタナ州北部の高原に向かう列車に乗った。道中も監視の兵士がつき、銃を向けていた。若い兵士たちは海の向こうの戦場に行きたくてたまらない新兵だった。

マツオカは、便所に入ったとき兵士の話を耳にしたことを思い出して、笑った。「『誰か逃げ出してくれたら、撃てるのになあ！』とドアの向こうで言ってたんですよ」

列車はチヌークという小さな町に着いた。農業の町で、電気も通っていなかった。マツオカたちは特に気候の変化に少しとまどった。「列車を降りたら、雪が降っていたんです。死ぬかと思いましたよ。九月なのにもう雪が降ってるなんて！」レイは言う。

これから住むことになる農家の部屋を見たとき、収容所を出たのが正しい選択だったのかどうか、考えてしまったという。「モンタナに着いて、住む予定だった農家に行きました。部屋を見たとき、母はいったいどう思ったんだろうって考えるんですよ。うちは七人家族ですが、部屋は二つだけでした。片方は寝室です。三つの小さなベッドと小さなベビーベッドみたいなものがありました。暖房はなしです。もう一つの部屋は母が調理に使いました。

母はそれはきれい好きだったので、床にモップをかけました。そうすると床が凍ったんですよ」

レイは、このつらい時期に我慢し続けた母を尊敬している。母カズエは五人目の子どもを妊娠中だった。この子は男の子で、一九四三年五月に生まれた。「一度も、まったく文句を言ったり、本当はどんな気持ちだったのか、言いませんでした。モンタナまで行って、あんなところに住むとわかったときは、どんなに落ち込んだことかと思うんですが」

テンサイ農場で働くことは、以前やっていたような細やかな栽培作業というよりは、過酷な労働だった。レイは説明してくれた。「ふつうの日は、夜明けと共に起きて、畑に出るんです。ひどく寒いとい

マツオカ家、ヒロタカ家、イトウ家。モンタナ州のテンサイ農場で、一日の終わりに。左から、ルレー・マツオカ（左端の子ども）、未詳の労働者、イタロウ・イトウ（テンサイを持っている）、チエ・イトウ、レイ・タケカワ、トム・マツオカ、カズエ・マツオカ、キク・ヒロタカ、ミツ・ヒロタカ、スミ・ヒロタカ、ヒロシ・イトウ、トム・マツザワ、トキオ・ヒロタカ、タツ・マツオカ（車に乗っている男性）、ロイ・マツザワ、トシオ・イトウ。前にいるのはレイ・マークス、ガス・ルンディーン、ジョン・マツザワ。（アリス・イトウ提供）

うわけではありませんでしたが、肌寒かった。それで〔すでに機械で掘り起こされた〕テンサイを切る作業を始めます。鉈のようなナイフを使うんですが、先の方には鋼の鉤のようなものがついてました。テンサイをまず鉤で刺してナイフで切って、積み上げていきます。…そうやって積み上げたテンサイの列のあいだをトラックがやって来ます。そこに控えている三人の人がトラックにテンサイを載せるんです。日が短かったので、朝早く日が出てきたころから、夕方は薄暗くなるまでずっとその作業をしましたね(21)」

彼らはがんばり続けた。収穫の時期が終わると、マツオカは毎日雇い主のブラッターの羊に餌をやり、一か月に七〇ドル稼いだ。春が来ると畑を耕し、種を植えてまた収穫を行なった。次の年、マツオカとヒロタカはガス・ランディーンという農家の畑まで小作に行った。ランディーンの畑は町の外れにあった。

一家がここで根付くのに、カズエの性格が一役買ったとレイは言う。「母は誰とでも仲良くなる人でした。モンタナの田舎に引っ越してからも母は友人ができました。みんな、なぜ私たちがここにやって来たのか、すぐにわかったんです。でもいったん話をすると、それまではいぶかっていたかもしれない人も、考えを改めてくれたようです。

母は地元によく溶け込んでいました。農家では、奥さん同士のつながりが強いんです。奥さんたちは台所に集まり、旦那さんたちは外にいます。母は奥さん連中のリーダーになりました。そういう人だったんです」

しかし、ここでも収容所の影は一家を悩ませた。トムに釈放される資格がないことに気づいた戦時転住局は、モンタナ州ハーブレの戦時転住局に、マツオカが当局の監視下に戻らなければいけないと伝えた。マーレイ・E・ステビンスという担当官は上官に書面で訴えた。「マツオカ一家はここで農場を借りて、終の棲家にしたいと考えております。けれども、マツオカ氏の現在の身分からそれが困難だという説明を受けました。彼らは善人で正直で、非常に働き者です。彼らを助けるために私はいかなる努力も惜しまない所存であります。どうか寛大なる処遇をご検討いただきますようお願い申し上げます」。当初、この訴えは退けられたが彼はあきらめなかった。そして一九四四年一二月、マツオカは無期限釈放の資格を与えられた(22)。

こうして、何としても収容所から一家で出ようとしたマツオカの行動力、遅々としたお役所仕事、ささやかな幸運、人々の豊かな優しさによってマツオカ一家は収容を免れ、自由を手にした。モンタナ州チヌークはマツオカ一家の終の棲家となった。

＊

ベルビューの日系人が強制退去させられ列車に乗せられた次の日、地元の週刊新聞『ベルビュー・アメリカン』紙五月二二日版は、一面で次のように報じた。「ベルビューの日系人、水曜日に強制退去――カリフォルニアへ」

その同じ一面に小さな記事が載った。「ストロベリー・フェスティバル今年は中止」という見出しだった。ベルビューで一六年間続いた、夏の大きな行事だった風物詩が中止されたのは、戦争のせいだと書かれている。「ガソリンが配給制になったことを受けて、今年はフェスティバルを中止することで全員意見が一致した。その他の理由として、砂糖不足、タイヤの節約、大人数の集まりを避けること、戦争のため人々が手一杯であることが挙げられた」

むろん、理由は単純明快なものだった。ベルビューの農業労働人口の九割、つまり、ストロベリー・フェスティバルにイチゴを提供していた日系人が、カリフォルニア州パインデール集合センター行きの列車に乗せられたからだ。これは次の週の新聞で痛ましいほど明らかになった。一面に次のような見出しが載った。「オーバーレイク地域の収穫作業に二〇〇名労働者が必要」だと。

日系人農家は「破壊活動」とみなされないように、春まで農作業を怠らなかった。強制退去のときには、レタスと真っ赤なイチゴは収穫できる状態だった。エンドウマメはあと一週間か二週間、トマトとレタスの二作目も七月の終わりに収穫ができる状態だった。

日系人農家の代わりに農作業を請け負うことにしたウエスタンファーム&プロデュース社は、強制退去の日に農業安定局から三万二一〇七ドルの融資を受け取った。それは、同意書に署名した三三名の借地農家から残った作物や機械を購入し、引き続き作物を育てて収穫するための金だった。同社は日系人農家が所有していたミッドレイクス地区の倉庫の操業も請け負った。

だが、畑で働く労働力が足りないことが明らかになった。同社の設立者で経営者だったH・C・ヴァン・ヴァルケンバーは、『ベルビュー・アメリカン』紙で助けを求めている。

労働力はいま最大の喫緊の問題である。これらの作物は非常に傷みやすく、みるみる熟しているからだ。賃金は通常よりも非常に高い。協力を惜しまない意気盛んな善人たちのほとんどは、いま我が国にとってこの食物を守ることが必要であり、金銭は二の次だと考えている。ヴァン・ヴァルケンバーによると、この食物のほとんどは軍に送られる。先日も、貨車一車分のカリフラワーがアラスカにいる兵士に送られ、やはり貨車一車分のレタスがシカゴの兵士に送られたばかりということだ。(23)

ヴァルケンバーは記者に、イチゴを摘む労働者一〇〇人、ほかの作物の作業をする一〇〇人が必要だと話した。一週間後、イチゴの収穫をする労働者は、まだ一〇〇人も足りなかった。翌週の『ベルビュー・アメリカン』紙では、ほかの作物については触れられていないが、労働力の不足を訴えている。

水曜日の夜、ヴァン・ヴァルケンバーは次のように話している。「地元の労働力が好ましい。その方が頼りになり、交通手段の問題もなく労働者の数を管理でき、援助も得やすく、一年を通して安定した仕事の訓練ができる。そしてもちろんカネを落とすのは地元の方が好ましい。したがって、作物の収穫作業などに協力してくれる方は、いますぐわれわれに連絡していただきたい。地元の労働力がじゅうぶんでなければ、シアトルから労働力を送ることもできるが、どれぐらい必要か把握したいからだ(24)」

実は、シアトルにいるという労働力は不足どころか、存在すらしていなかった。地域のフィリピン人労働者はすでにベインブリッジ島の農場に取られており、それよりも広いホワイトリバー地域の農場も労働力が不足していた。日系人農家の畑は小さかったので、手を出そうという白人は少なかった。ほかの労働者は兵役に志願していた。その方が報酬も高く、聞こえもはるかによかったからだ。

イチゴを摘み取る労働者は「キャリー」単位で報酬を得た。キャリーは小箱をたくさん載せた木製のトレイのことで、つまり作業が早い者が報酬もいちばん高かった。ウエスタンファーム&プロデュース社はトマトの植え付けと雑草取りをする労働者も時給五〇セントで雇った。収穫した青果を運搬するトラックの運転手はもっとも報酬がよく、時給一ドルだった。

だが、雨のせいで大量のイチゴがだめになり、最初の収穫の利益はさんざんだった。同社はまもなく操業を縮小した。

特に日系人の借地農家が収容所に入ったころから、事態は収拾がつかなくなった。多くの場合、日系人農家は収穫の時期まで同社から支払いを受け続け、それで借地料を地主に払うことで合意していた。だが何人かは借地を完全に取りやめたので、同社が借地料を支払わなければならなくなった。

同社は八方ふさがりになった。まず、日系人との契約をやめた地主から、借地料を要求する手紙が来るようになった。同社はある件には数か月分払い、ほかに関しては異議を唱え、夏以降は完全に支払いをやめた。

一方、収容所の日系人は、戦時転住局の協力を得て、未払い分の借地料を要求し始めた。同社は一部支払いを行なったが、それも四二年以降には取りやめた。

さらに、収穫にわずかな労働力しか確保できなかったため、同社のレターヘッドに謳われていたように「ベルビュー青果生産者協会の後継者」を目指した壮大な計画は、損失が続くばかりだった。経営はたちまち悪化し、作物はうち捨てられた。同社は七月までトマト植え付けと雑草取りの労働者を雇い続けたが、トマトも二作目のレタスも収穫された様子はなかった。その後、同社がベルビューで操業を続けた様子もない(25)。

三、四年後に日系人が帰ってきたとき、立ち退き前に植えた作物のごく一部しか収穫されていなかったのは明らかだった。畑はまったく作付けがされないまま放置されていた。

ささやかな町ベルビューに、ピュージェット湾地域全域からありとあらゆる何千人もの人々を引きつけていたストロベリー・フェスティバルは、永遠に消えてしまった。

＊

収容所は西部七州の一〇か所に大急ぎで建てられた。ツールレイク収容所は最大規模で、一万六〇〇〇人収容できた。一方、アリゾナ州のポストン収容所は三か所に分かれており、収容人数は合計二万人だった。収容所の大半はそれぞれ一万人収容できるつくりになっていた。アイダホ州のミニドカ収容所、カリフォルニア州のマンザナール収容所、ユタ州のトパーズ収容所、アーカンソー州のジェローム収容所とローワー収容所がその例だ。アリゾナ州のヒラ・リバー収容所は二か所にあり、計一万五〇〇〇人、ワイオミング州ハートマウンテン収容所は一万二〇〇〇人、コロラド州のグラナダ収容所は八〇〇〇人収容だった(26)。

収容者は増え続けた。一九四三年夏、最高時でツールレイク収容所の収容者数は一万八八〇〇人だった。アイダホ州南のミニドカ収容所はシアトルとホワイトリバーの日系人のほとんどが入れられて、最高時で九九〇〇人いた。マンザナール収容所は最高時で一万二〇〇〇人で、ベインブリッジ島の日系人はここに収容された[27]。

戦時転住局はバラックづくりの収容所ができるとすぐに集合センターの日系人を移した。一九四二年一一月一日までに強制退去は完了し、西海岸の日系人ほぼ全員、計一一万四四九〇人が、西部の六州とアーカンソー州の収容所で、武装した兵士の監視のもと、鉄条網のなかに入れられた。

二世のほとんどが収容所で最初に見た風景を覚えている。それは鉄条網と監視塔と、収容所の内側に向けられた機関銃だった。「いちばんよく覚えているのは、収容所は私たちを守るためにあるんだ、と言われていたのに、着いてみると、鉄条網で囲まれて銃口が内側に向けられていたことです。私たちを守るためなら、なぜ私たちに銃が向けられていたんでしょうか」。トシオ・イトウは言う。

怒りと絶望と憎しみが、ツールレイク収容所に満ちていた。若者は退屈し、いらだち、怒っていた。年長者はうちひしがれていた。収容所を「捕虜収容所」と呼ぶ二世もいた。インタビューで多くの二世が口をそろえて言ったことがある。いちばんつらかったのは、ずっと懸命に働いてきた自分の親が、ローズ・マツシタの言葉を借りれば、「動物のように閉じこめられている」様子だったと。

ツールレイク収容所は、いろいろな意味で、ベルビューの日系人コミュニティが終焉した場所になった。ベルビュー近辺に住んでいた者は強制退去時と集合センターではまとめられていたが、収容所では半分に分けられてしまった。およそ三〇家族が第四棟のブロック五八と五九に入れられ、残りの三〇家族は第七棟のブロック六八、六九、七〇に入れられた。ベルビューでＪＡＣＬのリーダー的役割をしていたムツオ・ハシグチは、ブロック五八の責任者に任命された。

トシオ・イトウは説明してくれた。「ベルビューのコミュニティと、それからフッドリバーもそうだと思いますが、二つのグループに分かれたんです。私たちは〈アラスカ〉と呼ばれた棟〔ブロック五九〕に住んでいました。防火帯のこちら側でした。ほかのみんな、ベルビュー住民の半分は向こう側に住んでいたんです。フッドリバーの人たちも同じように分けられていました。なぜ一つのコミュニティを分けてしまって、まとめておかなかったのか、おかしいと何度も思いましたよ。もしかしたら、何らかの理由でばらばらにしたかったのかもしれません(28)」

理由が何であれ、日系人にはまったく情報が与えられないときが多かった。それは、収容所の管理者がどれだけ口が堅いかにもよった。とんでもない噂が飛び交った。日系人をまとめたのは、その方が殺しやすいからだと考えて恐れた者もいた。「アメリカの戦闘機が爆弾を落として殺しに来るという噂が飛び交っていました。きっとそうだろう、と思いましたよ。なぜ収容所に入れられたのか、そう考えれば腑に落ちましたから。すべて最悪の場合を考えてしまいました」。アキラ・アラマキは言う。

今後どうなるのだろう、と考えた者が多かった。アメリカでの未来は、あまり明るいものではなさそうだったからだ。「収容所のなかではそれなりに楽しみを見つけました。野球など、いろいろなことをしてね。でも『このあとはどこに行かされるんだろう。ここに永遠に入れられたままというわけではないだろう』と真面目に考え出したわけです。私は、南米に行って一からやり直そうと決めていました。この国はもうごめんだと。ブラジルに行くつもりだったんです。

アメリカはいいところですよ。でも当時は、もうこりごりだ、と思ってました。先がまったく見えませんでしたから」

マツオカ一家のような家族が収容所から外部転出したことは、当局の計画通りだったといえる。戦時転住局の当初の計画から、日系人を内陸に移動させることが目標として掲げられていた。強制退去が始まる前から、戦時転住局は一世と二世に西海岸から離れて住む場所を作り出すべく「自主的転住」を試みたが、失敗に終わった。だがこの試みは、収容所ができてから再開し、アイダホ、ユタ、モンタナ州など労働力が不足している州に収穫を手伝う労働者を提供した。

戦時転住局はそれだけでなく、中西部に完全に再定住するように日系人を説得しようと考えていた。中西部なら、日系人は国防上の脅威にもならず、より広い地域に散らばることになり、アメリカ社会に溶け込む傾向も強くなると考えたのだ。戦時転住局の二代目局長ディロン・マイヤーは、この再定住計画を戦時転住局の最優先事項の一つとした。そして一九四二年九月二六日、計画の実施を開始した。この計画は、日系人が収容所から出て、軍事地域以外で新しい人生を始める世話をするものだった。[29]

しかし、モンタナなどの農場に日系人を何人か転住させることだけでも物議をかもした。モンタナ州の状況ははっきりしていた。戦争で人口の一〇パーセント、五万七〇〇〇人が駆り出されていたため、労働力が不足し、農家やテンサイ処理業者は日系人を使いたいと懇願していた。しかし地元の強烈な愛国者は怒髪天をつき、新聞には「敵」をモンタナに連れてくるな、と罵倒する手紙が寄せられた。さまざまな悪さがされると誰もが疑った。[30] 森に火がつけられて、モンタナは地獄絵図になるだろうというのが、もっともよく言われた説だった。ビタールート・バレーの地域集会では、地元の砂糖会社が日系人のグループを連れてこようとしたことについて、波乱が巻き起こった。

だが最終的には、しぶしぶだったかもしれないが、常識（あるいは経済の論理）が勝った。『フィリップス・カウンティー・ニュース』紙の社説には次のようにある。

地域の新聞は一致団結して、日系人をこの地に連れてくるという計画に猛反対した。言葉こそ違ったが、メッセージは同じだ。「連中が来るのはいやだ！」というものだ。だが、人があまり住まないところに日系人を移して監視をしやすくし、軍事産業が少なく、陸海軍に兵士を送って、労働力が深刻に不足しているところに彼らを送るのは、理にかなっている。…ジャップ一人一人のはらわたの底まで憎む一方で、連中を利用することもできるとわれわれは考える。アメリカは合理的な国として有名だ。今回のことは、それを示すのに最適の機会である。ジャップを憎めばいい。だが一方で、彼らは良質の労働者であり、生まれながらの農家であり、この地域がこれからも戦力に大きく貢献していくならば、生きた必需品なのだ。(31)

夏中盤には、モンタナ州の州知事を含む大半の人々が、同じ結論に達した。そして募集が始まった。ジョン・マツオカは兄と同じようにパインデール集合センターに送られ、ホワイトリバー・バレーの仲間と一緒にツールレイク収容所に送られた。そして彼も、収容所にいるよりは農場に行くことがいいだろうと考え、テンサイ農場で働くことを決め、モンタナ州タウンゼントに移った。「もう一人の兄ジエームスもほかの農場に行く予定だったんです。すると、鳥小屋に住め、と言われたんですよ。『ここがお前たちの住むところだ』ってね。とんでもない、と兄はそこを出て私たちについて来ました。ですから、大人数だったんです。

契約通りテンサイを取る仕事が終わりました。すると隣の人が来て『うちの畑のテンサイも取ってほしい』と言いました。もちろん、と同じ値段で受けましたよ。一トンあたりいくらでね。それで畑に行ってテンサイを取りました。まだ、収容所に戻る列車に乗るには時間があったんですが、するとまた別の人もやってほしいと来たんです。最初に仕事をくれた人が教えてくれました。『あいつはモンタナにはジャップは絶対いらないと言ってたんだよ』

『まあいいですよ。あの人の畑もやります。あの人のためじゃなくて、戦争のため、砂糖のためですよ』と答えました」

*

戦時転住局のディロン・マイヤー局長が計画した再定住計画は、予定通りに進まなかった。収容所内では、政治的な大騒ぎが起き、収容所が閉鎖されるまで続いた。提案されるやいなや、政府は何千人もの日系人を強制退去させた責任を回避して、彼らを受け入れたくもない白人に押し付けようとしていると非難の声が上がった。収容所の外では、日系人を閉じ込めておこうという政治的な圧力が議会で高まった。在郷軍人会のような団体はこれを「ジャップを甘やかす」計画だと非難した。[32] 一九四二年九月、同団体はカンザスシティで行なわれた全米集会で決議を可決した。「…収容所内の日系人にいかなる特別な権利を与えることにも反対し、また戦争が続くあいだは彼らがいかなる理由であっても収容所から出られないようここに正式に宣言する」[33]

戦時転住局の計画は収容所の日系人が民主主義の原則に基づいてコミュニティを作ることを奨励し続け、その取り組みはより徹底的になった。そしてこのことも戦時転住局にとって予想外の困難を引き起こした。ディロン・マイヤーとその前任者、ミルトン・アイゼンハウワーは、ＪＡＣＬの二世のリーダーたちの助言を頼りにした。したがって、ＪＡＣＬで活動していた二世が収容所内で大きな力を握る職につくのも当然だった。特に参事会議員やブロック・マネージャーなどの主要な役職だ。

収容期間が長くなるにつれて、日系人のＪＡＣＬに対する反感も強まっていた。ＪＡＣＬは強制退去を支持した経緯があることから、彼らを苦しめている連邦政府の手先だというのが大方の日系人の意見だった。また、日本文化の伝統では、リーダー的な役割が年長者にゆだねられるが、これは戦時転住局の方針で踏みにじられた。一世はアメリカ市民ではなかったため、収容所で主要職につくことが禁じられた。これがさらに日系人の怒りを煽り、怒りの矛先は二世の参事会議員に向けられた[34]。

一九四二年一一月一九日、アリゾナ州ポストン収容所で最初の事件が発生した。参事会議員がひどく殴られ、人々は主要容疑者二人を引き渡すことを拒んだ。その直後ゼネストが起きたが、最終的に解散した。だが、二週間後の一二月六日、マンザナール収容所で暴動が起きた。親日派の帰米たちが怒った収容者を率いて、収容所で暴動を起こし、ＪＡＣＬのメンバー数人に制裁を加えようとしたが、彼らが見つからず、うまくいかなかった。暴動者を恐れた軍事警察は、群衆を散らせるため催涙ガスを投げ、事態は混乱を極める。いったん逃げたが戻ってきた群衆に向けて、兵士が無作為に銃を撃った。はじめは宙に向けて撃ったが、次に人々に向けて撃ち、日系人一〇人が負傷して、二人が亡くなった[35]。

同じような緊張状態がツールレイク収容所でも起きていた。そしてそれは一九四三年の夏、山場を迎えた。

＊

その年の一月には、陸軍省は二世部隊を作ることを決定した（少なくとも戦時転住局からそう促されたことも理由の一つである）。スティムソン陸軍長官への書簡で、ルーズベルトはこう言い放っている。「アメリカにおけるいかなる忠誠な国民も、その父祖の責任を果たす民主的な権利を否定されるべきではない。この国が作られた原則、そしてこの国の統治の基盤となる原則は、アメリカニズムというのは心と頭のものであるということだ。それは、人種や祖先に関わるものではなく、過去にも一度もそうだったことはない…(36)」

収容所に入れられていた七万人ほどの日系二世のアメリカ市民は、これを聞いて驚いたことだろう。収容所の門が開かれる希望の光が与えられたのだ。だがこの偽善者ぶりに対して、多くの者は政府に対する怒りを強めた。

ジョー・マツザワのように若い二世の多くは、真珠湾攻撃が起きたとき軍に志願した。彼らはほかの者よりもおそらく、国のために戦おうという意思を証明したいと考えていた。マツザワは入隊を受理され、送別会が開かれた。ところが日系人全員が第4―C類、すなわち敵性外国人に指定されたという知らせが入って来た。すでに入隊していた者は家に返された。

こういった入隊志願をしていた者たちにとって、収容所で聞いたルーズベルトの発表は歓迎すべき知らせだった。だが軍内部では、引き続き二世の忠誠が問われた。一九四三年二月上旬、戦時転住局は、二つの微妙に異なる登録証明書を配布した。一つは「戦時転住局出所許可申請書」で、女性と一世全員に向けられた。もう一つは「徴兵書式ＤＳＳ　３０４Ａ」で、一七歳以上の男性全員に配られた。両方とも二八項目の質問があり、答えが書き込めるように短い空白欄が設けられていた。問題は最後の二つの質問だった。徴兵書式には、下記のような質問が書いてあった。

二七　あなたは命じられたら、アメリカ軍のいかなる戦場における戦闘任務にも従事する意思があるか。

二八　あなたはアメリカ合衆国に無条件の忠誠を誓い、外国または国内のいかなる攻撃からもアメリカを忠実に守り、日本の天皇やその他のいかなる外国の政府、権力、組織に対しても、あらゆる形の忠誠や服従を拒否するか。

女性と一世に対する質問はわずかに異なっていた。

二七　もし機会があれば、そしてあなたにその資格があれば、陸軍看護部隊または陸軍婦人補助部隊（ＷＡＡＣ）に志願するか。

二八　あなたはアメリカ合衆国に無条件の忠誠を誓い、日本の天皇やその他のいかなる外国の政府、権力、組織に対しても、あらゆる形の忠誠や服従を拒否するか。

予想通り、アメリカ市民権を得ることを禁じられていた一世の大半は、この質問にノーと答えなければならないと感じた。日本を放棄することは無国籍者になることを意味したからだ。さらに何人もの二世たち、とりわけ帰米はこの二つの質問に怒髪天を衝いた。家から強制的に立ち退きを命じられ、しかるべきステップを踏まずに収容所に入れられ、まだ親は収容所にいなければならない状況のなか、二世には入隊して戦争に行け、という政府の傲慢さに呆れた。また、不可譲の市民権という権利が約束されていたにもかかわらず、祖先が日本人だからというだけで、その権利と持っていたものすべてを取り上げられたことを苦々しく思っていた。自分を裏切った国になぜ忠誠を誓わなければいけないのか、そう考えた。

「アメリカ憲法と権利章典は私に適用されなかった。収容所に入れられ、敵性外国人4―Cとして分類されたからだ。それなら、この徴兵法も私には関係ないはずではないか」。徴兵に反対したジム・アクツは、そう考えたという[37]。

こうして二世と一世の何人もがこの二つの質問に「ノー」と答えた。この質問にどう答えるかということが、収容所すべてで大きな政治的問題になった。特に、全員ではないがほとんどが親日派だった帰米など、強く意見を主張した保守主義者や、日本の戦勝を願った一世の大半は、両方に「イエス」と答えた者を裏切り者扱いにした。

ツールレイク収容所では、騒ぎが最高潮に達した(38)。同収容所でJACLの活動家はこの問題について検討するため、ひそかに元支部幹部のミーティングを開いた。しかし、ミーティングを開くということ自体、保守主義者たちを憤らせた。彼らはJACLを裏切り者の「イヌ」だと考えていた。ベルビューのJACLで活動していたセイイチ・ハヤシダはほんのわずかだけ参加した。「すぐにミーティングの席を離れました。問題はありませんでしたが、ミーティングが長引いていたら、ただではすまなかったでしょう(39)」

翌日、保守主義者が開いた集まりは、「毛唐」を糾弾し、日本への愛国主義で溢れていた。反対する者は誰でも脅された。「こいつを捕まえて殴りつけて、溝に落としてしまえ」。中道的な意見を言った者に、ある帰米はそう言ったという。その夜、親日派の国粋主義者たちが収容所を回り、アメリカ政府のシンパと考えられる人たちに暴行を働いた。一世の牧師や、収容所の新聞『ツーリアン・ディスパッチ』紙の帰米記者がひどく殴られた。あるキリスト教信者はドアにバリケードを張って暴行を免れた(40)。

ハヤシダは、自分がその夜のターゲットの一人ではないかと恐れていた。「JACLのリーダーを探していると聞きました。ミーティングについて耳にして、集まった者を袋叩きにすると。反米で親日派、JACLのメンバーではなかった人たちです。サクラメント辺りの出身の人たちだと聞きました。…でも私のところにはやって来ませんでした」

だが、隣の部屋にはやって来たという。「間違えて私の部屋のドアを叩いたんです。隣同士の部屋は本当に近かったので。片側の隣に住んでいた人は一世でした。息子さんが軍に志願したんだそうで、それが理由だったそうです。…でもけっきょく連中は部屋に入りませんでした。…誰かがやって来て怖じ気づいたのかもしれません。彼らが誰だったのか、みんなわかっていました」[41]

同じような事件がほかの収容所でも起きた。ハートマウンテン、グラナダ、トパーズ、ジェローム、ミニドカ、ポストンなどの各収容所はすべて抗議と威嚇でまっぷたつに分かれた。さらに暴動が起きることを恐れて、戦時転住局は収容所を「分離」することに決定した。ノーノー派は、ずっと予定されていたとおりツールレイク収容所に送られる。ツールレイクのイエスイエス派は、希望があればほかの収容所に移ることができる。全員ではないが、ほとんどが移った。ツールレイクは、彼らのような「イヌ」と一戦交えようとする、怒り狂った政治活動家で一杯になっていたためだ[42]。

いまやばらばらになってしまった元ベルビュー住民の残りの人たちは、収容所を出て農場で働くという、マツオカが取った道を選んだ者も多かったが、ほとんどがミニドカ収容所に移るチャンスに飛びついた。シアトルやホワイトリバーの家族親戚、友人、仕事仲間などがそこにいる者がほとんどだったからだ。ベルビューのようなコミュニティの農家は、どちらかというと保守的だった。そして収容所で政治に関わることは懸命に避けようとしていた。ミニドカ収容所は平和なことで知られていた。

ミニドカ収容所に移ったことでかつてのベルビューの日系人コミュニティは事実上消滅してしまった。ミニドカに移ったベルビュー近辺の元住民の大半は、収容所ですでに知っていたシアトルやホワイトリバー出身の人たちの仲間に入った。収容所の閉鎖後、どこに再定住するかは、このときの仲間が大きな影響を占めた。以前の生活とつながる、残り少ない頼みの綱だったからだ。こうして、ベルビュー元住民の残りはシアトルやホワイトリバーの日系人のより大きなコミュニティに吸収されてしまった。

だがベルビュー元住民のすべてがミニドカ収容所に移ったわけではない。エンジ・タマエはツールレ

ミニドカ収容所の泥道を歩く子どもの収容者。1943年春。（ウィング・ルーク・アジア博物館、ハタト家コレクション）

イク収容所に残ることに決めた。(43)

娘のチズコ・ノートンは、こう記憶している。「忠誠登録に署名をするかしないかと言われて、両親は署名しないことに決めたんです。アメリカ人にならせてくれるならアメリカ人になろうと。父は『無国籍』にはなりたくなかったんです。日本がアメリカにひどい戦争を仕掛けていても(44)」

同じように、トウゴロウ・スグロもノーノー派だったため、ツールレイクに残った。まだ幼かった息子のエドは収容所でそれから起きたできごとの数々を目撃することになった。一九四三年一〇月、ほかの収容所から九〇〇〇人の収容者がツールレイクにやって来た。エドによれば、彼らがやって来たことで「収容所の雰囲気が変わった」という。「怒りに満ちた雰囲気になりました。管理部といつも衝突や対立がありました。収容に我慢がならなかったんです。親日派のグループもいくつかいました」

イエスイエス派の家族の大半は、ほかの収容所に移る希望を出した。だが、移ることを拒否した者も少なくなかった。このため、親日派が「ノーノーボーイズ」と呼ぶノーノー派たちの到着によって、事態は緊張した。農場労働者を乗せたトラックがひっくり返され、一人が亡くなり、その葬式は政治的な争議の場となった。収容者の農場を運営していた八〇〇人ほどの男たち（大半がノーノー派だった）は、イエスイエス派に農作物を渡したくないとストライキを発表した。「ツールレイクの労働と農産物を日本人になると決めた収容者だけに使いたいと言ったんです。アメリカ人になると決めた者には使いたくないと(45)」

さらに暴力が起きた。暴徒が収容所の病院に押し入り、ノーノー派に反対していた二世の医療班の男性がひどく殴られた。その三日後ほかの若いノーノー派のグループが、ツールレイクで作られた野菜がほかの収容所に送られるという噂を聞きつけ、防火帯に長いデモ隊を作り、発送を阻止した。警護の兵がやって来て、争議が勃発した。援護が呼ばれ、兵士が乗った戦車が登場した。翌日、戦車が収容所の各隅に配置され、さらに兵士が到着した。暴徒三五〇人が逮捕され、柵の中に入れられた(46)。

父のエンジ・タマエはノーノーと答えたが、一家は親日派となるべく関わらないようにしていたとチズコ・ノートンは言う。帰米が主催していた日本語の授業を取っていて、役に立ったことを覚えているが、運動は怖かった。「いろいろなことを耳にしましたし、暴力も何度も起きてました。うちのブロックや棟ではそうでもありませんでしたが。……デモはたくさん見ましたよ。防火帯のところで列をなして何やら怒鳴っていました(47)」

運動は徐々に落ち着いてきたが、のちに小規模ではあるがふたたび事件が起きた。収容所内で店を経営していた〝古顔〟のタケオ・ノマという男が、一九四四年の初夏、短刀で数人の男に刺されて死んだ。親日派に反対したことへの報復だろうというのが大方の意見だったが、事件は未解決のままだ(48)。運動家のリーダーが逮捕され、彼らは最終的に、ほぼ自分たちの希望で日本に戻ることになった。司法省は一九四四年終わり、国籍放棄諮問会を行ない、収容所の二万人が本国への送還を要請した。二世の場合は国外移住になる。収容所を離れて、一度も見たことのない、いまや戦争でぼろぼろになってしまった日本に行ったのは、最終的に四七二四人だった(49)。

チズコ・ノートンは日本に戻ると決めた帰米の一家と仲が良かった。「その一家には男の子が二人いたんです。日本に出発する人たちの集合場所に見送りに行きました。日本に戻る飛行機だか船だかに乗るため、そこからトラックに乗せられたんです。

収容所に来たときと同じように、両手に持てるものと体にくくりつけられるものしか持っていってはいけないと言われていました。赤ちゃんを腕に抱えて、まだ二歳にならない子どももいました。この子は背中にもお腹にもオムツをしばりつけられていて、可哀想に、と思いましたよ。私たちはそれはもう泣いて泣いて別れを惜しみましたが、この友だちは日本に帰るとかたく決めていたんです(50)」

＊

ミニドカ収容所はツールレイクとはまったく別世界のようだった。ほとんどのベルビューの元住民は、移ることについてまったくためらわなかった。ハヤシダ、ハシグチ、ヤブキ、シライシらはみな、出て行くチャンスに飛びついた。ミニドカ収容所はアイダホ州中央南部の高地にある、セージブラシの生える広大な砂漠にあった。気候はツールレイクに似ていたが気温はわずかに低かった。政治的には非常に落ち着いていて、運動はほとんどなかった。どちらかというとなごやかなコミュニティだった。

アイダホ州南部は確かに収容所のような忘却の地にぴったりの場所だった。ほかの収容所の大半と同じように、ここもまた、いちばんの特徴といえば誰も行きたくないような場所ということだった(51)。あたりの風景は目を見張るようでもあり、実に不快でもあり、厳しいかと思えば癒されるようで、収容者の気持ちそのもののようだった。一年を通じて砂漠に風が吹き荒れ、風を止めるものといえばセージブラシだけだった。風は不快な天気を地獄のような日に変えることもあった。真冬日には寒波で零下三〇度にもなり、晴れの日が吹き荒ぶ風でたちまち吹雪にもなった。夏はつきさすような暑さを風がしのがせてもくれたが、同じ風のせいで砂がバラックの隅々や体じゅうの毛穴に張り付いてしまうようだった。

あたりの風景が気分を明るくさせてくれるときもあった。砂漠で見る夕陽は美しく、ひんやりとした早朝はすがすがしかった。収容所のあった広大な平原は、セージブラシがどこまでも続く土地だったが、その素朴な静けさに、収容者はそれなりの美しさを見いだした。けれどもそれは監視塔の銃で打ち消された。

ミチ・シライシは言う。「当時の私たちの気持ちは、言葉ではよく表現できません。今日は天気がいいなと外を見ると、小さな監視塔が目に入ります。兵士がそこから私たちを見張っているんです。そういう説明はできますが、どういう気持ちだったのか、はっきりとうまく言葉にできません。

若者は怒りと悲しみを感じてました。年長者は、明日はどうなるかという不安を抱えてました。また元のところに戻れるのかどうかわかりませんでしたから、別れるときには座りこんで泣くしかありませんでした」

収容所から出る道を見つけた収容者も多かった。マツオカ一家がそうしたように、西部の各州で、労働者として働くために出所を許された者もあった。やっと〝1―A〟に身分が変わった者は軍に志願し、あるいは最終的に徴兵された。だが大多数は収容所に残り、見せかけの日常に落ち着いた。

ミニドカ収容所は、タール紙で作られた紙の箱のような何列ものバラックが続いたつくりだった。五〇〇のバラックが四四のブロックに分かれて並んでいた。各ブロックにそれぞれ食堂、洗濯場、便所があった。収容所自体は長さ四キロメートル、幅一・六キロメートルの土地に建っていた。

人々はすし詰めのバラックを暖かな家にしようと努力した。仏教徒が多かったので部屋の片隅に仏壇が置かれた。かつての自宅で見られたような潔癖さが、収容所でも見られた。どの部屋も隅から隅まできれいに片付けられていた。収容所の生活はもちろん楽しいものではなかったし、何人ものアメリカ人が状況をさらに厳しくはしたが、戦時転住局の収容所はヨーロッパ（死の収容所になった）や日本の捕虜収容所のような過酷な状況にはならなかった。食料は比較的じゅうぶんにあり収容者は移動の自由も許された。大抵は監視つきで一日から三日、いちばん近くのツインフォールズまで行くものだった。

ツインフォールズは、現在もアイダホ州南部の商業の中心だが、当時は人口一万人の町だった。ミニドカ収容所の収容者はちょうど一万人だった。収容所と違って、町には店やレストランや自由があった。収容所当局は、二世がツインフォールズで買い物したり散策したりできるように、かなりの数の許可証を発行した。

ツインフォールズは広大な平原の真ん中にある僻地の農業の町だった。そのためやや昔気質だったとしてもうなずけるだろう。住民はほとんどすべてが白人で、東洋人を目にしたことのなかった者が大半だった。だいたいにおいて、住民はただ好奇心にあふれ、日系人をあたたかく迎えようともしたが、このような僻地でも偏見や敵意はよく見られた。町の店主は、日系人の若者が彼らには英語で話しかけ、友人とは日本語を話すのは失礼だと不平を言った。キワニスクラブがこれを受けて、収容所の所長に正式に抗議した。所長は収容所の新聞『ミニドカ・イリゲーター』紙を使って、地元の人たちの気持ちを汲み取るように呼びかけた。収容所全体で牧師やブロック・マネージャーや、仏教の僧が二世の若者に呼びかけた。(52)

大半の二世は従順に従った。町に行けることは最大の楽しみだったからだ。ミチ・シライシは収容所の食堂で働き、町に出かけるために金を貯めた。「確か食堂では一か月に一六ドルもらいました。一六ドルの小切手を貯めて、買い物に行ったものです。ちょっとの貯金でも行けましたし、とても楽しみにしてました。許可証は絶対に必要でしたけどね。

雑貨店のカウンターで飲んだミルクシェイクの味といったら！　本当にわくわくしましたよ。そんなことはもう絶対にできないと思ってましたから」

収容前に飼っていた犬を収容所に連れてくる許可も遂におりた。「当局から手紙が来て、犬を引き取ることができました。ボビーさんが電車に乗って連れて来てくれたんです。ボビーさんはずっと日記をつけてくれていました。犬と一緒にどこに行って誰と会って何をしたか、日記を送ってくれて、元気な様子を教えてくれていたんです。本当に素晴らしい人でした」

ミチの母親は最初は収容所に行くことを嫌がっていたが、すぐになじみ、出所したい様子ではなかったという。「食べ物が出されることにほっとしていたんです」。暇な時間ができた年長者の一世は、英語の授業を受けたり工芸品を作ったりした。常に賭けごとをしている男たちもいた。

収容者が食堂のスタッフとして加わってからは、特に食事の質も良くなった。「シアトル出身の腕のいいレストランの料理人が何人もいたんです。そういう人たちが食堂で順番にコックをやって、腕を競ったんです。手に入る材料でできるだけのことをしていました。ですからいろいろな和食やアメリカ風の食事が食べられたのは本当に幸運でしたね。各ブロックの食堂を回って、おいしいものを食べようとした人が多かったですよ」

収容所はごく円滑に運営されたが、もっと基本的なレベルでは、日系人の生活で伝統的に強かった家族の絆がばらばらになってしまった。特にティーンエイジャーなど若い二世たちは、家族とではなく友人と各ブロックの食堂で食べるようになった。夜は家族で過ごす時間ではなくなってしまった。ある二世はこう説明している。「家族が〝崩壊〟したわけではないですが、絆が弱くなってしまったんです」(53)

収容所でも人々の人生は流れていった。高齢の収容者が亡くなり埋葬された。赤ん坊が生まれた。そして若者が出会い、付き合い、何人もが結婚した。

アキラ・アラマキは、サクラメント出身の妻とパインデール集合センターで出会い、ミニドカ収容所で結婚した。セイイチ・ハヤシダもパインデールで知り合った妻とツールレイク収容所で結婚した。これはこの収容所ではじめての結婚式だったという。アサイシ・ツシマの娘ミチは、パインデールでホワイトリバー出身のトム・ニシムラという若者に出会い、ミニドカ収容所でも付き合い続けた。二人はシアトルの牧師エメリー・E・アンドリュースの立ち会いのもと、ツインフォールズの小さなバプティスト教会で結婚した。この牧師は日系人を支援したことで知られている。

こうして収容所で日々は過ぎていったが、ここで生涯を閉じた人もいた。

ケイノ・ヌモトと妻のメイは収容所に来たとき、結婚して二年足らずだった。二人にはジェニーという小さな娘がいた。強制退去のときも一緒で、収容所にも一緒に入った。だがミニドカ収容所に入ったあと、ヌモトは妻と娘を収容所に残して、外の農場で仕事を見つけることに決めた。

ヌモトはいくつかの農場で働いた。ボイシの東部にあるナンパ町の農場もその一つで、そこで白人の地主と親しくなった。ヌモトがこの農場で働いているとき、妻のメイが高熱で収容所内の病院に入院した。収容所の医師は原因を見つけられなかった。親しくなった白人地主はメイを収容所から出して、もっと良い医師にかかるように強く勧めた。収容所まで車で迎えに行こうという申し出をヌモトは受け入れた。

ヌモトは収容所に戻り、持ち物をすべて片付けて妻をナンパ町に連れて行った。「持っていたものはすべて車に乗せて友人の家に行って数日間泊まりました。そこで友人のかかりつけの先生が診てくれたんです。妻の顔を見た瞬間、何の病気かわかったようです」

医者はヌモトに、病院でいくつか検査をして様子を見るために入院させたいと言った。「二日後に見舞いに行くと、看護婦さんに『先生に会う時間はありますか、一〇時にはいらっしゃいますからお話がしたいということです』と言われました。もちろん、と答えました。それで先生は悪い知らせを教えてくれました。妻は狼瘡だったんです」

この病気はおそらく収容所の不潔な環境で感染したと思われる。進行の遅い自己免疫系の疾患で、はじめは皮膚に損傷ができ、最終的には内臓、特に腎臓にダメージが来る。診断が早ければ進行は食い止められる。だがメイの場合は発見が遅すぎた。

ヌモトは医師の勧めにしたがって、大病院メイヨー・クリニックに電報を打ち、入院できるか聞いた。「電報の返事はすぐ来ました。だめだ、助けることはできないと。本当に落ち込みました。手の尽くしようがないとわかったからです。見込みはゼロなんだと。最悪の知らせでした」

間もなくメイは亡くなり、近くの町キャルドウェルに埋葬された。ヌモトはミニドカ収容所に娘と戻り、やり直そうとした。

ヌモトの例は、当時の収容者にとって例外ではなかった。収容所の生活は耐えられないものではなかった、運悪く病気になったり怪我をしたりさえしなければ、と何人もが言っている。

「病気になったり怪我をすると命に関わりました」。エド・スグロは言う。当時まだ少年だったスグロは鉄棒で遊んでいたとき手を滑らせて落ち、腕を折った。「ちゃんと固定してくれなかったんです。ギプスはありませんでした。包帯を巻いて動かないようにしただけです」。いまでも両手を伸ばすと、前腕が真ん中で弓のように曲がっている。

収容所の医療班は常に人手不足だったが、ほめたたえる人もいる。チズコ・ノートンは母親が病気になったとき、医療班が素晴らしい活躍をしてくれたという。

「母は四二年に病気になりました。…首やいろいろなところが痛いと言ってね。…母のあとをついて友人と歩いたのを覚えています。とても痛がっているのがわかりました。もうあまり動いたりすることができなくなって、家で寝ているように言われました。そして、とても優しい一世の在宅看護師さんが毎日来てくれたんです。もう一人、二世の助手さんと二人で、母が入院しなければならなくなるまで来てくれました。私は仕事をしていたので、入院先に世話に行きました。亡くなるまで半年入院していました。…当時としてはできる限りのことをしてくれましたよ。お医者さんもとても素晴らしかったと思ってます」

ツールレイク収容所で、母親の死はチズコが父と姉との関係を見直すきっかけになった。

「それでよかったんです。お互いが必要でしたし、絆が強くなりました。私たちは三人一緒に〝育った〟のよね、とよく笑いあったものです」(54)

*

農場で働き口を見つけて収容所を出るという道は、特に農業に慣れていたベルビュー出身の二世に人気があった。けれども広大な土地に作物を数種類だけ植えて生産性を上げる農法は、彼らにとって目新しいやり方だった。アイダホ州南部、モンタナ州、ユタ州のテンサイ農家とイモ農家は、労働力が来たことを喜んだ。一方、元農家だった収容者は、収容所でただ何もせず過ごすのではなく、やることができたのを喜んだ。

セイイチ・ハヤシダは、隣人だったハシグチ一家と一緒にアイダホ州キャルドウェル近くのテンサイ農場で働いた。「キャルドウェルの農場に一緒に行きました。私は四年いて、ここのやり方を学びました。トラクターの仕事もやりましたが、手作業はあまりしませんでした。

それは、シアトル近辺でやっていたような農業とはまったく違いました。とても規模が大きかったですし、作物も私たちが作っていたものとは違いました。テンサイは作ったことがなかったんです。…ですから農場の種類もやり方も違ったし、面積もはるかに広かったわけです。シアトルでは一〇エーカーの農場で、それでも家族でやっていくにはかなり広かったんですよ。でもあそこでは何百エーカーもありましたからね」

アラン・ヤブキも同じような道を選んだ。「アイダホ州ワイザーに行って、収穫の時期にレタスやイモやタマネギを取りました。たいへんな労働でしたよ。…私は背が低いから、トラックの荷台が胸のあたりまで来てしまう。芋を掘って、それを荷台の上に投げるんです。

これじゃあたいへん過ぎるから、トラックの上で袋を並べる係をやらせてくれと申し出ました。そのほうが楽だと思ったんです。トラックの両側に三人か四人、袋を渡してくれる人がいて、こちらは二人でそれを載せて荷台に並べたんですがね。いや、本当に倒れるかと思いましたよ」

ジョー・マツザワは言う。「たいへんな重労働でした。ユタで砂糖工場で働いていたんですが、私も同じことをやりました。トラックに来たものを並べていかなきゃならないんです。三〇袋分ぐらいだったでしょうか。ものすごく高く積み重ねていくんですが、それでもまだ来るんですよ。

作業員は四、五人いましたがね、ベルトはずっと動かさなきゃなりません。一つ落として誰も拾わなかったらまた元のペースに戻すために走らなきゃならないんです。休憩時間のときに気を失ったこともありましたよ。休みは夜、一度しか取れませんでしたからね」

仕事を見つける男性が増え、志願兵になった者もいたため、収容所の様子は徐々に変わり、女性や高齢者、子どもが大半になった。男性は高齢の一世とまだ子どもの二世が大多数を占めるようになった。

収容所はいつ閉鎖されるのだろうかと考え始めた者が多かった。当局には戦争が終わるまでだと言われていたが、もっと早く閉鎖されるかもしれないことを示す兆候があった。

もっとも大きな兆候はいちばん気づかれにくいものだった。それは、一世の両親の窓に貼られた金色の星で、息子が海外で戦死したという知らせだった。戦争が長引くにつれて、その数は目立って多くなった。

当時はほとんど誰もわからなかったが、最終的にこの星が収容所の門を閉める力となった。

第五章　当たって砕けろ

われわれがこの件について片を付けたいなら、そして、偏見やファシストからの恥辱を金輪際受けないようにするため、決定的にアメリカ人の一員になるなら、方法は一つしかない。それは、その資格がある者がアメリカ合衆国の軍服をまとい、死ぬ気で戦うことだ。

（一九四三年一月『ミニドカ・イリゲーター』紙の社説）

キム・ムロモトとキヨ・ヤブキは一九歳だった。暴動が起きる前からツールレイク収容所から出たくてうずうずしており、一九四三年一月、アイダホ州ワイザーの農場で働くことに決めた。両親は収容所に残ったが、二人は早めの植え付けの時期に仕事を始めた。

「やつは夜、私は昼間に畑仕事をやってました。そして突然、もうお別れだ、とやつが言ってきたんです。

どこに行くんだい、と聞いたら、軍に志願したんだと言って、それで行ってしまいました」

キヨ・ヤブキは大半の二世と同じように忠誠登録の二つの質問にイエスと答えた。農場で年季奉公の労役をやるのはもうごめんだと考えたのだ。

*

戦時転住局のディロン・マイヤー局長は、一九四二年七月から陸軍省ジョン・マクロイ陸軍次官補に、陸軍の方針を変えて、日系二世だけの部隊の編成を許可するように説得していた。

その年の一一月、JACLと戦時転住局と陸軍省は、二世の志願が許可されるべきだと決定した。マクロイはヘンリー・スティムソン陸軍省長官に、ハワイ日系二世部隊の第一〇〇大隊はすでにウィスコンシンで特別訓練を受けていると説明し、収容所の二世を徴兵して彼らに加わらせることを提案した。こうして日系アメリカ人の部隊を新たに作る計画は、スティムソンとルーズベルト大統領の正式な同意を得た。一九四三年一月一日、ジョージ・マーシャル大将がこれを発表し、第四四二連隊戦闘団が二月一日に編成された(1)。

二世が志願兵になる意思があるか検討するために、戦時転住局は例の忠誠登録を作り、大きな怒りを巻き起こして、コミュニティを引き裂くという不幸な結果をもたらした。そのなかで一二〇〇人の二世が、徴兵されたら戦争に行くことに同意した。それは、志願兵三六〇〇人という戦時転住局の目標には及ばなかったが、この計画を維持するにはじゅうぶんだった。

収容所の立役者の一人だったデウィットは、忠誠登録の有効性を疑い、この計画に反対した。もともと収容所は日系人の真の忠誠心は証明できないという考えに基づいて作られたのだ。そのような矛盾があるなか、単なる忠誠登録に何の意味があるだろうか。「忠実な日系人などあり得ない。調査だけで忠誠をはかることは不可能だ」。デウィットはアレン・ガリオン憲兵司令長官に申し立てた。またマクロイには、忠誠登録は「弱さの印であり、元々の間違いを認めることになる。忠誠心をはかることができるのなら、最初から強制退去はさせなくてよかったのだから」とクギを刺した(2)。

強制退去を支持していた者たちは、この意見が正しいことに気づき始めた。だがデウィットのこの意見は彼自身にはねかえってきた。強制退去を計画したカール・R・ベンデソン大佐は、忠誠登録に強く反対したが、個人的には強制退去についての疑問を口にし始めた。彼はマクロイの補佐にこう話している。「もちろん、忠誠心をはかる問題は白人においても同じだろう」。忠誠登録をやることは「甚大な間違いを犯したのだと告白することになる。…収容者をふたたび解放するためだけにわざわざ八〇〇〇万ドルかけて収容所を作ったことを正当化するのは非常に難しい(3)」

だがそのころには、デウィットの信用が地に落ちたことはすでに明らかだった。デウィットは軍事地域、すなわち西海岸におけるすべての兵士に一時休暇や休暇を与えることに反対し、議会で上官に対して二世部隊の計画を非難したあと、西部防衛軍からワシントンの陸海軍幕僚大学の学校長に、いわば昇進する形で異動させられた(4)。

二世兵士の数は、はじめはゆっくりだったが確かなペースで増えていった。日系人収容が大きな過ちだったと証明されてしまうだろうというベンデソンの恐れは、間もなく現実になった。

＊

キヨ・ヤブキとリョウミ・タニノは早くから志願した二世兵士だった。ヤブキは忠誠登録に「イエス・イエス」と答え、四四二連隊に志願してツールレイク収容所からミニドカ収容所に移された。「ツールレイクで志願したんですが、遅すぎたので、アイダホ州のミニドカ収容所に移ってから召集されました。妹がミニドカにいたので、母と妹を同じ収容所に入れることが目的でした。ミニドカでは徴兵されるまで収容所外の農場で働いていました」

ベルビュー・ハイスクールの一九四一年卒業生総代だったタニノも喜んで志願した。戦争が勃発したとき、彼はワシントン州プルマン市のワシントン州立大学にいた。両親はパインデール集合センターからツールレイク収容所に送られたが、プルマン市は軍事地域の圏外だったので、彼は大学に残ることができた。

大学の仲間はおおむね、真珠湾攻撃のあとも変わらずに接してくれたとタニノは言う。「同情してくれたやつが多かったです」。だがスパイだという容疑はここにも及んだ。「私は大学のＲＯＴＣ（予備役将校訓練団）に入ってました。けれど戦争が始まったあとは、日系人だからと、追い出されたんです。頭に来て二、三人の仲間と一緒に学長に文句を言いに行ったところ、戻してくれました。友人は、ＲＯＴＣの訓練で六時半に起きなくてよくなったんだから、ラッキーじゃないか、と言ってましたがね。追い出された理由は、新型の兵器を扱うから、ということでした。それは、バズーカ砲のことだったんです。そして一年後には、自分がそれをフランスの山中で引きずっていたというわけですよ」

タニノは一九四三年一〇月、アメリカ陸軍に志願した。「ちょっと奇妙でしたよ。徴兵委員会の通知書には、私は4―C敵性外国人として分類されていました。そこで徴兵委員会に行って文句を言ったところ、志願したいならすればいいと言われました。確かそのときにはもう日系人の志願兵を受け付けていたんです」

ジョー・マツザワは一九四四年はじめに徴兵された。マツザワはすでに一度徴兵されていた。「私の番号が当たって徴兵されました。……戦争の前でした。それから実際に戦場に行く前に戦争が勃発したんです。それでまた分類が変わりました。一度は1―Aだったんですが、今回は4なんとかっていう敵性外国人でした」。そしてふたたび1―Aに変わり、ユタ州のテンサイ農場の仕事をやめて軍隊に入った。

収容所では、入隊するかしないかが人々の分断を深めた。まず、志願した何人もの二世やその家族はいやがらせを受けたという。それは収容所のいくつかを牛耳っていた親日派が彼らを裏切り者の「イヌ」として見ていたからだ。対立を避けるために、志願した二世はすぐに収容所から移されることが多かった。(5)一方、同じように勇気があったのは、市民としての権利を主張して徴兵に抵抗しようとした者たちだ。ハートマウンテン収容所の二世はその例だ。彼らは公正委員会を作り、徴兵をする前に日系人の権利を取り戻し、収容所を閉鎖して、日系人排斥を終わらせることを要求した。

われわれと公正委員会のメンバーは戦争に行くことを恐れるものではない。また、祖国のために命を惜しむものではない。憲法と権利章典で定められたこの国の原則と理想を守り支持するためには喜んで命を捧げる。日系人とほかのマイノリティすべてを含むあらゆる人の自由、正義、保護はその不可侵性にかかっているが、そのような自由、正義、保護がわれわれに与えられただろうか。いいや！　憲法と権利章典で保障されているいずれの審問も、しかるべき法の手続きもなしに、何の起訴も犯罪の証拠もなしに、一一万人の人々が家から追い出され、長年住んでいた場所から根こそぎにされ、危険な犯罪人のようにかき集められて、鉄条網とMPの監視付きの収容所に入れられた。そしてその不正が正されることも、憲法で保障された権利が回復されることもなしに、差別的な手続きによって、人種別の戦闘部隊に入れとわれわれは命じられている。これがアメリカ的なやり方だというのか。いいや！」(6)

政府はハートマウンテン収容所の抵抗を即刻、無慈悲に抑えた。公正委員会のメンバー六三人は、徴兵忌避のためにすぐに逮捕され、シャイアン裁判所の集団裁判でたちまち有罪となり、三年の判決が出された。最高裁判所は後年、上訴を却下している。公正委員会のリーダーたちは謀略の罪に問われたが、この判決は、一九四五年後半に憲法違反だとして覆されている。彼らだけでなくミニドカ収容所のおよそ四〇人も徴兵を拒否し、ほかの収容所にも同じ道を選んだ者がいた。だが彼らの勇気はすでにお膳立てされた裁判で同じように踏みにじられ、アメリカの裁判制度は地に落ちた。たとえば、ミニドカ収容所のケースではチェース・A・クラークという連邦判事が裁判を行なった。彼はこの数年前アイダホの州知事として、ルーズベルト政権に収容者を収容所に入れておくように強制した人物だ。そして、日本人と日系人に対する憎悪を何度も公言してはばからなかった。抗議者の法的訴えは収容自体の合憲性を非難するものだったが、クラークは辞退することを拒否しただけでなく、地元ボイシ市の弁護士に無料で引き受けるように言いつけた。彼らはまともな弁護などせず、法廷で自分が弁護するべき相手を非難した者もいた(7)。

このような状態のなかでは、当初、陸軍が徴兵に対してそれほど熱烈な反応をしなかったのもうなずける。だがこれもその後の数か月で変わった。一九四四年一月、日系アメリカ人を徴兵の対象に入れることによって、兵士数は増加した。このときには、二世の多くは徴兵に賛成していた（むろん反対者はいたが）。これは、おそらくハワイ第一〇〇大隊のおかげである。

*

第一〇〇大隊は真珠湾攻撃の直後に志願したハワイ出身の兵士で構成されていた。ハワイの陸軍司令官は日系人の強制退去には反対した。ハワイの経済と農業が大きな打撃を受けるからだ。したがってハワイの二世は軍に入隊することができたが、全員日系人だけの部隊に入れられた。

「連中はいつも結束していました。ハワイでも差別があったからです。みんなでまとまって何でもやり、一人一人で何か行動するということはありませんでした。一人が問題を起こすと全員が問題を起こしました。キャンプ・シェルビーでもそういうやり方でしたよ」。ジョー・マツザワは言う。

第一〇〇大隊はずっと訓練を続け、ヨーロッパに送られたはじめての二世部隊となり、一九四三年八月、まず北アフリカに着いた。アイオワ、ミネソタ、ネブラスカ、ノースダコタ、サウスダコタの農場出身者で構成された第三四歩兵師団に属することになった。第一〇〇大隊はこの師団とともに、直ちにイタリア南部の戦場に送られた。

彼らはサレルノからヴォルテール川への猛攻撃に参戦した。ヴォルテール川では激しい抵抗にあった。

戦闘を繰り広げて川を渡ったあと、北はフォッジアへと進み、モンテカシノの修道院で総力戦が繰り広げられた。これは山上にあった古いベネディクト派の修道院で、標的のドイツ軍の部隊が最後の砦にしていた。あまりの激戦にこの修道院はがれきと化した。修道院はほぼ制覇したが、第一〇〇大隊は多くの死傷者を出し、再編成のために撤退しなければならなかった。その後この戦いを終わらせるために五つの師団が必要だった(8)。

この偉業はアメリカでたくさんの新聞の見出しを飾り、日系人は思いがけない栄光を手にした。イタリア発UPI通信の記事には、「笑顔で任務」との説明がついている。『ライフ』誌は、負傷して目のまわりに包帯を巻いている日系兵士の写真を一ページ全面に載せた。ワシントン発のニュースでは、陸軍省の報告を次のように説明している。「彼らは典型的な日本人の悪人のイメージとはかけ離れている。ちょうど生粋のアメリカ人が首狩り族とはかけ離れているように。彼らは自分の行ないを信じている。そして、それだから落ち着いて見えるのだ。ほかのよきアメリカ人と同じように人生を楽しんでいる。自分が住んでいる世界を好きなのだ。

彼らは何も求めない。…彼らは私たちと共に戦いを引き受けているのだ(9)」

こうして突然、日系人に対する好意的な見方が強まり、マクロイはそれまで何か月も訓練していた四四二連隊を配備することができた。一九四三年一〇月一二日、彼は参謀長にあてて次のように書いている。「イタリアの第一〇〇大隊の活躍によって、適切にスクリーニングがされれば、日系人はわれわれの国防にとって脅威ではないこと、そしてわれわれの軍は彼らと共に戦っても、完璧につとめを果たせることが証明された。少なくとも日本人を相手に戦っていないときは(10)」。一九四四年三月には、収容所から募兵された最初の兵士が第一〇〇大隊の補充兵としてヨーロッパへ送られた。

二世兵士は、一九四三年の夏からミシシッピ州キャンプ・シェルビーで兵隊なら誰でも受ける苦しい訓練をくぐりぬけてきた。ジョー・マツザワは言う。「集合センターのあったパインデールに似ていますが、あそこよりもひどかった。訓練はぜんぶ蒸し暑い沼地でやったからです。ツツガムシや蚊、アメリカマムシがいる沼地を這わなきゃならなかった。身体的には実際の戦闘よりもしんどかったです」[11]

最初の二世部隊の訓練がほかと違っていた唯一の点は、彼らは木製の銃で訓練され、監視下に置かれていたことだ。これは、彼らが信用できないと考えた上官もいたためだ。第一〇〇大隊の成功のニュースが伝わってきたとき、ようやく二世は本物の銃で訓練をすることが許された。兵士らは祝杯をあげた。やっと戦えることがわかったからだ。

そして彼らはまさに戦った。戦争が終わったころには戦死者、行方不明者、負傷が原因の死亡者数は合わせて七三一名になった。三七一三人が負傷して名誉負傷賞を受けた。五九七人はブロンズスター賞、二四九人はシルバースター賞を授与された。だが名誉勲章を受けたのは最近まで一人のみだ。[12]四四二連隊は同じ規模の部隊のなかで、第二次世界大戦でもっとも勲章を受けた部隊となった。戦闘に参加したのは遅かったにもかかわらず、一万八〇〇〇個の勲章を手にした。だがこの部隊には一度に四五〇〇人以上の人数がいたことがなかった。[13]

＊

ライ・タニノとジョー・マツザワは、Dデイの翌日一九四四年六月七日、四四二連隊の一員としてヨーロッパに上陸した。イタリアのナポリの、がれきと化した港だった。次の日、部隊はアンジオに進軍した。ここでは、カシノの戦闘で大きなダメージを受けて人数が少なくなっていた第一〇〇大隊に加わった。第一〇〇大隊は四四二連隊の第一大隊として正式に任命された。

訓練キャンプではハワイと本土の日系二世のあいだにいさかいが起きていた。本土の二世はハワイ英語で「豚の頭」という意味の「ブッダヘッド」とハワイ二世を呼び、ハワイ二世は空の椰子の実が地面に落ちるときの音になぞらえて本土の二世を「コトンク」と呼んでいた。キャンプ・シェルビーでは、いさかいが大げんかに発展したこともある。だがイタリアで四四二連隊が第一〇〇大隊に合流し、数日後には共に戦闘に参加した。第一〇〇大隊は四四二連隊を戦いに慣れさせなければならず、仲間割れをしている時間はなかった。

部隊はアンジオから北上し、内陸に進み、ベルベデーレを通って何ごともなく進軍した。だが六月二六日、ベルベデーレを出た最初の部隊がドイツの部隊に出くわした。これは予想を大きく外れた展開だった。通信がうまくいかず、兵士たちは何度も戦車の砲撃にさらされた。また無線が壊れていたため、予想外のところに敵が現れた。

タニノはこう話している。「最初の日はこてんぱんにやられました。信号が混乱したんだと思います。うちの部隊は予備軍のはずでした。ですからただ歩いていて、そして橋に差しかかったんです。橋に入ったとたん、敵が撃ってきました。三〇秒あとだったら、うちの部隊は全員橋の上にいて全滅していたでしょう。ですが、そのとき橋の上にいたのは最初の何名かだけだった。全員散り散りになりました。

私は橋に足を踏み入れたところでした。橋の下を見たのを覚えていますから。一つよく覚えているのは、橋に差しかかったとき、死んだドイツ兵がいたことです。顔が吹き飛ばされてました。奇妙なのは、まったく気の毒に思えなかったことです。若いなあ、まだ親もいるんだろう、親や兄弟はかわいそうだなと思いましたが、本人は気の毒だと思わなかった。もう死んでましたからね。それが死んだドイツ兵を見たはじめてのことでした」

本物の銃弾にさらされたのも、それがはじめてだった。「みんな散り散りになったとき、私はやぶに這いつくばっていました。機関銃の銃弾が葉っぱに当たるのが見えましたよ」

この戦いのほとんどにおいて、ドイツ軍は少しの距離を後退して待機していた。三日たち、ドイツ軍が撤退して、ベルベデーレの戦いはようやく終わりを告げた。四四二連隊はふたたび北上し、今度はルチアナという町に進んだ。目的は海岸の町リボルノを掌握することだった。

それを阻むものは〝一四〇高地〟だった。これはドイツ軍の要塞で、進軍する部隊にとって大きな障害だった。丘の上にあったため、あたりの広々とした田舎の地に砲火を浴びせることができた。一九四四年七月二日、四四二連隊は迫撃砲と銃火をあられのように浴びた。[14]

ジョー・マツザワは言う。「私は一四〇高地にいました。いちばんの激戦があったところです。私が戦闘に参加したのは七月四日の独立記念日でしたが、お祝いの花火の代わりに銃火をたっぷり見ましたよ」。負傷者があまりにも多かったので、のちほどこの場所には「リトルカジノ」というあだ名がつけられた。

「本当にたくさんの人間が死にました。……死んで、吹っ飛ぶのを見ました。よく知ってたやつらです」。

マツザワはそれ以上話したがらなかった。

相譲らぬ激戦が三日間続いた。日系部隊の大砲隊が着き、ドイツ軍の陣地がたちどころに決定的なダメージを受けて、ドイツ軍はやっと屈服した。何百人ものドイツ兵の死体が転がる風景は、戦いの場数を踏んだ者にとっても、見るもおぞましいような光景だったという。

一四〇高地の戦いから間もなく、マツザワは輸送部隊に配属された。戦争が終わるまでそこで機械工や運転手として働いた。それからはほとんど戦闘を見ることがなかった。

＊

四四二連隊は引き続きドイツ軍を後退させ、七月一八日にリボルノを陥落した。次の数週間、前戦から外され、北方での作戦に向けて掃討を行なった。九月、連合軍がアルノ川を渡ってまもなく、四四二連隊はフランスに送られた。

補充兵だったキヨ・ヤブキは、アルノ谷を渡ろうとする四四二連隊に加わった。作戦は終わり、部隊は北方、フランスのマルセイユに送られ、家畜用の貨車でヴォージュ山脈に着いた。

一〇月半ばのヴォージュ山脈は、暖かく乾いた気候のイタリアにいた兵士たちにとっては大きな環境の変化だった。ヤブキが育ったアメリカ北西部のように、フランスとドイツの国境の山中は雨が多く、草木が生い茂っていて寒かった。特に冬が近づいていたので毛布やコートがすぐに重宝されるようになった。

四四二連隊の目的はブリュイエルという、ローヌ谷にある小さな村だった。一九四四年九月三〇日、連合軍はブリュイエルのドイツ軍の要塞を包囲していた。ここは泣く子も黙るドイツ武装親衛隊が守っていた。四四二連隊は一〇月一四日に着き、翌日に攻撃を始めた。

ドイツ軍がこの町をおさえられたのは、町のまわりにある四つの丘の上に大砲を設置したからだった。この町は重要な道路につながっていたため、ドイツ軍は連合軍に奪われまいとしていた。日系人部隊に課せられていたのは、まずはじめにこの丘と町を徐々に攻め、砲撃を浴びせ続けることだった。うっそうとした森を進んで丘を攻めようとするなか、隠れていたドイツ狙撃兵が機関銃を撃ってくる。森のなかには地雷や偽装地雷があらゆるところに埋められていた。もっとも恐れられたのは〝ダウンシングベティ〟、あるいは〝ナットクラッカー〟と呼ばれた地雷だ。地面から一メートル半の高さで爆発し、榴散弾が散らばり、あたりのすべてを破壊する。上からは大砲とロケット砲が雨のように砲火を浴びせた。〝スクリーミング・ミーミーズ〟と呼ばれたロケット砲は、誰かが絶叫しているような音がした。兵士たちがもっとも震え上がったのは〝ツリー・バースト〟で、木の上で爆発し、榴散弾が体や頭を恐ろしい力で突き刺すのだった。

ライ・タニノはライフル銃兵から昇格し、F隊のバズーカ砲を運ぶ任務についていた。「ブリュイエルに行ったのは覚えています。夜ドイツ軍がうちの部隊とほかの部隊のはさみうちになったんです。それはもうひどい激戦でした。ドイツ兵の死骸がいたるところに転がってました。

その朝は起きて、壕から出て伸びをしていたんです。それでふと見ると、ここからあの家までぐらいの距離のところに〔九メートルほど〕、兵士が立っていた。よく見ると、ドイツ軍のヘルメットをかぶってました。

次に、ほかのやつも誰かを見つけたようで、あちらこちらでライフルの撃ち合いが始まりました。私は壕に戻りました。走ってる敵が見えて、銃を撃つと消えてしまうんです。小さな砂利坑があってそこに飛び込んでいたんです。ひどい激戦で、八〇人ほどドイツ兵が死んだでしょうか」

一〇月一八日、四四二連隊はようやく四つの丘のうち二つを落とした。その夜、最初の二世兵士の斥候が町に入り、次の日の夜までには完全に掌握した。残りの二つの丘もたちまち陥落した。

タニノと相棒はバズーカ砲の扱いがまだよくわからなかった。「ブリュイエルに入ったときのことを覚えてますよ。道に戦車を止めるための丸太がありました。戦車がやって来るのが聞こえました。行ってみると戦車が見えたので、数ヤードぐらいのところまで近づいてくるのを待ちました。砲弾を入れる係のやつが入れる準備をしていたんです。いまでも覚えてますが、バズーカ砲は端に二本のワイヤーを付けるんですが、短すぎて結べなかった。欠陥品だったんでしょう。

まずいぞ、ワイヤーが届かない、と言うやつに、取り外せ、と言って別の砲弾を使いました。戦車は向きを変えて去ろうとしていました。

ワイヤーが結べたときには戦車は行ってしまいました。完璧に撃てる位置にいたのに、逃してしまったんです」

遂にドイツの要塞は崩れ、ブリュイエルの村人はドイツ軍から解放してくれた者を見に来た。アメリカ軍の軍服を着た日系人を見て、驚いたようだ。ある者は「奇妙なアメリカ人兵士たち」と言った。だがその夜は、解放された祝いにワインとソーセージを持って二世を歓待した。(15)

ブリュイエルの村人は、日系人兵士と仲良くなった。特に子どもには親切だと評判になったからだ。

「うちの息子にお菓子を、夫にはタバコをくれて、私には庭にあったキャベツの代金だとお金をくれました。キャベツを取っていいか、わざわざ私に聞いてくれたんですよ」(16)。後年、ある住民は話している。

＊

キヨ・ヤブキは戦った戦場をすべて覚えているわけではないが、それが「血みどろの戦い」だったことは覚えている。ブリュイエルのあとは、記憶がぼうっとしている。

「戦争では、自分がどこにいるのかよくわからないんです。ただそこにいたということだけしか」

ブリュイエルのあとはラ・ブロカンヌ、ベルモント、ビフォンテーヌなどの村々だった。フランスの国境近くの戦いのほとんどは木が生い茂る山中だった。ここでもツリー・バーストがもっとも恐ろしい脅威となった。ライ・タニノは榴散弾が足に当たり、戦闘から外された。

「ほとんどの場合、自分の体がちょうど入るくらいの壕を掘るものなんですが、不思議にも、この日はすごく深い穴で私はこんな感じで入っていたのを覚えてます。

ブリュイエルのすぐ近くでした。迫撃砲が撃たれ始めたとき、こっちに来たのが聞こえました。壕は二人用だったので二人で入ってたんですが、たぶん迫撃砲がこっちにもろに落ちたんでしょう。私は壕からなんとか抜け出して救護班のところに行きました。三か月も戦闘から外されましたよ」

キヨ・ヤブキは言う。「敵と接触するときもありましたが、負傷のほとんどは迫撃砲のせいでした。遠くから撃ってくるんですが、迫撃砲の音が聞こえるなら、心配しなくていいと聞いてました。聞こえないときが、危ないんです」

自分が撃たれたときは、音が聞こえなかったという。「ただ撃たれた、と感じただけでしたよ」

＊

一方、フランス国境近くのヴォージュの山中では、テキサス州出身の二七五人の兵士が敵の戦線から一四キロメートルのところで追い詰められて、孤立してしまっていた。彼らは「失われたテキサス大隊」と呼ばれた。ある元兵士は言う。「少将からただただ進めと命じられたんです。進軍しすぎて後続部隊が皆無になり孤立してしまいました。少将は別の部隊に救出作戦を頼むはめになったんです(17)」。そしてそのわずか数キロメートル西にいた四四二連隊が、その「別の部隊」になった。

すでにほかの部隊も友軍として送られていた。だが、後続部隊もなしに敵地に進まなければならなかったため、反撃され後退していた。テキサス部隊はビフォンテーヌとサン・ディエの近くの山中の台地で孤立していた。救出には敵陣を突破して台地に行き、逃げられる道を作ることが必要だった。

敵地を正面突破したことをこうたとえた兵士もいる。「敵が左右にいる狭い廊下を、迫撃砲、機関銃、大砲すべてが降ってくるなか、くぐり抜けるようなものでした(18)」。ドイツ軍はうっそうと茂った森の奥に、遮蔽で隠した穴の下に機関銃を持って潜んでいた。敵が来るとそこから飛び出して撃ってきた。その上、ツリー・バーストとスクリーミング・ミーミーズと、迫撃砲が常に降っていた。

この戦場から生きて帰れるかどうかは、ただ運の良し悪しにかかっていた。ある元兵士はこう話している。「戦闘では何度も〝死ぬ〟んです。…毎分毎秒、恐怖を感じています。いろいろなことが怖いんです。…いまから何が起きるのか、怯えています。いつも危険な状態で、安全なときなどありません。

弾幕が張られて敵が襲ってくる。あるいはこっちが敵を攻撃する。そうなるといずれやられるんです。敵は待ち構えてますから、生き延びる確率は低い。こっちは向こうを根こそぎにしようとしているわけです。そして、いずれはやられてしまいます。

運が良くなきゃだめです。絶対死ぬんだって言う人もいますが、その日たまたまいる場所や時間によって変わりますね(19)」

キヨ・ヤブキの部隊は、敵陣を突破しようとしてひどい弾幕にさらされた。全員が匍匐前進で進んだ。いきなり榴散弾が木の上から降ってきて、ヤブキの足に当たった。

「そのとき本当に母親っていうのは大切なんだと身に染みました。撃たれた瞬間、お母さん、と叫びたかった。でもそれじゃあまりにも子どもっぽいと思ったので、確かマンマミーア、とかに言い換えた。でも心のなかでは、母のことを思ってました」

誰かわからないが助けにやって来た。「戦車が近くにいて、看護班がやって来ました。戦車の下に私を置いて、守ってくれた。覚えている限り、意識はありましたよ。ひどく痛みましたが、モルヒネをくれたんでおさまりました。仲間が看護ステーションまで運んでくれて、そこから野戦病院に運ばれました」

医者は片脚だけでも救えるかどうかまだわからないと言った。両脚とも膝から下の負傷がひどかった。キヨ・ヤブキの戦争は終わった。

四四二連隊は、ドイツ軍の塹壕を突破しながら、膨大な死傷者を出した。第三六師団第七軍のジョン・ダールキスト少将は、下士官と大佐と戦場に来た。ダールキスト少将の戦略が、テキサス大隊の救出が必要になった原因だった。敵の猛攻撃で動けなくなっていた部隊に、少将は「進め！　進むんだ！」と命令したが、誰も従わなかった。そこで自ら進んだところ、すぐに下士官が撃たれて死んだ。ダールキストは直ちに進むのをやめて、兵士に進軍をまかせた。

そのとき部隊は行き止まり状態にあった。砲兵隊の援護ははるか後方にあり、戦車が入れるような地形ではなかった。兵士は銃剣を銃につけ、山中を決死の覚悟で進んだ。このときバーニー・ハジロという兵士がいた。軍法会議にかけられて軽罪で送られてきたばかりだった。彼は、もうたくさんだというように怒鳴った。「もう何だっていい。当たって砕けろだ！」そう言ったかと思うと、敵兵に銃を撃ちながらまっすぐ突き進んだ。これに刺激されて、ほかの兵士も声をあげ銃を撃ちながら続き、徐々に台地に向かって進んで行った。ハジロは軽傷しか負わなかった。[20]

テキサス大隊のところに最初に行き着いたのは第一大隊の兵士だった。ついに一〇月三〇日、四日間の戦闘を経て、失われたテキサス大隊は救援部隊に会い、安全な場所に移された。これを実現した二世兵は、二一〇〇人の死傷者を出した。「当たって砕けろ！」（"Go for broke!"）は、四四二連隊の正式なスローガンとなった。

*

キヨ・ヤブキにとっての戦争が終わったころ、キム・ムロモトの戦争は始まったばかりだった。ヤブキはアイダホ州ワイザーの農場にいたが、志願して入隊した。ムロモトは、同じ農場の仲間何人かと一緒に、少しあとに徴兵された。一九四四年一一月にラインラントに着いたが、これはちょうどヤブキが戦場を離れたときだった。ムロモトが補充兵としてやって来たのは、最後の敵陣突破が成功した数日後だった。

「人が本当に足りなかったんです。補充兵は少しはいましたが、じゅうぶんじゃありませんでした。私が入ったころ、小隊には六人か七人しかいませんでした。ふつうは三六人いるんです」

四四二連隊はフランスとドイツの国境の地に陣を張った。戦争が始まったころドイツの戦車で潰された古いマジノ線要塞の近くだった。このときはもうほとんど戦いはやんでおり、静かなクリスマスを楽しむことができた。「そのときは後援部隊でした。それから一月にまた補充兵が来て、人数が増えました。ですが第五二二野戦砲兵大隊を失いました。…連中は北上してパットンの援軍に行ったんです。私たちはひそかにマルセイユの方に進んでからイタリアに戻りました」

北イタリアで米軍が最後に展開したポー・バレーの戦闘が始まったばかりだった。これはドイツ軍を散り散りにするための牽制作戦だった。同月上旬、連合軍はジークフリード戦線を突破し、ドイツ西部を撃破した。ヒトラーは全面退却していたが、ドイツ軍は変わらず全力で戦っていた。両軍とも引き続き死傷者が絶えなかった。

四四二連隊は三月終わりに着いた。リハビリが終わったライ・タニノもいた。「最後の戦闘は本当に恐ろしかったです。もう戦争が終わるとわかってましたから。山を登らなければいけなかったんですが、ある山では片側に九〇メートル程の開けた地がありました。ドイツ軍がそこにいて、銃弾が飛び交うのが見えました。でもそこを突破しなければいけなかったんです。敵はそれほど正確に撃ってはいないようでした。

向こう側に行くと、平地にさらされた形になりました。平地ではあまり選択肢がありません。山を越えるときは這いつくばり、平地は走って渡りました。渡り切るあたりがいちばん恐ろしかったですね」

戦場での死には不思議な無作為さがあったとキム・ムロモトは言う。「前哨地点があるカラーラの上の山を登っていました。山をまっすぐ下るとカラーラに着きます。動くたびに機銃が火を噴きました。最初は三六人いたのが、最後には一六人に減ってました。二〇人亡くなり、残りは負傷者です。私のすぐ隣で死んだやつもいます。ハワイ出身のやつでした。道で這いつくばっていたら、機銃の一斉射撃を受けて三か所撃たれたんです。私は運良く、かすり傷さえ負いませんでした」

ムロモトは自分が抜群のツキの持ち主らしいと考えている。「ほかの山を登っていたときも、また隣にいた仲間が耳を撃たれたんです。私はすぐ後ろにいたんですよ。もうちょっとでお前にも当たるところだった、と言われました。弾丸がこっちに向かってくるのが見えたぐらいですから」

イタリアの戦闘のほとんどは乾燥した険しい山中で行なわれた。部隊は一歩一歩、低木が茂る岩だらけの山を、敵の銃弾をよけながら登って行った。砲撃の弾幕も常に襲ってきた。

「夜遅く山道の斜面にいたとき、壕を掘って身を守ろうと相棒と決めたんです。中尉はまず私に見張りにつくように言いました。それで夜中の一時半ごろまで見張りについてたんです。ハワイ出身のやつが『一緒にやろう』と言うので礼を言い、一緒に座っていろいろ話し込んでね。やっと交替の時間が来たので、壕に戻りました。

夜中の二時ごろ、補充兵が何人か来て、そのうちの若いやつがハワイ出身のやつがいる壕に入りまし

442連隊のＩ中隊。マリティームアルプスの掩蔽壕にて。1944年12月25日。左から時計回りに、キム・ムロモト、ジョージ・モリヒロ、タッド・マエダ、チャールズ・モリ、ジョージ・ナカムラ、ダニー・キヨシ。（キム・ムロモト提供）

た。私の壕は塀のなかに掘り込んでありました。そのあと、ひどい弾幕が襲ってきて、ハワイのやつと若いやつは二人ともやられたんです。若いやつのことなんて、ほとんど何も知らなかった。来てから一時間もたってませんでしたから。ツリー・バーストが落ちて来て、まっすぐ突き刺さったんです。

私はこのときのことはあまり覚えてません。相棒は、私はもうおだぶつだと思ったそうですよ。衝撃でたくさん岩や泥が落ちて来てましたから。でも私の鼻に耳を当て、ああ、息をしてるから大丈夫だ、疲れ切って寝ているんだろうと思ったそうです。

私はまったく何も覚えてないんですよ。眠ってたのか、岩か何かで脳しんとうを起こしていたのか、わかりません」

＊

マサミ・イナツはベルビューで人気者だった。見栄えが良くあっけらかんとした性格で、マツオカの野球チームではスター選手だった。そしてなかなか女性にもてるという評判だった。

父親のヨシオは一九一四年にベルビューにやって来た。ウィルバートン地区で五エーカーの土地を開墾し、そこで父親が一九二〇年に亡くなるまで一家は畑をやっていた。その後、母親は再婚し、一家は少し南のニューポート地区に引っ越した。マサミ・イナツは「マス」というニックネームで呼ばれ、若く結婚して、ベルビューではじめて法的に土地を得た二世の一人だった。

「マスが笑わせられないやつは誰も笑わせられなかったでしょうね。本当に面白いやつで明るかったんです。誰からも好かれていたし、いつもみんなの中心にいました。州のパトロール隊のやつでさえ笑わせることができたんです」。キヨ・ヤブキの兄、アラン・ヤブキは言う。

その後収容所に入れられたイナツはジョー・マツザワの一か月後に四四二連隊に入った。フランスで部隊に参加し、すぐイタリアに送られた。

マツザワは言う。「部隊がイタリアのある地域にいると聞いたので行きました。…外に野営地があったんです。北イタリアまでトラックで行きました。部隊にもう一度入りたかったんですよ。マスは、フランスからやって来たばかりで、いまから北イタリアに進軍するんだと教えてくれました。ブレスレットやメノウやいろいろな安いものを私に預けて、妻に渡してくれ、と言ってね。奥さんに送りましたよ。そのあとお礼の返事があって、戦場で彼は亡くなったのだと教えてくれました。私もまだヨーロッパにいたんですが、マスが亡くなったのは知りませんでした」

キム・ムロモトは、マサミ・イナツが亡くなった前日に彼に会った。「野営地があったところにトラックでやって来たのを覚えています。手を振って、よう、マス！　と声をかけました。野営をしていたところが見えましたが、ひどいところでしたね。あんなところで野営はしたくないもんだ、と誰かに言ったのを覚えています。敵兵から砲火をもろに受けやすい山腹でしたから。案の定、その夜、その山腹を榴散弾が襲いました。マスが死んだのはそのときです」

四四二連隊のベルビュー出身の二世のうち、戦死したのはイナツだけだ。それでも、彼の武勲は認められなかった。

戦後、カークランドに戻ってきたミチ・ニシムラは数年たって、家の棚の工事のために、以前クラスメイトだったジャック・シューメイカーという白人を雇った。

「工事をしているあいだ、収容所について話していました。すると彼は『ベルビューには、日本のスパイがいたからね』と言うんです。

『それは違うわよ。軍が調査したけれど、スパイや破壊行動をしていた人はいないのよ』と言いました。

すると、『マス・イナツ、あいつはスパイの一人だよ』と言うので『ジャック、それは違うわ、間違いよ』と反論したんですがね、聞く耳を持ってくれませんでした」

*

ライ・タニノとキム・ムロモトの戦争は、ポー・バレーで終わった。イタリアのドイツ軍は四月二五日に降伏した。連合軍がベルリンに進軍して、ヒトラーは四月三〇日に自殺した。五月七日、ドイツは正式に降伏した。

「本当にほっとしました。信じられなかったですよ」。ムロモトは言う。

ヨーロッパでの戦争が終わり、四四二連隊の日系兵士たちは、大喜びするというよりは、悄然としていた。知らせを聞いたとき、大きな祝いはされなかった。その代わり、兵士たちはただ立ち止まり、安堵と共に、仲間を失ったことに突如として大きな悲しみに襲われ、ある苦い思いにも襲われた。多くはいまだに募兵までのいきさつに深い怒りを感じていた。親を収容所に入れた政府のために自分たちは命を落とし、負傷しているにもかかわらず、親のほとんどが収容所にまだ入れられていることに。その怒りが強まったのは、人数が減っても構わないと上官が考える捨て石的な部隊として、二世部隊が主に最前線の攻撃に使われたという見方が強くなっていたからだ。(21) 収容という措置を受けるなか、愛国心を示そうとした二世への報いは、死がほぼ確実に予測されるような戦闘に送られることだった。

兵士たちはヨーロッパに数週間残り、掃討後、わずかな慰労休暇を楽しんだ。同じ戦場で共に戦って戦友の死を経験したため、白人兵士は人種など関係ないと考えるようになったと、日系兵士は感じた。ムロモトは第一〇〇大隊の日系兵士と親しくなった第三六師団の将校を覚えている。部隊がアンジオに配属されていたときだ。

「親しくなりましたよ。戦争のあとフィレンツェにしばらくいたんですが、偉い大尉がうちの部隊に来たんです。自分が行っていた飲み屋を抜けて、私たちと一緒に飲み屋に行きました。そういう雰囲気だったんです」

タニノは四四二連隊の戦闘にも生きのびたが、ほかの形で死を経験した。掃討部隊でコモ湖のレッコに駐屯していたとき、まだツールレイク収容所にいた兄弟から悪い知らせを受け取った。「母が亡くなったときはイタリアにいました。収容所で、ガンで亡くなったんです。入ったときはもうガンだとわかっていたんでしょう。父は知らせてくれませんでしたが、兄弟が手紙で教えてくれたんです。そのときは戦争は終わってました。数日のうちに、赤十字を通じて聞いたんです。病気だということは知ってましたが、当時は私も若かったので、病気とか死とかについてあまり考えていませんでした。ショックでしたね。アメリカに戻りたかったんですが、軍は許してくれませんでした」

帰国した兵士たちは英雄として迎えられた。マーク・クラーク陸軍大将は、「四四二連隊はこれまでの部下でいちばん素晴らしい兵士だ」とメディアで賞賛した。ジョセフ・スティルウェル陸軍大将は、デウィットのヒステリアが日系人収容を招いたのを近くで見ていたが、こう高らかに述べた。「彼らは自らがアメリカ人だと血の証を立てた。アメリカ人は二世ボーイズをこれから決して忘れることはないだろう[22]」

帰国した二世兵士を迎えて、ハリー・トルーマン大統領は式典を主催した。二世兵士はワシントンのコンスティチューション通りからエリプス広場まで誇らしげに行進した。収容に懐疑的だったトルーマン大統領は、四四二連隊に大統領殊勲部隊賞を授与して、こう言った。「諸君は世界の自由国家のために、われわれと共に戦った。素晴らしいことであり、諸君の功績にアメリカ合衆国がどれだけ感謝しているか、言葉では言い尽くせない。これから故郷に帰る諸君に言いたい。諸君は敵だけでなく、偏見と戦い、勝利をおさめたのだ[23]」

四四二連隊の果敢な戦いぶりは一九四四年から四五年の冬、ニュースでもっともよく取り上げられた。ページ・スミスはこう書いている。「世論への効果は予測するにあまりあるもの[24]」があった。雑誌や新聞はその英雄ぶりと勇敢さについて詳しく書いた記事であふれていた。二世が立てた血の証はたしかに報われた。そして遂に、二世も疑いようもなくアメリカ人だということが徐々に受け入れられた。戦時転住局は次のような報告書を書いている。「彼らの働きは瞬時にではないが、徐々に次のような効果を得た。まず、すべてではないが大半の過激な排日派を鎮めた。そして、二世兵士の家族が完全なアメリカ人として受け入れられることを強く願う、良心の力が大きくなった[25]」

おそらくもっと重要なことは、二世兵士が収容所に戻ってみると、収容所がほぼ空になっていたことだ。それは彼らが勝ち取ったもう一つの戦いだった。

二世に志願兵や徴兵の道を開いたことは当初から収容所閉鎖への取り組みと深く関わっていた。戦時転住局のディロン・マイヤー局長は、収容についてひそかに疑問を抱いており、西海岸に日系人がふたたび住めるようにすることを最終目的に再定住計画を始めた。そして軍事地域令を終わらせることにこの計画の成功がかかっていると考えた。だがワシントン当局を説得できなかったため、収容所から出るもう一つの手立てとして陸軍への徴兵を進めた。

＊

ツールレイクなどの収容所で暴動が起きたことで、議会ではふたたび排日の声が強まった。なぜ収容所がもっと厳しく管理されないのか、議員は続々と抗議した。一九四三年はじめ、民主党議員のモン・ウォルグレンは、戦時転住局を内務省から奪い、陸軍省に戻すという法案を提出した。ディロン・マイヤー局長は法案の公聴会に出席し、この権力闘争に反対し、さらに西海岸の軍事地域を廃止することを提案した。そうでなければ収容所を出るように収容者を説得することはできないと。しばし大騒ぎになり、ルーズベルト大統領はマイヤーの肩を持ち、法案は却下された。だがマイヤーの出した、軍事地域令を終わらせようという案も、この時点では却下された(26)。

その後、四四二連隊の戦いぶりによって、国民と政府当局、すべての人に対して、二世がほかのアメリカ人と同じように忠実だということが疑いようもなく証明された。膨大な死傷者数と戦場での勇猛果敢な戦いぶりを見て、アメリカ人の感情は変わり始めた。もはや日系人排斥を続ける理由はないことを示す証拠は、増えるばかりだった。

一九四三年終盤、マイヤーはスティムソンにふたたびこの問題を持ちかけた。このときはフランシス・ビドル司法長官の支持も取り付けていた。当初から収容に反対だったビドルは、ルーズベルト大統領に、収容所は閉鎖されるべきだと主張した。「必要以上の期間、忠誠なアメリカ市民を収容所に入れておくという現在のやり方は危険であり、わが政府の原則に矛盾するものである。いま行動することが必要である。これら市民に対する煽動が戦後も続かないように[27]」

しかし、ルーズベルトは煮え切らない態度を取った。この年一九四四年は、大統領選挙の年だったからだ。日系人を家に帰すことは西海岸ではまだ反感が強かった。日系人が持っていた農地が白人農家や、農地を郊外にしようとした開発業者の手に渡っていた場合は特にそうだった。ルーズベルトが票を必要としていたシアトルやカリフォルニアではそれが顕著だった。ヘンリー・ジャクソン議員とウォレン・マグナソン議員は、太平洋地域ではまだ戦争が続いていることを挙げて、日系人を西海岸に帰すことに反対の意を表明した[28]。しかしルーズベルトは難なく再選を果たし、懸念する必要はなかったことが証明された。まもなく、収容所が閉鎖される大きなきっかけを最高裁判所が作った。

軍事的な制限措置と収容について違憲性を主張した二世もすでに何人かいた。だが一九四四年まではその訴えが認められることはなかった。ミゾラ基地で厳しい尋問を受けたフッドリバーの事業主の息子ミノル・ヤスイは、一九四二年、意図的に夜間外出禁止令を破って逮捕された。彼はこの件を最高裁判所まで持ち込むことができた。同じように、ワシントン大学の四年生ゴードン・ヒラバヤシは、夜間外出禁止令と収容命令に従わず、最高裁判所まで持ち込んだ。さらにカリフォルニア州サン・レアンドロの溶接工フレッド・コレマツは、身元を隠して（整形手術までして）収容から逃れようとし、日系人ではない恋人と暮らしていた。だが保護観察になったのみだったため、上訴すれば勝訴するかもしれないと考えた。最高裁判所は最初の二件は一九四三年に、コレマツの件は一九四四年に判決を下し、すべて訴えを却下した。少なくとも判決はすべて一致しており、その理由はすでによく言われてきたように、戦時中の事態は収容を正当化する、というものだった。[29]

だがやっとこれを打開したのがコレマツの件と同じ日に出た判決だった。きっかけは、ある白人弁護士が集合センターにやって来たことだった。JACLサクラメント支部は、この弁護士に、ミツエ・エンドウの件を受け持ってくれるよう説得した。エンドウは州の機関である陸運局（DMV）で働いていたが、一九四二年にカリフォルニア州人事委員会が日系人すべてを解雇したとき事務職を失った一人だった。この弁護士はタンフォランにある集合センターにエンドウを訪ねて、大きなショックを受けた。その環境はまるで監獄のようだったからだ。そこで、これを収容が違憲だという訴えを起こす試験台にしようと考えた。一九四二年、エンドウの弁護士らは人身保護令状を請求し、エンドウをカリフォルニア州の自宅から立ち退かせる権利が政府にあるのか問いかけた。ところがこの件は地方裁判所で一年ほども放置され、ようやく判決が下ったときには、最高裁判所の判決の例が挙げられ、請求は却下された。[30]

だが米国自由人権協会（ACLU）の弁護士がこれを引き継ぎ、最高裁判所に上告した。一九四四年一二月一八日、ミツエ・エンドウ事件の判決が下された。戦時転住局は「忠誠な市民を拘留する権限を有さない」ため、エンドウは戦時転住局の拘留から解かれ、サクラメントの自宅に帰ることが許された。判事の一人の厳しい見解は次のようなものだった。「日系人を忠誠の有無にかかわらず収容所に拘留することは、議会や行政部によって許可されていないばかりでなく、この収容計画全般に見られた、人種的偏見に訴えた違憲な手段の一例である。…このような人種差別は軍事的な必要性と合理的な関係があるものではなく、アメリカ国民の理想と伝統にまったくそぐわないものである」(31)

この判決は決め手になった。スティムソン陸軍長官はすでに一九四四年三月に収容所閉鎖を勧告していた。ハロルド・イッキーズ内務長官は、この年はじめに戦時転住局を管轄するようになったが、収容所に対する痛烈な見解を示した報告をルーズベルトに行なっている(彼はルーズベルトとトランプゲーム仲間だった)。「この無実の人々を収容所に監禁し続けることは、わが国の汚点となるだろう」と。だがルーズベルトは大統領選後まで待つことにした。一九四四年一二月一七日、陸軍の報道発表は最高裁判所の判決を予測して、政府の発表を漏洩した。それは、最後に日系人が退去させられてから二年半たったいま、西海岸の日系人に対する退去命令を取り下げるということだった。(32)

＊

収容所はこの発表から半年以内に閉鎖されることになった。この知らせは、ふたたび混乱と抗議を招いた。高齢の一世は、いまは何も残っていない家に帰ることを恐れた者が多かった。一世の多くは息子が四四二連隊で戦い、あるいは戦死し、自分だけでは生活できない年齢になっていた。収容者のほとんどがまったくゼロからやり直さなければならないという現実に直面し、多くは当然のことながら恐れていた。

収容所当局は、まず都市部に住んでいた若者から出所するように言い、収容前に持っていた土地などでやり直すことができるか、かつて住んでいた地域の様子を探るように言った。地域の教会が、帰還した日系人と地元の人たちとの仲立ちとなった。やり直すことについて明るい見通しを持って収容所に戻ってきた若者が多かった。

もはや帰る家はなかった者が多かったが、ほとんどが故郷に帰った。一方、マツオカのように、モンタナ、アイダホ、ワイオミング州など、ロッキー山脈のある州に残ることに決めた者もいた。オレゴン州やワシントン州東部に行くことに決めた者もいる。農業がやりやすく、地域の人々からの受け入れがよかったからだ。

このときにはすでに、収容所を出るほかの手立てを見つけていた者も多い。「アイダホの農場暮らしは向いてないとわかりました。そこで農期が終わってから、もうやめだ、とワシントン州スポケーンに移りました。西海岸に戻りたかったんです。そうすれば、少し故郷に近いですから」。アラン・ヤブキは言う。

スポケーンは軍事地域外だった（再定住の初期、「自主的退去」が求められていたとき、西海岸の田舎の大半がそうだったように、醜い排日気運はここにも届いていたが）。シアトル近辺にゆくゆくは戻りたいと考え、すでにここに来ていた者もいた。「スポケーンに行って、一年ちょっと温室で働いて、気に入ったんです。それで義兄に、仕事が見つからなかったら、試しにここに来てみたらどうだ、と手紙を書きました。それで義兄はやって来て、クリーニング屋で仕事についたんです。

それじゃあ、家族を呼び寄せよう、ということになり、みんなをスポケーンに呼びました」。一年後、ヤブキたちはハンツ・ポイント地区の家に戻ることができた。

収容所を一九四五年六月までに閉めようと希望した議員もいたが、戦時転住局は収容所の数の多さを考えて、一九四六年一月まで、段階的に出所させるというやり方を取った。例外はツールレイク収容所で、三月まで閉鎖されなかったのは、まだ日本への送還について審問が完了していなかったからだ(33)。閉鎖の発表を受けても、出所を嫌がった収容者もいたが、水が絶たれてしまい、門の方へと促された。ミニドカ収容所では、ある高齢の一世の男性が一番近い町のショショーンに連れて行かれ、シアトル行きの列車運賃を与えられた。彼は金を地べたに投げ捨てて収容所に戻ったが、ふたたびショショーンから別の列車に乗せられた。やはり同じミニドカで、タカギ一家が、荷物を詰めたスーツケース、買い物袋、段ボール箱と一緒に収容者用の最後の列車に強制的に乗せられた(34)。

だが、四四二連隊の帰還兵にとっては、収容所の閉鎖は素晴らしいニュースだった。親のほとんどは家に戻ったか、親戚に身を寄せていた。あるいは、親切な教会が提供した仮住まいにいた。戦争に勝ったことよりも、収容所がなくなったことは、二世が兵士として志願したときの、主たる願いだった。後年になっても多くの二世はそれを覚えていて、ずっと誇りを持ち続けている。四四二連隊の功績について、キム・ムロモトはハリー・トルーマン大統領の言葉を繰り返した。「私たちは二つの戦争を戦ったんです。ドイツと日本に対する戦いと、偏見に対する戦いと」

四四二連隊は両方の戦いに勝った。一九四五年、偏見との戦いに負けた側はそれに気が付いていなかったが。

＊

負傷したキヨ・ヤブキは、全快するまで一年ほどかかった。当初心配された脚の傷は両脚とも治り、後年、郵便配達の仕事につくことができるまで回復して、ベルビュー近辺で、一九八九年に引退するまで郵便を配達した。

負傷後、入院したのはワシントン州バンクーバーの軍事病院で、一年間リハビリに専念した。

「この病院にいたとき、患者の見舞いにポートランドから来た夫婦がいました。確か雨はポートランドからやって来るんだ、というような冗談を私が言って、奥さんの方が怒ってしまったんです。私が日系人だと見て、ジャップがどうのこうのと言い出して、『生きていて運が良かったと思いなさい。戦争でたくさんのアメリカ兵が亡くなったんだから』と。言い返すことはできませんでした。まあ、何も言わなくてよかったのかもしれませんが。

でも差別には敏感になっていましたから、身が縮むような思いがしましたよ。軍服を着ていても、やはり変わらないのかとね」

軍事病院ではほとんど寝たきりだったため、やっと退院できたときは家に帰ることができて嬉しかったという。兄のアラン・ヤブキは、ハンツ・ポイント地区の家と温室を甦らせようと必死だった。両方とも、収容所にいるあいだ荒れ放題になっていたからだ。

ヤブキはある日、軍服をドライクリーニングに出そうと思い、ベルビューに行った。

だが、クリーニング屋は受け付けてくれなかった。ヤブキが日系人だったからだ。

第六章　遠い家路

「ジャップがここに戻ってきてもいいのか」。わめくような口調のビラだ。

「参加費無料、大集会。四月二日（月）午後八時、ベルビューにて」

このビラは一九四五年、ベルビューの町角の電灯、電柱、掲示板、床屋などに貼られ、ガソリンスタンドで配られた。三月二九日、『ベルビュー・アメリカン』紙は、大々的にこの集会を宣伝した。一面の大見出しにはこうあった。「月曜日に住民集会――日系人帰還反対」

集会はオーバーレイク小学校の講堂で開かれる予定だった。新聞記事は「イーストサイド全域のコミュニティの代表が出席することが予想される」と書いている。ハンツ・ポイント地区に住む弁護士のジョージ・H・クランデルがスピーカーだ。

わずか数年前の一九四二年、クランデルは反対の立場にいた。輸出業務許可証の虚偽の申請を行なったという理由で連邦当局に起訴されたシアトルの日系事業者二名を弁護して、評判を落としたのだ。クランデルは、この二人は真珠湾攻撃後の反日ヒステリアの犠牲者だと強く主張した。裁判は未決定審理に終わった。

シアトルまで新しい浮橋を使って通勤するようになったクランデルは、かつて自ら罵倒していた人種差別という火を好んで起こそうとしていた。「ジャップのスパイ団が西海岸で活動」しているため、日本との戦争が終わらない限り、収容所から日系人が戻ることは軍事的脅威になると訴えた。

クランデルは『ベルビュー・アメリカン』紙の記事で次のように述べている。「戦争前、日系人が多数いた西海岸のいわゆる日系人の〝温床〟で、何十もの地域グループが生まれている。それぞれ、ジャップが地域に戻ってこないように取り組んでいる。…何か手段を講じなければ、ジャップがやって来てしまう。そんな状況を望む者はいない」

ピュージェット湾地域のほかの者と同じように、クランデルにはもっと大きな目的があった。「ジャップを近隣から追い出すだけではない。それだけでは解決策にならないのだ。西海岸全体から完全に追い出さなければならない。そしてそれを法的に、平和に行なう必要がある。しかし彼らが永久にいなくなるように、なされなければいけない。力を合わせて努力すれば可能だ」

『ベルビュー・アメリカン』紙は、集会には経済的な利害が見え隠れするとほのめかしている。記事によればこの集会は「この地域にジャップがふたたび入って来ることに反対する、イーストサイド地域の多くの事業家が集まるグループ」だという。

＊

収容所と戦場から日系人が戻ってくることについてベルビューの白人が騒いだのは、これがはじめてではない。その二年前の一九四三年、一度、日系人が「こそこそと」農場に戻ってきているという噂でベルビューは大騒ぎになっている。

その騒ぎを起こしたのは、ジョー・マツザワかもしれないという。彼は、陸軍の一時休暇でそのころベルビューに友人を訪ねたからだ。その土曜日、ベルビュー近辺の友人や懐かしい場所を訪ねたが、二時間ほどしかいなかった。だが、それだけで地元の人々が肝をつぶしたことがあとでわかった。

その次の日、ウー・ブーという中国系農家が、一〇代の息子とベルビューのダウンタウンに現れた。彼はバション島に小さな家族農場を持っていた。彼はすでに、強制退去した日系人の輸送園芸農場を引き継ぐことで地主と契約を結んでいた。つまりこの日曜日は、春の種まきの準備に過ぎなかった。だがトラックがメイン通りで動かなくなり、その午後はほとんどそこで修理をする破目になった。経営していた不動産会社でちょうど仕事をしていたチャールズ・ボビーが手伝いに来た。彼はウー・ブーを日系人だと勘違いして、近所の人々に日系人農家がベルビューに戻ってきたと話した。次の日には、噂がまたたくまに広がった。

その日ベルビューに来た農家のハワード・ジョンストーンは居酒屋に入った。「豚を買いたいという人と連絡を取りたかったんで、電話を使おうと店に入ったんです。そこにアール・デッカーが来て、『なんてこった!』と言ってきた。『どうしたんだい』と聞くと、『ジャップが農場を取り返しに来るらしい』と。冗談かと思いましたよ。でも冗談じゃないと言う。元警官のO・D・ラッセルも『この目で見た』と言うんです。ビル・クルッカーも、確かに一人見たと」

ジョンストーンはなんとかしようと熱心に行動した。郡警察とFBIに電話したところ、ベルビューに日系人が戻ってくるという情報はないという。そこでチャールズ・ボビーのところに行き嘆願書を書こうと提案し、ボビーは同意した。町中で騒ぎになり、ベルビューに日系人が戻ることに反対したこの嘆願書は、たった数時間で五〇〇名もの署名が集まった。

『ベルビュー・アメリカン』紙のA・J・ホイットニーは噂を調べることにした。そして、けっきょくこれは無害の中国人で、またしても根拠がないヒステリアだったことがわかった。シアトルの『ポスト・インテリジェンサー』紙が数日後に書いた通りだ。「残念ながら日系人ではなかったため、生まれかけたこの運動は消えてしまった(1)」

＊

戦争中、日系人はかつて住んでいた地域から長いあいだ姿を消したが、白人たちにとっては、会わねば募る恋心というわけにはいかなかった。ヒステリアの頻度は確かに日系人がいないことによって弱まったが、戦争によって「ジャップ」に関わるありとあらゆるものを憎む傾向が生まれ、日系人は悪魔のようだというイメージが人々に植え付けられた。そして、そうではないことを示すにも、日系人の姿が日々の生活から消えてしまったため、事態は余計悪くなった。

戦線についての新聞記事の見出しで、敵の日本人は「ジャップ」と呼ばれていた。また日系人収容所で起きたできごとについての記事で、日系人もそう呼ばれた。戦争前や収容が議論されたときと変わらず、新聞への投稿や政治的な見解などでは、かつて自分たちの隣人だったアメリカ市民の日系人と、自分たちの息子たちが戦場で闘っている敵の日本人を同一視していた。

ワシントン州代表の連邦議会議員は、この点についてはっきりとした傾向を持っていた。民主党議員モン・ウォルグレンは、四二年、議会委員会の委員長として収容を勧告した。その上、さらに打撃を与えたのは、ワシントン州エベレットの名士、ヘンリー・ジャクソン民主党議員だった。彼は戦時中、積極的に排日気運を推し進めて、強制退去を熱心に支持しただけでなく、戦後も西海岸地域に日系人を戻さないよう根強く主張していた。彼を支持したのがシアトルの民主党議員ウォレン・マグナソンだった。マグナソンは日系人が西海岸を侵攻するという根拠のない警鐘をよく鳴らした(2)。

だが、ジョー・マツザワのような名もない男がきっかけで、ヘンリー・ジャクソン議員はニュースの見出しになるような行動を取ることになる。一九四三年五月、ジャクソンは日系アメリカ人兵士が西海岸地域に一時帰休で帰ることを陸軍が許可していることについて、議会で抗議を始めた。アメリカ軍の軍服を着ていただけでは、二世の忠誠心は保証できないというのだ。ジャクソンは「日系人の状況」を徹底的に調査することを要求し、彼の議員仲間は、日系人が戦闘に参加していることを批判した。カリフォルニア州共和党議員のジョン・コステロは、「いいジャップと悪いジャップの区別はつかない」というお決まりのせりふを述べた(3)。

ジャクソンはこのテーマについて演説を書いたが実際には発表しなかった。日系人がワシントン州に戻ってくることに反対していたのは明らかだ。

最終的に日本人と日系人をどう処遇するかというのは、……この西海岸における問題の第二の点だ。われわれは彼らを西海岸のかつての家や仕事に戻し、隣人からの強い敵意に直面させるのか。彼らは、第一次大戦のときのように、復員軍人と仕事を奪い合うライバルになるのか(4)。

テキサス州民主党議員マーティン・ディースが率いた非米活動委員会（ディース委員会）も、ジャクソンから要求を受けて、これに加わった。ニュージャージー州の共和党議員J・パーネル・トーマスはロサンゼルスに飛び、収容所を訪れもせずに、戦時転住局は収容者を甘やかしていると言い切った。トーマスは「忠誠心のないジャップを放免」して収容所外の仕事に就かせる方針をやめるよう要求した。(5)

数か月間、非米活動委員会の公聴会について目に余るような見出しの記事が新聞に載り続けた。これは、マンザナールやツールレイク収容所の騒動の報道で強まった。特にセンセーショナルだったのは、当局用ハイヤーの元運転手ハロルド・H・タウンセンドの話だ。彼は「アリゾナ州ポストン収容所の元職員」だったと記事にはある。彼はディース議員に、収容所では破壊分子がひそかに軍事訓練を行ない、日本軍が侵略してきたときに駆けつけられるよう準備していると言い、ディースはこの話を鵜呑みにした。(6) この記事は、タウンセンドの話について根拠を一つも挙げていないばかりか、タウンセンドがポストン収容所で暴動が起きたときそこにいたが、慌てて逃げてしまい職を解雇されたことにも触れていない。(7)

ディースは記者会見を開き、収容所の外に再定住した日系人を収容所に戻し、戦争が終わるまでは収容しておくことを戦時転住局に要求した。そして、その前の週デトロイトで起きた人種暴動は、日本陸軍の将校が仕組んだ証拠があると言った。(8) 新聞にはさらにとっぴな疑惑について記事が載った。高齢の一世がひそかに地域の森林に神風攻撃を計画し、西部に火事を起こすという記事。(9) 侵略してくる日本軍用に、砂漠に食物が埋められて貯蔵されているという記事。(10) 収容所の日系人は、アメリカのGIよりもいい食事を食べているという記事（これは本当だったかもしれない。収容者の食事は彼らが作っていた農園から来たものが多かったからだ）[11]。ディースはその夏の終わり、「日系人の問題」を総括して、戦時転住局が方針を変えることを要求している。だが新聞の見出しを飾る以外、これが戦時転住局に変化をもたらす効果はほとんどなかった。非米活動委員会の焦点は、その後「赤狩り」に絞られることになる[12]。

利益団体もこれに加わった。在郷軍人会は戦時転住局の方針が「ジャップを甘やかしている」と弾劾し、排日気運をあらわにした[13]。また、ネイティヴ・サンズ・オブ・ザ・ゴールデン・ウエスト（自警組織の傾向が強かった）など、東洋人の排斥を長年推し進めてきた団体は、リメンバー・パールハーバー同盟のような新しい団体を積極的に煽動し始めた。「ジャップは二度と戻ってくるな！」というようなポスターがケント市などでよく見られるようになった。ケント市は、かつて日系人のコミュニティが栄えていたホワイトリバー・バレーの中心にある街だ。自ら経営していた床屋にこのポスターを貼った市長がポスターを指で指した写真が『タイム』誌を飾った[14]。

*

ベルビューで、ジョージ・クランデルが一九四五年四月の集会を計画するために作ったグループは、日系人排斥同盟と呼ばれた。それはミラー・フリーマンがかつて作ったワシントン州排日同盟と同じメッセージを発したが、戦時中という世情もあらたに加味された。フリーマンもこの新しい団体に参加していた。

フリーマンが、日系人との闘いとベルビュー近辺の都市化というそれまで夢中で取り組んできた二つのテーマをこの時点で結びつけようと考えたのか、それともそれはただの偶然だったのかはわからない。だがこの二つがこのとき一体化したのは確かだ。ワシントン湖浮橋の完工によって、ベルビューがシアトルの郊外として変化するなか、ベルビューの地価が上がることは明らかだった。当時、地主のほとんどは農家で、その大半が日系人農家およそ六〇人だった。土地を開発するには、彼らを追い出さなければならなかったのは明らかだった。歴史研究者のルシール・マクドナルドは、ベルビューのストロベリー・フェスティバルの衰退について、次のように書いている。「ストロベリー・フェスティバルは第二次大戦で日系人農家が追い出されるまで、毎年行なわれていた。……ワシントン湖に橋が開通したとき、土地をイチゴ畑だけにしておくのはもったいないと考えられるようになった」(15)

フリーマンは一九二八年メディナ地区に引っ越してから、ベルビュー近辺の土地を次々と買った。一九四二年、フリーマンがトーラン委員会の前で証言して、日系人の強制退去と収容を強く支持したとき、戦後ベルビュー近辺で土地開発を進めようと考えていたことを示す証拠はない。当時の時代の流れと彼の言動から、彼は「黄禍」との長年の闘いを生んだのと同じ動機で収容を支持した可能性の方が強い。

だがフリーマンは、「日系人の問題」について異常なまでに積極的で、それは収容が終わってからもそうだった。彼は地域の司法省支部とＦＢＩに何度も書簡を送り、収容者の「不適切な行動」を報告した。さらに重要な点は、日系人が地域に戻ってくる可能性に対してとりでを築いたことだ。これに関しては、明らかに経済的な要因があった。

一九四三年、彼はウォレン・マグナソン議員に書簡を書いている。マグナソンはシアトルの民主党議員で、フリーマンは全米共和党委員会のメンバーだったが、この二人は長いあいだ友情をあたためてきた。また日系人についての意見も似ていた。フリーマンは軍事地域を廃止しようとするディロン・マイヤーの取り組みを非難し、西海岸地域に日系人が戻ってくることを阻止する措置を取るようマグナソンに求めた。マグナソンは六月一四日、家族について書いたフリーマンあての私信の最後に次のように書いている。

私が最近出した日系人についてのコメントを見ていただけただろうか。デウィットの日系人に対する意見から、あるグループが彼を追い出そうとしていることがきっかけで書いたものだ。私はデウィットを知っている。彼とは意見を異にする件もたくさんあるが、日系人の問題はデウィットうんぬんを超えた話だ。忠誠心のある日系人はいくらか見つけられるかもしれないが、彼らを甘やかす意味はない。特に西海岸から彼らを排除するために膨大な費用をかけたからには。

貴殿も私も、日系人がせっぱ詰まるととんでもないことが起きることを知っている。この地域には破壊活動の機会が数多くある。そしてもっとも重要なことは、これは貴殿とまったくの同意見だが、戦争中のいま彼らを甘やかし始めると、戦後、ここ北西部にふたたび彼らは居ついてしまうだろうという点だ。そのような事態は避けたいものだ。

先日、下院の幹部たちが、ジャクソン議員が提案した日系人問題の徹底的な調査という決議について相談に来た。彼らは、日系人に関する問題はＦＢＩがなんとかできるだろうと、後回しにしようとしていた。私は、決議の真の目的は破壊活動やスパイ行為など直接的な戦争の問題ではなく、戦後の社会とこの地域における彼らの立場についての問いに関係していると指摘した。この点を鑑みて、特別委員会

が作られることを願うと述べた。ここだけの話だが、ジャクソン議員も同じように考えている。(16)

フリーマンは軍事地域を日系人にふたたび開く試みをすべてうち壊そうと取り組み続けた。一九四四年一二月、太平洋戦争が終わるずいぶん前から、軍事地域令が廃止されたことに大きな不満を表した。彼はまたしても立ち上がり、シアトル地域に日系人が戻ってこないように、手紙で訴える運動を始めた。ある書簡の相手は、フリーマンと同じく、軍事地域令廃止の理屈に疑問を呈している。

彼らは、西海岸の日系人が忠誠だという証拠として、ある部隊が（去年の一一月に）武勲を立てたことを挙げている。これは確かに真実だ。だが、フランス外人部隊や多くのアメリカ人も、前の戦争でフランス軍について戦った。リンドマン氏や私もささやかながら関与した。しかし、その誰もフランス政府を強く愛し熱心に支持したり、フランスの利益を考えようとは思わなかったはずだ。私たちはいわば雇われた者だったのだから。フランスに対する深い愛情、「愛国心」は感じなかった。このたび、日系アメリカ人は勇敢によく戦った。だがそれは、多くが日本で生まれ日本の天皇を崇拝している家族親戚、おじやいとこや父親を持つ彼らが、われわれの国を愛し、その利益と政府を強く支持するという証拠にはならない。その逆に、彼らは破壊活動的なプロパガンダを許し、日本政府がわれわれの近くでスパイを使っていることに目をつぶっている。私はそういったスパイについていくらか知っているし、それが誰なのかも知っている。(17)

＊

新たな日系人排斥同盟は、その春ミラー・フリーマンらによって組織された。中心となった思想は、フリーマンのかつての排日同盟をもとに作られたと思われる。排日同盟は一九二四年排日移民法が可決してから、徐々に活動を減らしていった。フリーマンは、日系人排斥同盟を経済的に支援したが、リーダーのほとんどは反東洋人運動の新人で、デール・バー、C・G・シュナイダー、ラルフ・ハナン、アーサー・J・リッチーなどだった。一九四五年六月のニュースレター『日系人排斥同盟ジャーナル』で、彼らは目的をはっきり書いている。「西海岸そして最終的にはアメリカから、法的かつ平和裏に、永遠にジャップを追い出すことに献身する組織」だと。

このニュースレターは、日系人に対するさまざまな攻撃であふれている。ベインブリッジ島の住人ランバート・シャイラーは、日系人のイチゴ農家を攻撃した。

「ジャップがベインブリッジ島の土地に与えた傷は、暴力に等しい」とシャイラーは同紙に述べた。「ジャップは、ここの土を掘り返して破壊して大金を得たのだ。しかもそれは借りた土地だ。ここでイチゴ畑と称されているものを見てみるといい。いい雑草さえ生えないところがほとんどだ。イチゴができても大したしろものではない。ここではどんな畑をやるのでも、土地を生き返らせるのには多額のカネがかかる。それは彼らが化学肥料を使い、輪作を怠ったからだ。……
ジャップがわれわれの地域に富をもたらしたという意見は信じるな。やつらはここを破壊したのだ。

カネをつくったが、汚く貧しい環境で暮らしていた。カネはジャップの店や、ジャップのホテルやシアトルの食品店に投資して、残りは日本に送って戦艦を作らせることに役立てた。われわれの地域を作りあげたどころか、取り壊したのだ。彼らはもう必要ない。……

われわれはジャップよりいいイチゴを作ることができる。機械と輪作によって、同じように安価で。戦争から帰ってきた農場の男たちにとってチャンスだ。イチゴを育てるには、土と気候と市場という自然のメリットがある。

ジャップが近づかないようにすれば、ジャップがここに来て白人を廃業に追いやった前のように、白人の農家はイチゴでカネを稼ぐことができる(18)」

「すべての人が支持できる計画を」と題した社説では、同団体の政治的目的がまとめられている。

当本部には毎日次のような手紙が来る。自分は反ジャップだが、本同盟の計画には従うことができないという告白だ。それは、「憲法の基本をないがしろにし、ほかのマイノリティについての計画を危うくする」からだという。

われわれの計画をよく考えてみよう。

その一。戦争が終わるまで西部防衛軍管轄地域からジャップをすべて追い出すよう、政府に働きかける。これは戦時中だということを考えれば、当然のことだ。もしそのうち一人でも破壊分子であれば、そのうす汚い活動を阻止するために、全員を排除することが正当化される。われわれは、シアトルだけでも六人の日系人スパイが現在活動していると軍の情報部に近い筋が言ったのをおおやけの演説で聞いている。

その二。外国人のジャップと忠誠心のない非外国人ジャップをすべて送還する。これが反アメリカ的で不要だと、いったい誰が言えようか。

その三。戦争が終わったあかつきには、全米で選挙を行なうよう呼びかける（復員した兵士も参加できるように）。選挙によってアメリカ憲法を改正して、ある日以降は、市民権を持たない者の子は、その市民権を持たない母親がただアメリカにいてその子を産んだからと言って、自動的に市民権を得られることがないようにする。

日系人は、いま人口の〇・一パーセントしか占めないから、まだ大きな危険はない。危険なのは、速いスピードで繁殖し、アメリカに同化しない彼らをそのままにして、生まれるやいなや彼らをアメリカ市民にしてしまうことにある。彼らは数年もすれば、アメリカを占拠してしまうだろう。銃を使わないでそれを成し遂げるだろう。票の力を使って、われわれの国を乗っ取ってしまうのだ。

このような法律が反アメリカ的だというなら、何年も前にわれわれは悪い前例を作ったといえよう。昔はこのような法律が存在していたからだ。だがそれをわれわれは捨ててしまった。(19)

この考え方は、ランバート・シャイラーが別に発行したパンフレット『ジャップは戻ってくるな！』でさらに掘り下げられている。シャイラーの主張は、この二〇年前、排日論者が唱えた意見とあまり変わらない。

われわれは国として、東洋人に対して偏見を持つものである。これは、大げさな理想家が見過ごしている点だ。彼らはアメリカの基盤かつ原則であるわれわれの法律で、全面的にすべての人間は平等だとされていると主張している。だが事実は、制定法全書によればすべての人間は平等だが、黄色い肌の者は例外なのだ。日本人、中国人、ヒンドゥー人以外なら、いかなる人種、肌の色、信条を持っていても、この国の市民になれるとわれわれの法律にはある。日本人らはわれわれの社会に同化できないと判断されているのだ。

われわれ西海岸に住む者は、これをよしと考えている。だが忌々しいのは、憲法には抜け穴があり、東洋人が隣の農場を買って、われわれに追い出されることを阻止できることだ。その抜け穴とは、アメリカで生まれた赤ん坊は、すべて平等だということだ。ジャップも中国人もヒンドゥー人もその例外ではない。この国で生まれた東洋人の赤ん坊は、自動的にアメリカ市民になる。…明らかにこれは原則と矛盾しており、宗教的あるいは政治的理想主義の面で正当化できない。[20]

シャイラーにとって、排日主義を守るためには、白人優先主義とニセ科学の優生学が重要だった。

人種間に線を引くことは、混血を作らないために重要だ。白人人種は絶対に生き残らなければならない。これは避けて通れない道だ。この国は白人の国だ。白人が掌握している。われわれ白人が、自らのルールによって自らの国土から駆逐されることがあってはならない。したがって、われわれが不屈である限り、有色人種とわれわれの血を混ぜることを許しはしない。アメリカにおいて日系人は白人と社会的に同等な立場には絶対になり得ない。それは、彼らが同化できないという単純な理由からだ。ドイツ人、イタリア人、ユダヤ人なら大丈夫だ。白人なら誰でも同化できる。だが有色人種は違う。われわれは、明らかに同化しない者がわれわれのなかに入らないように拒否する権利がある。(21)

シャイラーの最終的な解決策とは、太平洋諸島の多くをアメリカの領土とし、そこに日系人をすべて移し、終の棲家とすることだった。もちろんその後、日系人は一人たりとも本土に永住することは許されない。(22)

＊

四月二日の月曜日、ベルビューで開かれた「大集会」は、よく練られたはずの計画が往々にしてそうであるように、計画通りにはいかなかった。反対意見を述べに来た者もいて、日系人排斥同盟の面々は当惑した。

会場のオーバーレイク小学校の講堂は、予想通り、およそ五〇〇人の人であふれた。演説をした主催者たちは、言論の自由を支持すると述べたが、すぐにこれは崩れることになる。クランデルは案の定、日系人をこきおろし、「日系人の問題を解決する唯一の方法は、アメリカの領土から彼らを永遠に叩き出すことである」と檄を飛ばした。

日系人排斥同盟の幹部、シアトル出身のA・E・マクロスキーは、全米の人々が「市民権を与えるにふさわしくないと繰り返し証明された者に市民権を与えることの危険を理解している」[23]と述べた。そして同盟に参加するように呼びかけ、「アメリカ生まれの日系人をアメリカから追い出すことに賛成する者」は挙手するように聞いたところ、およそ四〇〇名が手を挙げた。幹部の一人、アーサー・J・リッチーは以前、「北東部の有名な彫刻家」が作ったルーズベルトの胸像を売ることで手軽に稼ごうとしたが、今回も同じ彫刻家が作った胸像を福引きの賞品として掲げた。それは、「アメリカ随一のジャップ嫌い」の胸像だといい、包みを取るとダグラス・マッカーサー将軍の胸像が現れた。

しかし出席者には一〇〇人ほど、入会を考えていない人たちもいた。ある者たちは日系人排斥同盟の立場について質問し、女性二人が演説者を野次った。マクロスキーは、言論の自由は取りやめだと考えたらしく、反対を唱える者は退場だと言い、「野次るなら、自分で講堂を借りればいい。また同じことがあったら退場だ」と言い渡した。

これが水を差したようで、最終的に一〇ドルを払って日系人排斥同盟に入会したのは、二〇〇名にとどまった[24]。

これと同じ日にシアトルで発表された反日集会の主催者も同じような目にあった。シアトル南部でガラス屋を営むロイド・ヤングは、リメンバー・パールハーバー同盟の地域支部を作ることを発表した。入会費はわずか五ドルだったが、ワシントン大学の一五〇人ほどの学生にとってそれは問題ではなかった。彼らは木曜日に開かれた集会に現れて、パンフレットを配り質問をして、彼の計画に反対することを明らかにした。反対派は入会希望者を大きく上回った。学生たちは演説者に野次を飛ばすことは控えたが、たとえば、「白人の開拓者がインディアンから取り上げたこの国を、いまやジャップが取り上げようとしている」と演説者が発言したときなどは、失笑が起きた。主催者は反対ムードにひるみ、言葉少なになった。シアトルでこの団体が活動を続けたことを示す記録はない(25)。

同様にベルビューでも、「事業者たち」による日系人排斥同盟の最初の会合が開かれるという知らせはあったが、排日気運はあっという間に弱まった。その後の『ベルビュー・アメリカン』紙では、一面にA・J・ホイットニー記者による会合についての社説があったが、会合自体についての記事はなかった。

ホイットニーはかつて主張していた排斥推進からトーンを変えていたが、反日的な傾向はまだ明らかだった。それは、ミラー・フリーマンとの長年の付き合いに関係していたのかもしれない。フリーマンは数年後、ホイットニーがいた『ベルビュー・アメリカン』紙の一部を買い取っている。ホイットニーは日系人が自ら所有する土地に戻ってくることを止められない点を嘆いた。「われわれは再定住について抗議する以外のことはできなかった」。四月五日の社説でそう書いている。「だが、抗議するだけでもじゅうぶんかもしれない。ここに戻ってこようとする日系人に、それを望んでいない住民が多いと前もって伝えるのが正直で公正なことだとわれわれは考える」

ホイットニーは太平洋戦争が終わる前に収容所が閉まることに怒っていた。そして、日系人排斥同盟が国民投票をしようと提案したことに賛成していたようだ。「戦時転住局が…戦争中のいま、西海岸の日系人を再定住させようとしていることは、大きな間違いだとわれわれは考えている。平和が訪れるまで日系人はいまいる場所にとどまるべきであり、国はこの重大な問題について冷静に取り組むことができよう」

だが彼は、すべての日系人をアメリカから追い出せるように憲法を修正する案を可決するには、「たくさんの困難な点がある」としている。また、彼は日系人排斥同盟を「擁護するものではなく」、「この団体の組織者が確かな者だと保証するものではない。〔入会金として〕集められたカネがどのように使われるか不明だからだ(26)」としている。

＊

一週間以内に、反対集会が開かれた。ホイットニーは完全に退却した。四月一二日付の『ベルビュー・アメリカン』紙は、ふたたび「集会」が開かれることを発表した。今回の集会は、四月一九日ベルビュースクールの講堂で開かれ、「イーストサイド地域の住民はフェアプレーを信条としていることと、日系アメリカ市民の問題について、すべての事実を知りたいと考えていることを示している」と記事には書かれている。

また、記事にはイーストサイド地域の各コミュニティを代表する主催者の名前が書かれている。いずれも民間、事業、教会などのリーダー的存在で、反対の立場の意見を聞きたいと考えた者たちだ。ベルビュー代表団には、チャールズ・ボビーもいた。ボビーの妻は、ミチ・シライシの犬の世話をしていた女性だ（そしてボビーは二年前、日系人が戻ってきたという「パニック」を引き起こした本人でもある）。

集会には数百人が参加し、日系人の権利を支持する意見が出された。ケント市の週刊新聞の発行者、ジョン・フォーニアーは次のように述べた。「私は特定のグループの肩を持ったり、あるいは反対するものではない。だが新聞発行者、そしてキング郡の事業者として、憲法が守られているか、市民の権利が尊重されているか、深く懸念している」。また、排日派の多くは日系人の土地が空いたままであれば利益を得られる事業者だと指摘して、排日派の動機を問う者もいた(27)。

ベルビューの気運はたちまち変わった。この町が本来持っていた性質が現れたのだ。ミラー・フリーマンは鼻持ちならない自己主張の強い金持ちで、ベルビューのような片田舎に住むごくふつうの人々と共通点はない。長年の住民は控えめにではあるがそう考えていた。さらに日系人のかつての隣人は、日系人と日々過ごし、一緒に学校に行った者が多かった。彼らは盲目的な愛国主義に嫌気がさしていたし、ものごとをもっとよくわかっていた。

「日系人は出て行け、と怒った人はいました」。ロバート・ヘニッグは言う。「でも私はそういうふうには思いませんでした。真珠湾で起きたことには頭に来ていましたが、ここに住んでいた日系人のせいではないですからね。

二四番地に住んでいたやつは、『ジャップが家の近くに来たら、撃ってやる』と言ってました。『なんだってそんなことを。…ヨーロッパで、陸軍でも最高の殊勲をたてた四四二連隊がいるのは知ってるだろう。…われわれのために戦ってるんだぞ』と言ってやりましたよ。

まあ、そいつはどちらにせよ、どうしようもないあほでしたがね」

もちろん、ヘニッグは収容について慎重な見方をしていた。それは自分がドイツ系だからだ。「笑ってしまいましたよ。日本の近くにさえ行ったことがない二世たちをすべて追い出してしまったのに、一〇〇パーセントドイツ系の私には、誰も見向きもしない、とね」

ベルビューの住民は当時、ヘニッグのような労働者がほとんどだった。日系人に対して、ヘニッグと同じように考えている者が多かったが、口に出されることはほとんどなかった。だがその後数週間も経つと、彼らの意見が主流になり、日系人排斥同盟は完全に姿を消した。以来、この同盟が集会を開いたりニュースレターを発行したという証拠は見られない。そして『ベルビュー・アメリカン』紙も、予想通り、加盟料がどのように使われたかを報じることはできなかった。

＊

日系人排斥同盟は失脚したが、少なくとも意図した効果は得られたといえるだろう。ベルビュー近辺から立ち退いた六〇家族ほどの日系人のうち、戻ってきたのは一一家族のみだったからだ。戻った者のほとんどは地主で、戻らなかったのは農地を借りていた者たちだ。

日系人排斥同盟は全体的な情勢の一部に過ぎず、この結果に直接関係しているわけではない。二世農家の大半とその家族にとって、戻る理由はなかったのだ。経済的な勢力が、この同盟が意図した目的を果たしたようだ。その多くは愛国主義を自分の目的に利用した同じ勢力によって突き動かされていた。

一九四一年、ワシントン湖浮橋が完工したとき、ベルビュー近辺の開発のポテンシャルが大きく広がった。日系人農家がすでに開墾していたため、土地を商業・住宅地区にすることは比較的簡単だった。戦時中はほとんど開発されなかったが、土地区画が得られ、大きなショッピングセンターのある新しく現代的な街づくりの計画が練られた。

ミラー・フリーマンの次男で、一九四五年にはオーバーレイク学区委員会の会長を務めていたケンパー・フリーマンは、この計画を率先した。彼は一九四〇年代にすでにメイン通りの土地を買い始めていたが、計画していたのははるかに大がかりな開発だった。西部や中西部の都市に行き、郊外で生まれつつあった新しい大きなショッピングセンターを見て回った。
彼は開発の構想に重要な役割を果たす土地を、父親のミラー・フリーマンを通して受け継いだ。ベルビューの都市化をはじめて構想したジェームス・ディッティは、ミラー・フリーマンに一〇四番地通りの南西の角と、ノースイースト八番地通りの土地を四万ドルで売ることを書面で持ちかけた。しかし、フリーマンは高すぎると考えて断った。オファーの期限が切れる三〇日間が終わる前に、ケンパーは父に取引を勧めるように言った。価格は交渉を重ねるほど上がってしまうと考えたからだ。[28]
ディッティは自分の過ちに気がつき、オファーを取り下げようとしたが、書面に価格が提示されていたためできなかった。こうして父が手にした土地をケンパーは引き受け、一九四五年六月には、ショッピングセンター計画に向けて掘削作業が始まった。戦時中で建築材が不足していたにもかかわらず、ショッピングセンターの建設許可を優先的に取り付けることができた。この計画には映画館も含まれていたため、近くのカークランドの造船所の兵士や労働者に娯楽を提供すると連邦当局が考えたからだ。[29]
このショッピングセンターが大きな転機を迎えたのは、高級デパートのフレデリック&ネルソンが入ったときだった。シアトルに本店があるこのデパートは、ここに店舗を構えることを九月に発表した。すぐに工事が始まり、食品店、レストラン、さらに床屋などすぐにほかの店も誘致された。映画館は「ベル・ビュー映画館」と名付けられ、一九四六年三月一〇日に開館した。はじめて上映された映画はビビアン・ブレインとペリー・コモ主演の『ドール・フェイス』だった。[30]
このショッピングセンターは、当初ベルビュー・ショッピングセンターと名付けられたが、一九四六年、ベルビュー・スクエアに変わった。ここは、ベルビューが静かな農業の町から現代的な郊外都市に変遷するのにもっとも大きな役割を果たした、目につくシンボルになった。

＊

ベルビューの日系人農家のほとんどは、自分たちが開墾した土地の地主ではなかった。法律や経済力不足に阻まれて、地主になれなかったからだ。強制退去当時、ベルビューには六〇家族ほどの日系人家族がいたが、地主は一三家族のみだった(31)。一九四五年はじめと一九四六年中盤、ピュージェット湾地域に日系人が徐々に戻ってきたとき、ベルビューに帰ることができたのは、土地を持っていた幸運な者だけだった。

戦前、日系人に土地を貸していた白人地主の多くは、四年間ほうっておいた土地を農地に戻すことはやめた。ほかの計画があったのだ。

「土地がないなら戻ることはできませんでした」。ヤーロー・ポイントに温室を持っていたアラン・ヤブキは言う。「地主はもう土地の見取り図を持っていました。開発されるとわかっていたんでしょう。戻る意味はありませんでした」

ベルビュー名産のイチゴのほとんどが作られていたクライド・ヒル地区は大半が貸地で、高級住宅地用に開発された。イーストゲート地区やレイクヒルズ地区などの農地は区画住宅開発地になった。ベルビューの北にあった貸し農地は、新しくダウンタウンになった。

同じような現象は、日系人が戦前住んでいた西海岸の農業地域全体で見られた。一九四五年、収容所を出た日系人は、農業地域から離れてやり直そうとする傾向が全体的に見られた。都市部の日系人コミュニティにある意味で守られて働く方が簡単だったからだ。かつての畑で働ける見込みはほとんどなかった元農家は、都市部で仕事に就いた。農業を続けた者はアイダホやモンタナやワイオミング州に移った。こういった州の人々は、当初はひそかに疑いの目で日系人を見ていたが、徐々にそれは、温かい尊敬の眼差しに変わった。

数字はこれを示している。戦前、ワシントン州の日系人人口は一万三八八九人だったが、一九五〇年は九六九四人に減った。だが同時期シアトルの日系人人口は一一九七人しか減っていない。また田舎と都市部における日系人人口は劇的に変わり、都市部に住む日系人の割合は一九四〇年は全体の六〇パーセントだったが、一九五〇年には八〇パーセントになった(32)。この傾向は西海岸全体、どこもだいたい同じだった。オレゴン州では、フッドリバーに住んでいた日系人の四〇パーセントしか同地域に戻らず、大半はポートランド市へと移った。また、三〇年代にすでに減っていたラッセルヴィルの日系人コミュニティは完全になくなってしまった(33)。ある研究によると、カリフォルニアで元の土地に一九四七年までに戻った日系人農家は、全体の四分の一のみだという(34)。だが、カリフォルニア州のガーデナ、アグニュー、ワトソンヴィルなど、かつての日系イチゴ農家コミュニティは、五〇年代にある程度再生した。こうしてしばらくのあいだは、北西部の日系人農家と同じ道をたどることはなかった。けれどもその後、かつての農家のほとんどが郊外住宅地の開発需要によって消えてしまった。それはベルビューの場合と同じだ。

収容所を出た日系家族の大半は、都会で暮らすという選択肢がなかったことが多かった。まず、かつて借りていた農場はもう手が届かないものになっていたからだ。

エンジ・タマエ一家は、収容所を出たとき、父親であるエンジと娘二人しかいなかったが、シアトルに戻ることが唯一現実的な道だった。一家は太平洋戦争の終結がはっきりするまでツールレイク収容所に残ったため、出所したのは一九四五年八月だった。チズコ・ノートンは言う。「戦争が終わったとき、収容所を出るのが待ちきれませんでした。ジャクソン通り（シアトル）に日系の店がいくつか開いていました。母の遺灰を抱えて、三人で列車に座っていたのをはっきりと覚えてます。

これからどこに住むのかとか、何をしようかとかではなく、何を食べようか、と話したことは忘れられません。朝ごはんがいいな、ワッフルとかハムと卵とか、そういうものが、と。そこでジャクソンカフェという、ジャクソン通りの日系人が経営しているカフェに入って、自由の身になってはじめての食事をしました。それはもう嬉しかったですよ」(35)

＊

ベルビュー近辺の土地をまだ所有していた二世にとって、帰宅は簡単ではなかった。まず、日系人排斥同盟のようなグループが待ちかまえていた。アキラ・アラマキいわく、「星条旗を振り回す連中」だ。

エド・スグロは言う。「なんとなく、気配は察しました。誰にも収容所のことは話さなかったし、ほかのやつに聞いて回ったりしなかった。戦争が終わったあとは、とにかく目立たないように、でしゃばらないようにしました。問題を起こしたり、状況を悪くしたくなかったですからね」

アラマキは言う。「ベルビューに戻ると、〝ジャップお断り〟という文字がどこに行ってもありました。

フレッド・ビンジェという親しい友人に会いに行ったんです。昔、レイクサイド・スーパーマーケット（ベルビュー近辺の大きな食品店）で、夜に彼の手伝いをしていたんですよ。ところが会いに行ったら、フレッドは奥の部屋に隠れてしまった。客の前で日系人と一緒にいるのを見られたくなかったんです。あとで、悪かった、本当に恥ずかしく思っていると謝ってきましたがね。それで仲直りの握手をしました」

キヨ・ヤブキ（前述のようにすでにクリーニング屋で軍服の洗濯を断られていた）は、排日の看板を恐ろしく思ったことを覚えている。「戻ってきたとき本当に怖い思いをしたのは、あるレストランに行ったときです。何も考えずに店に入って、カウンターの席に座りました。ところがふと目を上げると〝ジャップお断り！〟という文字が目に入った。『ああ、食事に毒を盛られでもしたらどうしよう』と思いましたよ。でも店から出る勇気もなかったので、そのまま座ってました。ちゃんと食事は出してくれたんですが、毒入りじゃないかと真剣に心配したもんです」

ベルビューに戻った数少ない二世は、静かに生活を立て直し始めた。大半は一からやり直した。自宅が火事で焼かれてしまった者も多かった。

「昔住んでいたところには戻りませんでした。火事になってしまったんです。ですから、収容所に持っていかなかった家具は、すべてなくなってしまいました。火事がどうやって起きたのかはわかりませんが、たぶん放火でしょうね。『ジャップ』を火事で消してしまえとでも思ったんでしょう」。ミチ・シライシは言う。

シライシ家だけではなかった。ヒロタカ、マツオカ、そしてほかの家族の家も火事でなくなっていた。

何の説明もされず、疑いだけが残った。

＊

マツオカ一家がベルビューの家について知らせを最初に聞いたのは、モンタナ州の農場で働いていたときだった。友人のフィリピン人ジョニー・デ・ロス・アンゼルスに、家を見てくれるように頼んであった。

「ジョニーはレドモンドの方に奥さんを迎えに行ったあと、うちに行ってくれようとしていたところだったそうです。煙が見えて、ああ、マツオカの家じゃないかと急いだ。近くに行くと台所が燃えていて、火の元はそこだったようです。誰かの手を借りたんでしょう、ピアノや古い椅子、写真を運び出してくれました。火事の原因は何だと思うか聞いてみましたが、わからない、と言っていました」。マツオカは言う。

家を失ったマツオカは、ベルビューには戻れなくなった。一九四六年夏、義弟のトキオ・ヒロタカのところに身を寄せて、燃えてしまった家の残骸を見て、建て直すことについて考えた。「難しいよ、と言われたんです。材料はすべてが配給制だったからです。だからその申請をしなければいけなかった。一年ぐらいかかるかもしれないと。そりゃあ頭に来ましたよ。

そこで、私はモンタナに戻り、妻と子どもたちに話しました。ここにいてもいいよと。…それで私たちはモンタナに残ることにしたんです」

こうしてマツオカ一家はモンタナ州チヌークに残ることにした。ベルビューの土地を売った金で一九四六年にルンディーンの土地を買い、三三年間畑をやった。子どもたちはチヌークの学校に行き、ボーズマンにある大学に行った。

ここまでの道は、決して楽ではなかった。チヌークははじめ、日系人を歓迎しなかったからだ。学校の教師は冷たかったという。だが、学校の子どもたちは挨拶をしてくれたときもあった。レイは言う。「町なかはもっとひどかったです。ジャップというのはひどい言葉ですから、ベルビューではあまり聞きませんでした。でもチヌークは、野蛮な土地とはいいませんが、ベルビューとはやはり違いました。いろいろと、嫌な看板などが貼られた通りを通らなければいけませんでした。確か弟たちを待たなきゃいけなかったからです。目抜き通りを通ると、たくさんではないけれど、〝ジャップお断り〟の看板がいくつもありました。…よくわかりませんが、店同士で真似をしたのでしょう。それが戦時中はずっと続きました」(36)

学校も似たようなものだった。「それだけは忘れられません。うちの子たちは本当に苦労しましたからね。たとえばレイはチヌーク高校で歴代最高の成績をとったんです。でも卒業総代にはなれませんでした。…反対した教師が何人かいたそうです。ジャップだから、その資格がないと」(37)。マツオカは振り返る。

レイも覚えている。「卒業の前でした。卒業総代と次席の人がいつも選ばれるんですが。教育長に呼ばれてこう言われました。本来なら君が総代のはずなんだが、別の生徒になったと。教育委員会が…私はこの高校に通常の四年間いなかったから、資格がないと決めたんだと言われました」(38)

こういった苦労もあったが、一家はここに落ち着き、モンタナ州の暮らしも悪くないと考えた。マツオカは言う。「モンタナには四八年間いました。悪くないところでしたよ。人も優しいですしね。気候は厳しいですが、人はいい人が多かったです。

東部から息子夫婦の親戚が一度泊まったんです。ハナワサケさんというんですが、朝、散歩に出かけたんですよ。『車に乗ってる人が何度も止まって行き先に連れてってあげると言ってくれたのよ。散歩なんですよと断らなきゃいけなかった』と言うので、『モンタナでは誰も散歩なんてしないからだよ』と教えてやりました」

カズエは子ども時代に慣れ親しんだ緑あふれる庭をこの乾いた平原の地に再現しようとした。レイは懐かしむ。「母が作った庭はとてもきれいでした。花をたくさん育てていてね。どうやって時間を作っていたのかわかりませんが。モンタナの農場に花を植えて変身させたんですよ。本当にいつもきれいでした。

モンタナの人はそういう庭づくりはしませんでした。花の苗を育ててそれを花壇に植える。そういうやり方に気がついたんです。本当にきれいでしたから、……人が庭を見に来ました。母は何よりも自慢にしてましたよ」

マツオカ家はチヌークの町の一員となっただけでなく、慕われるようになった。マツオカは一九六六年、モンタナの年間最優秀農家賞を受けた。かつてベルビューで過ごした日々は、悲しみに満ちた遠い記憶になってしまった。

*

ベルビュー近辺で荒らされたのは日系人の家だけではなかった。ヒロタカ家とマツオカ家の親しい隣人だったクラーク・ジェンキンズは、彼らが収容所にいるあいだ、貴重品をあずかり自宅の屋根裏にしまっておいた。ところがジェンキンズの家も疑わしい火事で燃えてしまった。日系人との友情がその原因だったという証拠は見つからなかったが。

「日系人の肩を持った白人は、いろいろな嫌がらせを受けたんですよ。ジャップびいきと呼ばれ、愛国心がないやつだと言われたんです」。ジョー・マツザワは言う。

それでも、戻ってきた日系人に対して押し寄せた人種差別の波をせき止めようとした人たちはじゅうぶんにいた。ベルビューの二世は、戦前も戦後も彼らを守ろうとしてくれた白人の友人の名前を少なくとも一人は挙げることができる。クレイトン・シンストロム、サム・ボディ、クランシー・ルイス、チャールズ・ボビーがその人たちで、ベルビューを現代的な街に作り上げた人たちでもある。

「誰が本当の友だちなのかわかりました。収容所に入れられていたとき、ベルビューで私たちを支えてくれた人はほんのわずかでした」

日系人の家は荒らされたことが多かった。貴重品はすべて盗まれた。農場でふたたびやり直そうと、一九四五年の夏、ムツオと共に戻ってきたミツコ・ハシグチはひどいショックを受けた。「帰るには帰りましたが、ひどいありさまでしたよ。これからどうしたらいいのか、見当もつきませんでした。火事でなくなっていたわけではありませんでした。牛や豚やいろいろな人が出入りしたみたいに、汚れにまみれていたんです。たいへんだったのは、水がなかったことです。井戸にはありとあらゆるゴミが入ってましたから。本当にいろんなものが」

それだけではなかった。「ぜんぶ盗まれてました。持っていたものは納屋にしまっておいたんです。家の裏にあった建物で、そこに持ち物をすべて入れて、鍵をかけて釘を打ち付けておいたんです。戻ってきたらちゃんとあるようにね。銀食器など、嫁入り道具とかぜんぶ、ほかには置くところがありませんでしたから、ぜんぶ入れておきました。

白人の友人が言うには、立ち退きの日に連中がトラックで来て日系人の家からぜんぶものを取っていったそうです。持って行けるものは何でも。そう友人が教えてくれました」

だがハシグチ家はくじけなかった。ミッドレイクス地区の自動車修理工場をやっていたウェイリー一家は、とても親切で、水を好きなだけ使っていいと言ってくれた。「それで、二か月ほどはシアトルに先に戻っていた義父の家にいました。ミニドカ収容所から、まっすぐシアトルに戻ってきていたんです。義父の家に身を寄せて、そこから通って何とか家を掃除して、少なくとも住める状態にしようとしました」

家の掃除も大仕事だったが、畑を元に戻すことに比べれば大した問題ではなかった。「雑草が畑全体にびっしり生えていたんです。畑に入って何かをすることさえできませんでした。農場をやるために土を再生するのは、いちばんたいへんな仕事でした。お金もありませんでしたしね。でも、アイダホの農場やこの農場でやって来たことを信じて弟と父と母で、力を合わせてがんばりました。畑を元の状態に戻すのはたいへんでしたね。五年という月日と、何トンもの堆肥が必要でした。注文して列車でそれを運んでもらったんです。きつかったですよ」

これほどの努力をしても、一家の農場は以前のようにはうまくいかなかった。「ふつうの状態には戻りませんでした。無理ですよ。それで農家はみんな五三年に、もうやめた、と諦めたんです」。ミッドレイクス地区の農場に戻ってきた数人は、その年、土地をグレート・ノーザン鉄道に売り、農業以外の仕事を始めた。

隣の家のセイイチ・ハヤシダは、四五年に家のものを取りにアイダホ州カルドウェルから戻った。彼はアイダホ州に残り、農場を続けることに決めていた。戻ってみるとひどい状態が待っていた。「ぜんぶなくなっていたんです。というより、もう自分のものではなくなっていた。農場をある男に貸していたんです。それはよかったんですがね。『置いておいたものを取りに来た』と言いました。道具類は鍵が締まるところに入れてあったんです。

すると『それは俺のもんだ。持っていくな』と言うんです。『俺が政府から買ったんだから俺のもんだ』と。

『誰から買ったって?』と聞き返しました。

『政府だよ』

『政府のものじゃない、私のものだ』と私は言ってやりました。

するとやつは家に入り、買ったものが羅列してあるリストを持ってきたんです。政府の売渡証で、〝支払い済み〟とありました。『指一本触れさせない』と言うんです。

私のところにはまったく金は入りませんでした。政府を訴えることもできたでしょうが、大した金額にはならなかったでしょう。訴える方が高くついたと思います」(39)

アラン・ヤブキは戻ってきたとき「仰天したこと」がいくつかあった。まずハンツ・ポイントで家族経営していた温室は、ひどい状態だった。おそらく厳しい冬が続いたせいだろうとヤブキは考えている。一方、家は荒らされ、機械や道具は盗まれていた。ほとんど何も残っていなかった。

アキラ・アラマキは収容生活のあいだ農場を貸していた知り合いについてこう話している。『ジャップは戻らせない、この土地も絶対に返さない。これは俺たちの土地だ』と。頭に来ましたね。どんなことをしても取り返す、と思いました。取り返しましたよ。闘わなくてもすみましたけどね。でも連中はトラクターや灌漑用パイプをぜんぶ取って自分の農場に持って行ってしまったんです。家中をあさったんですよ。部屋にぜんぶ入れておきましたから、盗られるとは思わなかった。でも盗られたんです」

戦前に開いていた扉は閉じられてしまった。二世の農家が作ったものは誰も買おうとしなかった。「戻ってから畑をやりはじめたんですが、エベレットに持っていったところ、誰も買ってくれませんでした。買いたかったのかもしれませんが、買えなかったのかもしれない。エベレットには寄りつくな、と言われました。つらかったですよ」。アラマキは言う。

仕事もなかなか見つからなかった。一九三九年、カークランド高校を次席で卒業したローズ・マツシタは、一九四五年五月に収容生活が終わってからスポケーンのビジネス学校に入った。「ばかでしたよ。何の仕事も、まったくありやしませんでした。一月にはもう見込みはないって諦めて、シアトルに戻りました。

そのあとは家事手伝いをしてました。事務の仕事なんか、誰も雇ってくれません。どうもおかしいな、と思ったんです。求人に申し込むと『もうほかの人に決まった』と言われるんですが、二週間後には、まだ同じ求人を新聞で募集してるんですから」

だが、ほとんど目には見えなかったが、戦争は大きな変化をもたらした。何十年も「黄禍論」という理屈とスケープゴート探しが推し進められ、アメリカにいる日系人はすべて反逆者だと誹謗中傷されてきたが、そのような考え方は永遠に消えた。それは、四四二連隊の日系兵士が血の犠牲を払ったからだ。

たとえば、一九四五年一二月五日、中国ビルマ戦線の英雄ジョセフ・スティルウェル大将が、メアリー・マスダという女性に追叙勲章を授与したニュース映像が広く流れた。マスダは、収容所からカリフォルニア州サンタ・アンナ近くの自宅に戻ったとき、地域の代表者から、歓迎しない意を伝えられた。彼らはこのとき、四四二連隊の戦闘でイタリアで戦死したマスダの兄が、殊勲十字章を授与されたことを知らなかった。そしてこの勲章を、スティルウェルはわざわざ西海岸まで出向いて、全米のマスコミの前でマスダに授与した。(40)

このような映像が国民の記憶に新しかったため、JACLは収容所ののけ者的立場から、日系人の最大の擁護者となった。JACLは戦時中ほぼずっと、強制退去・収容を法的に問題視する動きに反対する立場を取っていたが、(41) 収容によって起きた損失に対して補償を求める日系人の法律相談を受け付け始めた。また、日系一世がアメリカ市民になることを禁じた法律を撤廃するため、ロビー活動を始めた。同時に、二世と三世がさらにアメリカ社会に受け入れられるように、彼らがいかにアメリカ的であるか、そしていかに同化したいと希望しているか、弁舌豊かな広報活動を始めた。この取り組みに勢いを与えたのが、またしても四四二連隊の元兵士たちだ。復員兵援護法を受けた何千人というこの二世兵士たちは、親を貧困から救い、中流の生活をさせることができた。特に専門職とホワイトカラーの仕事を得るチャンスは、一九四二年以前は二世には閉じられていたが、徐々に開いてきた。[42]

JACLの取り組みによって、一九五二年、「移民国籍法（マッカラン・ウォルター法）」が可決した。これは帰化法と排日移民法の文言を覆し、移民と帰化において人種という要素を排除した。[43]戦時中、中国とフィリピンからの移民一世については、両国がアメリカの同盟国だったため、帰化の門戸がすでに開かれていた。これは一九四三年と四六年に可決した法案で、それまで彼らを排除していた法律が覆されたからだ。だが新しい法案では、アジア系すべてがアメリカに移民できること、そしてさらに重要なのは、市民になれることが認められていた。

とどのつまり、終戦間際の排日運動においてもっとも目に付いたのは、その効果のなさだった。市民が正当に住んでいた家や土地を取り上げようとする取り組みは、ベルビューの例のように、西海岸全域であまりにも短命だった。その前の数十年間、排日気運が長く続いたこととは対照的だ。これには、四四二連隊が犠牲を払ったという感動的なイメージと経済的な変化のほかにも、大きな要素がいくつかあった。日系人が身を粉にして働き、同化を強く望んだこと。戦後の西海岸地域の人種構成がめまぐるしいスピードで変わったこと。これによって実にさまざまなマイノリティが劇的に増加したこと。そのなかで、比較的少なかった日系人は目立たなかったこと。JACLの運動が功を奏したこと。日系人にとって正しいと思われることを実現しようと、何千人という白人が静かに取り組んだこと。これらは特に教会のグループやリベラルな組織で、日系人を暴力から守り、排日派と対決するため、地域のコミュニティで活動した。一九四五年、ベルビューで開かれた排日集会で起きたのと同じような反応が、西海岸全域で見られた。日系人が長年の友情を築いてきた人たちが、ようやく彼らの弁護に立ち上がり、排斥

に反対したのだ。(44)

ベルビューでは、自治体を市にするかどうか、メリットとデメリットについて長年激しい議論が交わされていたが、一九五三年、正式に「ベルビュー市」になった。六〇〇〇人ほどの住民の多数が、のどかな雰囲気が失われるのを嫌がった。だが、市になる利点のほうが勝ち、三月二四日、反対派四六一人に対して賛成派は八八五票と、軽々と勝利をあげた。チャールズ・W・ボビーが初代市長になった。彼は日系人を弁護したことでも知られていたが、一九四三年、ベルビューに日系人が戻ってきたという例の騒ぎの張本人でもあった。(45)

*

ベルビューはみるみるうちに大きくなり、その前の一〇年と比べて三倍ほどの規模に成長した。成長の中心となったのはベルビュー・スクエアで、企業などを引きつける役割を果たして、中心街をメイン通りから北方へと広げた。中心街はこうしてミッドレイクス地区にまで広がった。

近くのクライド・ヒル地区などの地域や、ベルビューの北や南に住宅地ができた。シアトルの住民で、田園風景に囲まれて住みたいと考える人たちに、こぎれいな新築の家を提供した。オフィス街はめまぐるしい成長を遂げて、新しい住民にさまざまなサービスを提供するために花開いた。

開発業者はシアトルの住民に向けて、ある新聞広告では次のように宣伝している。「通勤わずか一五分。落ち着いた田園風景のマイホームを想像してみてください」。ロビンスウッド地区やサマーセット地区など、ベルビュー近辺の新興住宅地は、シアトルへの通勤に使われる片側四車線のハイウェイに近いからという理由で建てられた。新興住宅地の建設が比較的楽だったのは、日系移民がすでに土地を開墾して耕したことが大きかった。

浮橋によってサンセット・ハイウェイ沿いの地域はシアトルのダウンタウンにすぐ近くなった。一九四七年、浮橋の通行料金が廃止されてから、さらにベルビュー近辺の人気は高まり、アクセスも簡単になった。通行料金の廃止を記念して、手の込んだ式典が行なわれた。ミラー・フリーマンは、橋の建設の貢献者として最後の二五セント硬貨を払う名誉を与えられた。一九五五年、フリーマンは八〇歳で亡くなった。ベルビューを郊外都市にするという彼の夢はすでに現実になりつつあった。

次の三〇年間、ベルビューは安定した成長を続けた。それはボーイング社の社員やシアトルのホワイトカラーの労働力が都市部からイーストサイド地域に移ってきたからだ。浮橋の需要があまりにも高かったため、ワシントン州は、ワシントン湖北にあるモントレーク地域からメディナ地区のエバグリーン・ポイントまでもう一つ浮橋を建設した。ベルビューの近隣、カークランドとレドモンドも同じような新興住宅地になった。

こうしてイーストサイド地域の全体が徐々にシアトルの郊外都市になっていった。特にホワイトカラー人口は、イーストサイド地域に引っ越した。全米チェーン店のスーパー、セーフウェイはミッドレイクス地区に地域流通センターを作った。ここはかつて日系人農家が畑を耕していたところだ。

ベルビュー・スクエアはフレデリック&ネルソンを中心に発展し、デパートのボンマルシェが加わり、単なるショッピングセンターの域を超えた。ケンパー・フリーマンはさらに上流の雰囲気を出そうと店舗の種類を選んだ。その結果、ベルビュー・スクエアはシアトルのダウンタウンのどの店にもひけを取らない上流のイメージを獲得した。七〇年代には屋内施設になり、ベルビューのダウンタウンの富を象徴するもっともゆるがないものとなった。一九九一年、デパートのフレデリック&ネルソンが破綻したときも、現経営者のケンパー・フリーマン・ジュニアはびくともしなかった。ただ代わりに、高級デパートのサックス・フィフスアベニューを入れただけだ。

一九八〇年代にベルビューは本当の意味で郊外都市になった。鉄筋とガラス窓の高層ビルはワシントン湖の東側の湖岸を現代的な風景に変貌させた。レドモンドのマイクロソフト社は世界トップのソフトウェア企業になり、ボーイング社にもひけをとらないほどの規模で地元経済に金を落とした。地元で生まれた経済原動力とシアトルやタコマなどの都市と同等の産業を備えて、イーストサイド地域は独立した主要地域になった。文化の発信地としてはグランジ文化で有名なシアトルよりもはるかに遅れていたが、土地や住宅の価格はシアトルを上回った。かつてまったく価値のなかった切り株だらけの土地は、いまやピュージェット湾地域でもっとも高い不動産になった。

日系人農家はもうほとんど残っていなかったが、ベルビュー市はストロベリー・フェスティバルを七〇年代に再開して、その後、毎年開催している。これはかつてのストロベリー・フェスティバルとは似ても似つかず、出されるイチゴはベルビューで育てられたものではない。かつてのフェスティバルの名残はほとんどすべて消えてしまった。トム・マツオカの弟ジョンはごく最近まで農場をやっていたが、二〇〇〇年の秋、その年の収穫が最後だと発表し、八五歳でやめることを決めた。

ベルビュー・スクエアのすぐ隣、ビュークレストという地区には、二世がかつて日本語学校で木登りをした木が残っている。いまでは大きくなり、当時二世が幹に彫ったというイニシャルも消えてしまっ

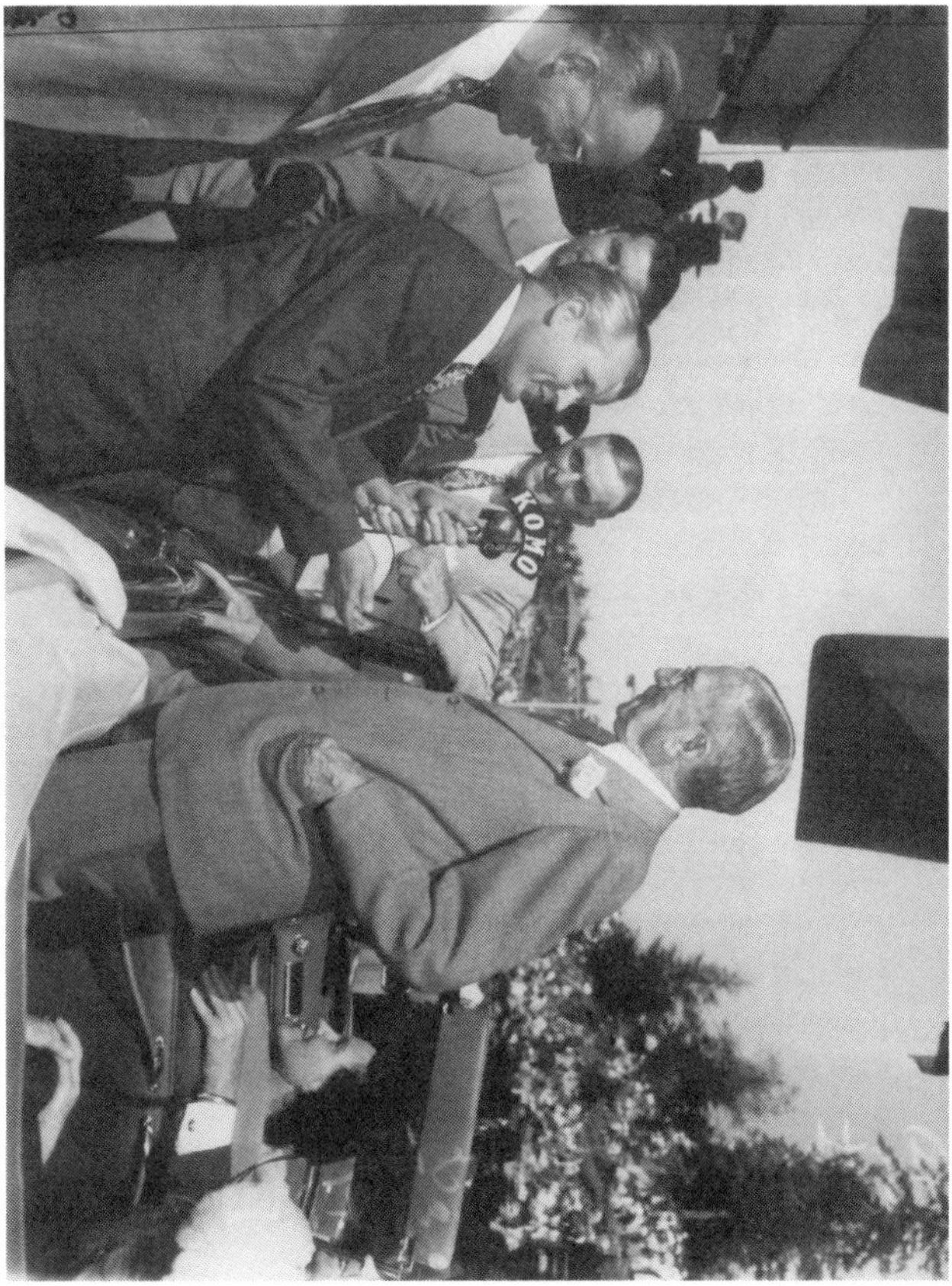

マーサー島浮橋の建築で果たした役割を記念して、ミラー・フリーマンは橋の最後の通行料を払った。この式典は放送された。1947年。（歴史産業博物館、シアトル・ポスト・インテリジェンサー・コレクション提供）

た。

建物は一つ残っている。線路横の青果用倉庫だ。最近改修されたこの建物には、不動産や窓屋、掃除屋が入っている。

日系人コミュニティの最大のシンボルだった日系人公会堂の跡地は、ベルビュー・スクエアへの通りとなっている。土地の残りは旅行会社の駐車場だ。

ミッドレイクス地区にあるマツオカ夫婦が耕していた畑や、アラマキ、スグロ、イトウ家などの農地は、大型スーパーチェーン店セーフウェイの流通センターになっている。

イーストサイド地域を南北に走る州間高速四〇五号線は、ヒロタカ家の農場を横切っている。かつて持っていた土地の残りはいまやフォードのディーラー店、ホテル、レストラン、オフィスなどになっている。

日系人農家が多かったピーターソン・ヒル地区は、戦後誰もいつかず、五〇年代中盤、シアトルにある民間組織グレーンデール・カントリークラブが土地を買い、高級ゴルフ場に変えてしまった。北西部は雨が多いが、地域のほかのゴルフ場と違い、ここは瞬く間に成功した。それは日系人農家の開墾や耕耘のおかげで、土地をゴルフ場に簡単に変えられたことも大きい。

ジョー・マツザワの家族がかつて持っていた農場は、広大なホテルのベルビュー・コットンツリー・インになった。一九九三年、メイデンバウワー・コンベンション・センターができる前までは、会議などの会場として使われた。

リュウタン・クリタが一九二三年、外国人土地法に反して耕し起訴された土地の一部は、いまはベルビュー郵便局になっている。

ミチ・シライシの家があったニューポート・ウェイ地区は、いまはビジネス・コンプレックスになっている。その一つは指圧医院になっている。

イトウ家の農場も、同じように主に不動産会社や会計事務所などのオフィス街や、住宅地になっている。

一方、最初と二番目の日本語学校、ヤブキ、ヌモト、ツシマの温室、ムロモトとミゾカワとタニノの家族農場があった日系人農家が耕した土地のほとんどは、中の上の人たちが住む住宅地になった。ほとんどがきれいに手入れされた芝生とスプリンクラーを備えた新築の家だ。かつてこの土地に住んでいた日系人たちは、ここがそうだと言われてもわからないだろう。また現在の住民は、かつてここに日系人農家が住んでいて、イチゴやエンドウやトウモロコシがふんだんに収穫できたのだと知ったら、目を丸くすることだろう。

＊

ベルビューの日系人コミュニティは壊滅したが、何人かの二世は残って粘り抜いた。親のあとを受け継ぎ、日系人のコミュニティを再生した。だが土地を開墾して耕し、ベルビューを作り上げた親の一世は、もぬけの殻となった。

「逮捕されてからは、すっかり気落ちしてしまったんだと思います」。ミチ・ニシムラは父親のアサイチ・ツシマについてそう話している。「戻ってきてからは、別人のようになってしまって。ある年日本に戻ったんです。長男なので、土地を相続するとか、そういう責任があるんですよ。とにかく少しだけ滞在してから、またこちらに帰ってきました。

それから三年後、日本を死に場所にするんだと決めて、また戻ってしまいました。よくわかりませんが、戦争中に気落ちしてしまったんだと思います。怒っていたわけじゃありません。けれども…すっかりがっかりしてしまった人が多かったんです」。アサイチ・ツシマは生まれ故郷の岡山に戻り、一九六九年、九一歳で亡くなった。

ミチ・ニシムラと夫のトムはベルビューに戻った。ほかの二世と同じように、懸命に働き、目立たないようにつとめながら友人を作り、隣人と付き合った。月日が経ち、地域の一員として認められたと自覚した。

このようにして、アメリカ人として完全に認められたいという二世の夢は、最終的には実現した。アキラ・アラマキは不動産業で成功した。キム・ムロモトとパートナーのヒロシ・ミゾカワは、ベルビュー園芸場を開きその後三〇年経営した。ミツコ・ハシグチはムツオが一九六三年にガンで亡くなり未亡人となったが、ベルビュー学区の仕事に就き、給食部の責任者になった。ケイノ・ヌモトはボーイング社で働き、退職後はベルビューのささやかな家で豊かな菜園の世話をして暮らした。ローズ・マツシタもベルビュー学区の仕事に就いた。

トキオ・ヒロタカは、トム・マツオカから買った農場と土地で数年働いていたが、その後は造園師や園芸専門家などの臨時の雇い仕事をいくつかやった。一九九九年、八九歳で亡くなった。

ジョー・マツザワは、戦後一年ほどたってベルビューに戻ってきた。今度は空軍が一九四七年に設立されてから、ふたたび入隊した。何年も日本を含む太平洋地域のレーダー基地で勤務し、一九六五年、シアトル北のリンウッドで引退生活に入った。二〇〇一年五月六日、自宅で安らかに生涯を閉じた。

ミチ・シライシはシアトルで家族の農場に残り、両親の世話をしながら、洋裁の仕事を見つけた。両親が亡くなったあと、やっと結婚できる自由の身になり、一九七〇年に結婚した。一九九七年、八五歳で亡くなった。

ほかの多くの二世は、ずいぶん昔に退職した。かつての差別の影はまだ微妙な形で残っていて、当時覚えた恐怖がときどき甦るという。

ローズ・マツシタは、一九九一年、真珠湾攻撃五〇周年のとき恐怖を感じたという。「昔と同じですよ。当時は、嫌がらせを受けるんじゃないかと買い物に行くのが怖かったんです。数か月前、真珠湾攻撃五〇周年で騒がれていたとき、またあの感覚が甦ってきました。もうずいぶん経っているのにそう感じるなんて、驚きました。恐ろしいですね」

戦時中のことを思い出すのはつらいという。

「助けてほしかったとき、みんなどこにいたんでしょうか。世間の目が怖かったんでしょうね。…人間というのは楽な道を選ぶものですからね。それもしょうがない、と思った日系人がほとんどです。でも、収容の痛みと傷は、あまりにも深かった。特に、長年いろいろなものを犠牲にして働いてきた両親が、すべてを失ったことを考えると…いまでも泣けてきます」

だが当時のことをいやいやながら思い出すとき、ほとんど全員の二世が、許しについて語った。「過去は過去です。起きてしまったことなんだから、もう何もできません。だから忘れた方がいいんです。

でも、二度と同じようなことが起きないようにしなければなりません」ミチ・ニシムラは言う。

一九八八年、議会が収容経験者に一人あたり強制退去・収容の補償金として二万ドル払うことを決めたとき、昔の怒りと不安が甦った。補償について投票前に討議されたとき、戦時中と同じ議論が見られた。真珠湾攻撃は収容を正当化するという論旨だ。またしても、アメリカ市民と外国が行なった軍事行動は別だということが忘れられている。

ノースカロライナ州共和党議員のジェシー・ヘルムスは、修正案として「真珠湾攻撃の…結果亡くなった男女の遺族に対して、日本政府が公正に補償しない限り、補償金は与えられない」とする条件を付けることを提案した。ワイオミング州共和党議員のアラン・シンプソンは、「謝罪はもっと前にされるべきだったが、それに補償金をつけるのは誠実さに欠ける」とした。彼らの反対にかかわらず、法案は可決した。

だがそれでも収容弁護派は諦めなかった。ワシントン州下院議員が一九九二年春、日系人収容五〇周年についての決議案を可決しようとしたとき、同じ論調が聞かれた。

ラクロス市共和党議員で第二次大戦の復員軍人ダーウィン・ニーリーはこう述べた。

「〝試合〟が終わってどうこう言うのは簡単だ。しかし終わったことは変えられない。むろん日系人はたいへんだっただろう。だがわれわれは恐れていた。当時の指導者がどうしてそうしたのか、私にはわかる。日本が真珠湾を滅茶苦茶にしたからだ。

甚大な不平等が見られたことは遺憾に思う。われわれの大半が同じように思っているだろう。だがあのときの立場になってみなければならない。われわれの指導者は、警戒措置を取ったのだ。そしてそれは必要以上の措置だったのだろう」

ニーリーのコメントに対して、シアトルの民主党議員で、後年ワシントン州の州知事に就任したゲイリー・ロックは熱のこもった批判を浴びせた。彼はアメリカ史上初のアジア系（中国系）アメリカ人州知事だった。「確かに、われわれは恐怖の時代、戦争の時代にいた。確かに、われわれは太平洋戦争で同胞を失った。だが敵と同じ人種だからというだけで、アメリカ国民を責めることはできない」

一方、補償問題と共に戻ってきたのは昔の嫌な感情だけでなかった。収容の犠牲者が収容経験について語りはじめたのだ。ずっと彼らはその記憶を恥と痛みを持って心の奥深くにしまっていた。

「近所に住んでいる女性が、補償が発表されたあと、いくつか質問してきました」。ミチ・シライシは言う。「それで言ったんです。『マッジさん、収容所の話、私はまったく話したことがないでしょう。もう終わったことなのよ』と。誰もあんな目に金輪際遭わないといいんですが」

＊

トム・マツオカは一九六八年、農業をやめた。その年の八月一日に六五歳になり、仕事が終わって家に戻ると、引退するとカズエに話した。町の方に引っ越し、しばらくは郡の道路工事のアルバイトをした。「たいへんなときもありましたが、だいたいは楽で実入りのいい仕事でしたよ」。マツオカは言う。

引退した二人は、お互いを思いやりながら静かに暮らした。それまでの人生ではあまりにも多くのできごとが起きたから、言葉は必要なかった。娘のレイ・タケカワは、二人は人前でべたべたと仲良くすることはなかったと言う。「そういうことはしませんでした。私たちは誰もしませんね。つつましいんですよ。見せたがりではないんです。

父も母も気が強かったです。ときどき、言い合いもしていました。どちらも自分の考えをしっかり持っていて、自分が正しいと思ってましたから。それでぶつかることもありましたね。でもいつも一緒で、いいチームでした」

カズエは年を取ってから、意外な絵の才能があることに気づいたという。「母はものすごく絵がうまかったんです。気がついたのは退職して、モンタナの町に引っ越したあとのことでした。個人レッスンや授業を受けてね、本当に上手でしたよ。…作品をあっという間に仕上げてしまうんです。一つの作品に取りかかると、続けてすぐに仕上げてしまったものです」

マツオカは一エーカーの「菜園」をつくり、育った作物は、収穫期になると近所の家々の食卓にのぼった。カズエは近所の女性たちとブリッジをするのが好きだったが、マツオカはあまり仲間には入らなかった。パートナーとして組むと、マツオカが出す札にカズエは文句を付けたそうだ。その後一八年、二人はこうして暮らした。

「母は医者嫌いだったんですが、ある晩、外食に出かけたあと、とても具合が悪くなって、医者に連れて行きました。ひどい胆嚢炎だったんです。一か月後、一九八六年五月一二日に亡くなりました。母の日の前日だったので、みんな電話して話したんです。心不全でした」

カズエは八〇歳の生涯を全うした。マツオカにとっては、別れを言うのはつらいことだった。その夜のことをマツオカははっきりと覚えている。

「朝六時ぐらいに起きて、妻の分のコーヒーを作りました。泊まっていた下の娘が起きてきて、二人で朝食の準備をしました。食べようか、と言うと、お母さんは何で降りてこないのかしら、と言うので行って見てみたんですが、眠っているように見えたんですよ。

下に降りて朝食を食べました。しばらくたって、やっぱり何かおかしいと思い、娘が確認してみると、もう冷たくなっていたんです。娘が降りてきて、様子が変だと救急車を呼んで、病院に妻を運びました。病院に着くと、呼吸が停止していると言われました。その一時間ほど前に亡くなったということです」

彼らはカズエをチヌークの町の墓地に埋葬した。マツオカはその後も数年チヌークに住んだが、高齢で家族がいないのでは、いざというときによくないと考えた。子どもたちは西部や中西部に散らばっているから、何かあったときには近所の人に迷惑をかけてしまう。高齢者ホームにもまだ入りたくなかった。

「高齢者ホームにいる連中は、私よりずっと若いんですよ。友人を訪ねに行ったもんです。でももう様子が違ってしまってました。こっちが誰だかわからないときもありましたよ。私はまだ入らずに済んで、感謝しなきゃなりませんね」

マツオカはワシントン州リッジフィールドに引っ越した。レイの家から車でわずか二〇分のところだからだ。レイは近くのバンクーバーに三〇年ほど住んでいた。マツオカはまだ自力で生活できた。リッジフィールドは静かな田舎で、昔のベルビューに似ていなくもない。ここでも菜園でいろいろ作っていたが、チヌークの一エーカーの土地よりも狭かった。そしてモンタナ州とは違って、ふたたびナメクジと闘わなければならなかった。年のせいで体のふしぶしが痛くなり、菜園を小さくした。

シアトルに住む孫が灰色の小さなシュナウザーを連れてきた。ベルビューで一緒に働いていた未亡人の飼い犬だったが、もう世話ができなくなったからだ。「誰かうちの犬を飼ってくれる人がいたら教えて、というので、孫はうちの祖父なら飼ってくれる、と言って連れてきたんですよ」

犬はマツオカの相棒になった。「毎日、郵便局まで散歩に連れて行きましたよ。遠いな、と感じる日もありましたね」

マツオカが健康だったのは、性格にもよるのかもしれない。苦労続きだったが、前向きな生き方は変わらなかった。マツオカのように腹立たしく苦しい試練を経験したら、それを一生引きずる者も多いだろうが、マツオカにとってはただ遠い過去のことにすぎなかった。憎しみは彼の世界には存在しなかった。憎しみに直面したときは、無視した。

「そんなことで時間を無駄にしたくなかったんですよ。人はいろいろ言うものですが、自分たちはいつも誇りを持って生きてきました」。レイは言う。

彼が見てきた日系人に対する不当な仕打ちの原因は、無知から来る恐れや世間の目だと、マツオカは考えていた。「馬を二頭飼っていた男性がいたんです。それであたりの日系人の畑を馬を使って耕していたんです。でも戦争になったら、その人はいちばん強く収容を主張したんですよ。

隣近所がなんと言うか心配してそういう行動を取った人が多かったんだと思います。日系人びいきだと思われたくなかったんでしょう。チヌークでは、〝日系人の客はお断り〟にしていた床屋がいたのを覚えています。ほかの客がいなくなるのを恐れて、そうしたのだとあとで聞きました。

私は、日系人の悪口を言う人には直接会ったことがないんです。知ってる限りはね。会ったのかもしれないけれど、わからなかったのかもしれません。もし会っていたら、ただ『こんにちは』と挨拶したと思いますよ」

＊

マツオカは二〇〇一年三月九日にこの世を去った。二月、脳梗塞で倒れ、レイが療養所に入院させたが、けっきょく回復することはなく、合併症で亡くなった。レイは数年後の二〇〇四年一〇月八日、バンクーバーの家で父親のあとを追うようにガンで亡くなった。

私がレイの助けを得てマツオカに最後のインタビューをしたのは、二〇〇〇年八月のことだった。本書の初校のコピーを渡した。マツオカは弱っているようで動きも遅かった。その一年前には犬も死んでいたから、一人暮らしだった。だが親切な性格は変わっていなかった。

マツオカは私にお茶を勧め、初校のページをめくりながら一緒にお茶をすすった（レイは後日、彼はあっという間に読んでしまい、もちろん少し間違いを正してくれたと教えてくれた）。マツオカはほほえみ、私たちはテレビでやっていたフットボールの試合について少し話した。だがもう遅かったので私は握手をして失礼した。車を出そうとする私に、マツオカは玄関に立ち、手を振ってくれた。訪ねたときは、いつでもそうしてくれたように。

エピローグ　強制収容の記憶と意味

二〇〇一年九月一一日の朝、四機の旅客機がハイジャックされた。トシオ・イトウは、二機目のユナイテッド航空一七五便が世界貿易センターに激突した瞬間をテレビで見ていた。同じ場面を見た者はたくさんいただろう。だが彼の頭に浮かんだのは、おそらくほかの——日系二世以外の——アメリカ人とはまったく別のことだった。イトウが思い出したのは、強制収容所の生活だ。

収容所の記憶は、瞬く間に戻ってきたという。「あっという間でしたね。二機目が突っ込んだときには、もうあの当時のことを考えていました」

九・一一テロと真珠湾攻撃には生々しい類似点があることに、イトウは気がついた。まるで過去の亡霊が甦るように、人々は「敵性外国人」に対して戦時中と同じような反応を示したのだ。仲間の二世も同じ意見だったという。「今回も、まったく誰も予想しなかった奇襲攻撃でしたから、すぐにあのときのことを思い出した二世が多かったようです」

ベルビューで同じ映像を見ていたローズ・マツシタもうなずく。「テロが起きたとき、これはまずい、戦争になると思いました。アメリカにはアラブ系の人たちがいますから。私たちと同じような目に遭うのではないかとね」

そう感じたのは彼らだけではない。たとえばＪＡＣＬ会長のジョン・タテイシのところには、何人もの二世から夜中に電話がかかってきた。

電話はテロの数日後から始まった。「四日後ぐらいでしょうか。二世の人から電話がかかってきました。いきなり話し始めて、ずっと話をやめないんです」。タテイシは、サンフランシスコにあるＪＡＣＬ支部で説明してくれた。

「われわれ日系人は、目上の人を敬うように厳しく育てられたんですよ。ですから、その方がしゃべり続けるのをただ聞いていました。何か用事がおありなのかなと思いましてね。でも『それじゃあ、また』と言って電話を切ってしまわれたんです。はじめてお話しする人でしたから、変な電話だな、と思いましたよ。二時間もの長電話でしたから。

それから一日ほどですか、また別の人から電話がかかってきました。それがまた同じことなんですよ。四度目ぐらいにまた似たような電話を受けたときでしょうか、相手の方がこう言ったんです。『いや、また眠れないんですよ。嫌な夢ばかり見て』

はじめは、世界貿易センターが崩れる様子の夢かと思いました。けれども話しているうちに、六〇年以上も前の、収容所の夢だと分かったんです。

そのあと、いろいろな人から何回も同じような電話がかかってきました。『眠れないんですか』と聞くと、必ず『また悪夢にうなされているんです』という答えが返ってくる。テロの夢なのか収容所の夢なのか聞いてみると、こう言われました。『いや、もちろん収容所ですよ。あそこから出たあとによく見た悪夢です』」

有刺鉄線や機関銃や監視塔——二世たちがうなされた悪夢は、すぐには終わらなかった。彼らは、何の罪も犯していないにもかかわらず、人種だけが理由で政府に強制収容された唯一のアメリカ国民だ。テロのあと、彼らの傷跡はふたたびうずいた。「今回のテロは、二世に強烈な心理的反応を引き起こしました」そうタテイシは言う。

一つはおそらく、真珠湾攻撃と九・一一テロの類似点によるものだろう。アメリカ国民が受けたトラウマはその一例だ。真珠湾攻撃を受けて、日系人は裏切り者のスパイだと政府や政治家、マスコミに攻撃された。そのような経験をした日系人が、九・一一テロのあと、歴史が繰り返されることを恐れたのも当然だ。そしてそれは、彼らの意識の深くにあった記憶を呼び覚ました。

「悪夢は見ませんでしたが、それは嫌なことをたくさん思い出しましたよ」。イトウの頭に甦ったのは、収容所にまつわる記憶より、真珠湾攻撃のあと経験した、人々のむき出しの憎しみだった。

「集団ヒステリー状態でしたね。あからさまなひどい差別を面と向かって受けました。その後、マイノリティの立場はずいぶんましになりましたが、差別はまだたくさんあったわけです。でもあからさまじゃなかったから、差別などなくなった、と思っていた人もいるでしょう。でも九・一一テロで、すべてが戻ってきたんです」

一方、その後何か月かのあいだに、ブッシュ政権においても、国民感情においても、当時の強制収容につながったような状況がそのまま再現されることはなかった。真珠湾攻撃後に起きたパニックの波や強制収容は、いずれも攻撃から半年以内に起きている。これと対照的に、九・一一テロのあと、アメリカ政府は特定の人種や民族、宗教に罪を着せないように強く牽制し、一部の例外を除いて国民はだいたいそれに従った。それでもテロのあと、日系アメリカ人の懸念はある面で強まった。強制収容を招きかねないような方向に、時勢がゆっくり流れていると感じたからだ。

たとえば、マスコミと政府は、テロについてイスラム教徒をおおやけに批判する動きを強めたと、二世は指摘している。それに相まってブッシュ政権が取ったいくつかの行動は、強制収容を徐々に引き起こした動きとまったく同じだと、二世の多くはとらえた。記憶に新しいところでは、右派の政治家が、日系人収容は戦時中の状況を鑑みると正当だったと擁護した件もそうだろう。これはつまり、いまの状況においても収容は正当だ、という論理になり得る。

二世にとって、今回の標的が日系人ではなくムスリム系だということは問題ではない。収容所の経験は、二世のほとんどすべてに暗い影を落としている。そのほぼ誰もが、ほかのいかなるアメリカ人においても、絶対にこのような経験が繰り返されないようにすることを心に誓った。そしていま、声を上げるのが自らの義務だと考えた。

「収容所にいた二世は絶対に忘れません。マイノリティにはこういうことが起こり得るんだと、頭の片隅にずっと残るでしょう。いま起きているできごとには、当時に酷似している点があります。ここで立ち上がり、はっきりと意見を述べることが、私らの責任だと感じたんです」。そうイトウは言う。

二世が特に懸念しているのは、強制収容を正当化しようとする動きが保守派のあいだで高まったことである。とりわけ、アラブ系・ムスリム系アメリカ人を対象にした新たな人種プロファイリングを正当化しようとする試みだ。最初の修正主義的論調は、テロから間もない二〇〇二年二月に登場した。ノースキャロライナ州共和党議員のハワード・コーブルが、日系人の収容は日系人自身のためだったと言い出したのだ。

コーブルは同月、インタビューで次のように話している。「戦時中、日系人は危険にさらされていた。街を歩くことも危険な場合が大半だった」[1]。コーブルの肩書きはただの議員ではない。国家安全保障の下院小委員会の委員長で、新設された国土安全保障省の監督を任された有力議員だ。

JACLのタテイシは、似たような論調を前にも聞いたことがあった。彼をはじめとした日系人が不穏に感じたのは、この論旨に隠された意識だ。

「コーブルの発言には、日系人は特別で異質で、理解不能、仲間ではないという、古くからある意識が見られます。よく知らないやつらだから、収容は必要だったんだと。収容は日系人を守るためだというせりふは、馬鹿にするにもほどがあります。日系人がどれほどこの言葉に傷つき怒ったか、コーブルには分からないでしょう。危険にさらされている犠牲者だから、監獄に入れるのが解決策だという、その理屈を考えてみてください」

JACLや全米有色人地位向上協会など、人権擁護組織から抗議を受けても、コーブルは発言を取り消さず、自分が間違っている証拠を出すよう要求した。「私の発言は、特定の誰かに敵意や悪意を意図したものでは絶対にない。正しい発言だったといまも信じている。…〔収容は〕少なからず日系人自身を守るために行なわれたのだ」。彼は、ルーズベルト大統領が日系人の収容を決めた動機が、このような「保護目的の拘留」ではなかったと誰か証明できるなら、発言に対して謝ると述べた[2]。

何人もの歴史研究者が、多岐にわたった具体的な証拠を提示して、彼の誤りを指摘した。特にノースキャロライナ大学の法学教授エリック・ミュラーは、閲覧率の高いブログ『それは合法か』で、この件について追っている。[3] 証拠を見つけるのは困難ではなかった。一九八三年、戦時民間人転住・抑留調査委員会（ＣＷＲＩＣ）の報告書『拒否された個人の正義』ではっきりと書かれている。

今日、〔強制収容は、暴力的な自警から日系人を保護することが目的だったという〕この説明には説得力がない。当時はおおやけにこのような主張がされることはなかったし、保護目的が念頭にあったのなら、立ち退き後にはまったく別の形の措置が必要となったはずである。〔陸軍次官補の〕ジョン・マクロイ自身が一九四三年に書いたデウィットへの書簡は、この点を端的に示している。

西海岸地域で、避難した日系人に対して激しい敵意が存在することに疑いの余地はない。しかしだからといって、それにしたがって措置をはかれということにはならない。…陸軍は、西部防衛軍管轄地域の治安維持について責任を持つものではなく、その責任は、依然として民間当局の手にあると私は考える。貴官が書かれたように、何らかの事件が起きるかもしれないが、脅威が高まったときには軍の協力も得ながら、民間当局が早急に行動すれば抑えられるものである。

これが、「暴力的自警からの保護」という議論に対する単刀直入な答えである。すなわち、治安の維持は民間当局の管轄であり、軍が介入するのは極端な状況に限られる。その場合も、当局は治安維持のための軍事的措置という名目のもと、何か月も何年も自らの家から立ち退けと命ずるのではなく、無辜の

人々を守る道徳的な義務がある。(4)

この報告書は、収容が保護目的だったという主張をさらに一つ一つ打破している。強制収容についての膨大な記録は、長年、綿密に検討されてきた。その結論はどれも、常に歴然としており圧倒的である。暴力的な自警から日系人を保護しようという考えは、仮にそれが考慮されていたとしても、収容を決定するにあたっては取るに足らない要素だった。

それでもコーブルは発言の取り消しも謝罪も拒否し（「収容が間違った決定であり、決して繰り返されてはならない行動だとわれわれはわかっている」(5)と認めはしたが）、下院小委員会の委員長を辞職するべきだという要求を無視した。同じように、ブッシュ政権も共和党首脳部も、コーブルに対する懸念を訴える声を取り上げようともしなかった。だんまりを決め込む政府を見て、ブッシュ政権は日系人収容を導いたのと同じ道をたどっていると日系人は考えた。それは、ゆっくりとしていて気づかれにくいが、確かな動きだと。

タテイシは言う。「こちらが驚くような発言をする人は、だいたい指導者的な、責任のある立場にある人物が多いんです。いまそういった人たちが向かっているのは、まさに一九四二年にわれわれが経験したことを彷彿とさせるような政策です。すでにもう進んでいるんですよ。たとえば米国愛国者法や、いまも進行中の人種プロファイリング、テロ攻撃直後の二〇〇〇人もの逮捕。どれも当時の状況にそっくりです」

日系人収容を正当化したり、アラブ系・ムスリム系アメリカ人に全般的に反感を示した保守派の発言はその後も見られ、コーブルはその口火を切ったに過ぎない。それは一九四二年の強制収容前の戦時ヒステリアと同じように、彼らは「第五列」だというイメージを煽っている。この傾向は、コラムニストのペギー・ヌーナンや、宗教指導者のジェリー・ファーウェル、ラジオ番組キャスターのマイケル・サベージなど、右派で全般的に見られた。言葉を濁したような表現もあれば、明言しているケースもある。物議をかもしながらもブッシュが米国市民権委員会に任命したピーター・カーサナウは、アルカイダがアメリカの国土を攻撃した場合、国民はアラブ系アメリカ人の強制収容を支持するだろうと二〇〇二年七月の公聴会で発言した。もしそうなっても、「世界貿易センターを攻撃したのと同じ民族なのだから、人権など無視すればいい。国民は、人権侵害が起きたという認識よりも、自分の命を守ることに重きを置くだろう」と続けている(6)。

こういった修正主義と人種プロファイリングを煽る動きは、二〇〇四年、ミシェル・マルキンが書いた『収容を擁護する――第二次大戦と対テロ戦争における人種プロファイリング』(未訳)で最高潮に達した。マルキンはフィリピン系アメリカ人で、フォックスニュースの討論番組にコメンテーターとしてレギュラー出演する保守派だ。ケーブルテレビやラジオの討論番組にも数多く登場し(反対の立場を取る歴史研究者が共演することはほとんどなかった)、著作を宣伝した。同書はその後、『ニューヨーク・タイムズ』紙のベストセラーリスト入りしている。

マルキンの論旨はこうだ。日本領事館の外交通信「MAGIC」を傍受した機密作戦(第三章を参照)によって、西海岸の日系人社会はスパイや破壊活動家の巣窟であったことが「証明」された。これは、西海岸地域の日系人をまとめて「避難」させたことの、国家安全保障上の正当な理由になる(一方、どの詳細な調査でも、そのような証拠はなかったことが示されている。さらに、それが収容の決定に意味のある役割を果たしたという確かな証拠もない）。したがって、人種差別と戦時ヒステリアが強制収容の原因になったという論旨は間違っている――そうマルキンは主張する。そして強制収容の理由に対してこのように誤ったイメージが持たれていることが、国防のために収容が適切な措置で、当時も現在も歴史的に必要だったという事実を塗り替えているという。同書は、人種差別が強制収容を引き起こしたという考えを否定しているが、不思議なことに、その理由は一つも書かれていない。「外国人土地法」や「排日移民法」、黄禍論についてもまったく触れておらず、収容において人種差別が果たした役割に関する数多くの証拠に至っては、ほのめかすような一節すらない(7)。

これでは、事実がひどく歪められてしまう。本書で明らかにしてきたように、強制収容に行き着くまでの長い道のりの各段階で、決定的ではないかもしれないが人種差別が重要な役割を果たしてきた。それには下記がある。

- 一九一二年から二四年までに起きた激しい排日運動と、それによる日系一世の特権剝奪（市民になる権利を拒否されたことも含む）。これは、あからさまな人種差別と「水と油は混じり得ない」という考えに深く影響されている。
- 一九二四年の排日移民法の可決。この露骨な人種差別的法律に憤った日本では、消しがたい反米主義が植え付けられ、軍部が台頭した。そして一七年後、軍部は日本を戦争に巻き込む。後日パール・バックが主張したように、排日移民法は必ずしも戦争を招いた致命的な一歩ではなかったかもしれない（日本に民主主義を定着させようという新しい動きはこれで消えてしまったが、バックが主張したようにそれがいずれにせよ成功しただろうという証拠はない）。だが、移民法が決定的な役割を果たしたことを疑う理由もあまりない。

●日系人を収容するという決定には、政界の重要人物の性格や意見が大きな影響を与えた。フランクリン・ルーズベルト、ジョン・デウィット、カール・ベンデソンらは、戦前の「黄禍論」的な考え方で日系人の忠誠心をはかった。そして、政策を作る過程に、その偏見が影響したのは間違いない。

●あからさまな人種差別に基づく、日系人の強制退去と収容への気運。そのほとんどは、明らかに戦前の排日気運と露骨な白人優先主義に端を発している（このような人種差別は、西部各州の州知事が、日系人の収容者を州内に受け入れるなら兵による監視付きの収容所に収容することを条件にした点にもっともはっきりと現れている。これによって、「自主的退去」計画が急停止し、収容が余儀なくされた）。

●終戦時に収容所から戻ってきた日系人に対して起きた排日運動。これはあからさまな人種差別と経済的な利害が入り混じったものだった。これによって、西海岸地域の日系人農家の数が永続的に大きく減少した。ベルビューでそうだったように、ほとんどの日系人農家がかつての土地に戻ることを諦めたからだ。

収容に関係する歴史的記録の全体を深く考察すれば、すべての重要なポイントで明らかに人種差別が大きな役割を果たしていることがわかる。人種差別やそれに関連するヒステリアが収容の唯一の原因だったというのではない。収容を決めた要因は数多くあり、その結果起きた政策は、いろいろな面で悪夢のようなお役所的混乱の結果だといえよう。テツデン・カシマは、二〇〇四年の画期的な研究『裁判なき判決——第二次世界大戦中の日系アメリカ人抑留』（未訳）で、戦前の情報機関が集めた情報（MAGICの暗号だけでなく）と戦前の政策策定について幅広く調べた。その結果、日系人収容はヒステリアの産物というだけでなく、真珠湾の前にすでにあった政策のいわば冷酷な惰性の産物でもあることを指摘している。しかしそれでも、日系人に対する人種差別が、このような政策策定の上で大きな役割を果たしたことをはっきりと指摘している。そしてそれが戦前、日系人に関する情報を解釈するに当たって政治家に影響したのだろうと。特に日本人と、アメリカ市民である日系二世との区別が不明瞭になった点だ。この不明瞭さは、明らかに偏見に基づいたものであり、収容の決定がされるあいだずっと見られた。(8)

同じような不明瞭さが、マルキンの著書全体にも見られる。何十回も、「日本民族」という表現が使われているが、これはアメリカで生まれた日系人と日本で生まれたスパイを一緒くたにしてしまう表現だ。アメリカ市民である日系二世に対して何度も「日本民族」という表現を使い、在米日本領事館でスパイ行為を行なった日本人工作員に対しても同じ表現を使っている。この表現が何度も使われているため、マルキンの著書の論旨は、デウィットが繰り返した「ジャップはジャップ」という古めかしい「黄禍論」の二一世紀版となっている。

また、戦時中のヒステリアの影響とそれぞれのできごとの結果とを切り離して考えることは難しい。真珠湾攻撃後の数か月、日系人に対して浴びせられた人種差別は、大統領や政治家が、西海岸からの日系人立ち退きを要求することに大きな役割を果たし、それは協働的でさえあったかもしれない。そしてその差別の大半は、彼らによって煽られたきらいさえある。三〇年にわたる排日プロパガンダの発生源は、ヒステリアを助長したミラー・フリーマンのような者の大きな役割を考えれば、同じように明白である。もっとも重要なのは、戦時中このヒステリアによって、国民が政府の権力拡大を受け入れるばかりか強く支持した点だ。つまり、軍があるグループの市民すべてを退去させ収容する権力を掌握したのだ。これが仮にドイツ系やイタリア系など白人のグループを対象にしたものであれば、国民はそうやすやすと応じたりはしなかっただろう。彼らは収容の対象にはならなかった。

これが、収容を命じる大統領命令九〇六六号に署名したルーズベルト大統領の決定が後世に残した影響だ。歴史研究家のロジャー・ダニエルズはこう述べている。「大統領命令九〇六六号は、大統領の権限を、指名した配下に全面的に委任するという前代未聞の例だ。最終的にこの権限は日系アメリカ人のみに対して行使されたが、ほかのアメリカ人の誰に対しても影響を与えかねないものであった。…この領域において、陸軍省の管轄が司法省の権限を超えたということだ。行政機構すべてが、その後のいかなる収容実施においても軍を援助するよう命じられた。この大統領命令によって、陸軍省はアメリカ人なら誰でも任意に強制退去させ収容することができた」

最高裁判所が日系人強制収容という政府の措置の合憲性について判決を下したとき、その打撃は倍加した。収容に対して起こされた主な訴訟である、ミノル・ヤスイ、ゴードン・ヒラバヤシ、フレッド・コレマツの三件は、すべて最高裁まで行った。判決は、戦時中において行政部に未曾有の権力を与えるという前例を作り、人種差別的行動に憲法のゴーサインを与えた。

ヒラバヤシの件で、ハーラン・ストーン判事は、「われわれの軍事的資源に対するスパイ行為と破壊行為の危険が迫っていたこと、夜間外出禁止令はそのために適切な措置であったこと」を、多数派の意見として主張している（ヒラバヤシの件で、収容の合憲性について判決はされなかった。それが上訴の主な理由であったのにもかかわらず）。フレッド・コレマツの件は、控訴裁判所でも有罪判決を受け、最高裁判所に行き着いたが、同じように一九四四年一二月一八日、有罪判決となった。このときも収容の合憲性については判決が出されず、強制退去命令の違反に対してだけ判決が下された。そして具体的にはデウィットの言う「軍事的必要性」に基づき、コレマツが「強制退去させられたのは、われわれが大日本帝国と戦争中であったこと、適切に指名された軍当局が西海岸の侵略をおそれ、適切な安全措置を取る必要性を感じたこと、軍事的な緊急性により、日系人が全員西海岸から一時的に隔離される必要性があったこと、以上が理由である。…」との判決が出た。

コレマツの判決は、何度も繰り返されたレトリックで結論づけられた。司法省の弁護士はこれが間違っていることを知っていたが、当時この事実は隠されていた。「何人かについては不忠誠であることを示す証拠があった。軍当局は行動の必要性が大きく、時間が限られていると考えていた。われわれは、いま冷静に振り返れるからといって、当時この行動は正当ではなかったと言うことはできない」

ロバート・ジャクソン判事の反対意見は、裁判所が軍事当局に完全に服従したこと、そしてそれが呈する問題に特に焦点が当てられた。「軍の計略を憲法で制限できないなら、憲法を曲げて、軍がやりたいことを認めることもできない。だが法廷がやっていることは、そういうことのようだ。意識的であるにせよ、そうでないにせよ」

四〇年ほどたって、コレマツ、ヒラバヤシ、ヤスイの三人全員はそれぞれ地方裁判所に対して自己誤審令状を請願した。コレマツが起こした、外出禁止命令違反の件の請願は一九八三年後半に認められた。だがヤスイの件では、法廷は一九八四年はじめに請願を退けた。ヤスイは上告審を受ける前、その春亡くなった。そしてこの件は彼と共に葬られた。（訳注：The Oregon History Project によれば、八六年に有罪判決は覆され、ヤスイが亡くなったのは八六年である。http://www.ohs.org/the-oregon-history-project/biographies/Minoru-Yasui.cfm）

一方、ヒラバヤシの件は勝利を収めた。ドナルド・ボアヒース判事が、陸軍省当局がデウィットの不正行為を隠そうとしたと判決を下したのだ。判決は、デウィットが「軍事的必要性」を公的に正当化したことは「もっとも根本的な性質の過ち」であり、収容違反の有罪判決を無効にすることを命じた。コレマツとヒラバヤシの二つの件が控訴裁判所に取り上げられたとき、判決はさらに明々白々だった。外出禁止令についての有罪判決も無効となったのだ。

だが明らかに証明されたにもかかわらず、収容時に起きた三つの判決による法的な前例は、一度も覆されていない。フランク・チューマンは『バンブー・ピープル――法と日系アメリカ人』で次のように書いている。（以下、拙訳）

一九四三年、最高裁判所は戦時中の愚挙を法の理念に転化させることをすでに是認してしまった。すなわち戦時中、民間当局の裁きと権限よりも、軍事当局の裁きが優先されたのだ。戦争は本国から何千マイルも離れたところで戦われ、すでに勝ったも同然だったかもしれないのに。一九四三年以降、アメリカ政府の政策は次のような法的前例に基づくことになる。つまり、軍の意図の善し悪しやそれが単なる気まぐれによるかにかかわらず、軍の行動は「軍事的必要性」の「報告」に基づくものなら、アメリカ最高裁判所に支持されるということだ。

アメリカの司法に落とされたこの影は戦時中のコレマツ対アメリカ合衆国の裁判において、ジャクソン判事の反対意見でも見られた。これは、二〇〇一年九月一一日以降は、とりわけ予言のような言葉に思われる。（以下、拙訳）

日系人市民を強制退去・抑留する軍の計画に関して、自由の侵害について議論が多くされている。だが、自由に対してははるかに微妙な打撃を与えているのは、命令発布自体よりも、この命令を支える、〝法の適正な手続き〟の法的構造である。軍事命令は、それが違憲であっても、有事の期間を超えて実行されることはない。またその期間のあいだ、次の司令官が命令を無効にすることもある。しかし司法が、そのような命令が憲法に従っているといったん理屈づけた場合、あるいは憲法を理屈づけて、憲法がそのような命令を是認するのだと示した場合、法廷は刑事訴訟において、人種差別の原則と、アメリカ市民を転住させる原則を永久に認証することになる。そうなるとそのような原則は、まことしやかに喫緊の必要性を主張する、いかなる当局も利用できる武器になってしまう。

ジャクソン判事が述べているように、日系人収容において、民間人を拘束する特別な権限が軍に与えられたことによって、従来の憲法の力のバランスに穴があいたことが露呈した。戦時中、行政機関に全面的に服従するということは、行政機関がほぼ全面的に権力を持つことになる。同時多発テロのあと、ブッシュ政権は軍事委員会が「敵の戦闘員」を逮捕する権限を持つと発表し、愛国者法を可決して、司法省に巨大な調査権限を与えた。これは、さらに新しい展開をつくった。つまり「テロ戦争」のように、戦争がずっと続く取り組みになった場合、行政機関の権力は無限になる可能性があるということだ。

この権限を主張する政府は、さまざまな方面から非難を浴びた。JACLやムスリム系アメリカ人団体のほか、アメリカ法曹協会はもっとも強い批判を行ない、弁護士を要求する権利なしに、あるいはいかなる司法審査もなしに、なぜ市民を拘束することができるのか、という的を射た指摘をしている。法学者も懸念を示し、アニタ・ラマサストリーは、二〇〇二年の小論でブッシュ政策の危険性を論じている。ブッシュ政権は、最高裁判所の判例である、アメリカ国内でドイツ人スパイが捕まったクイリン事件をもとにして措置を正当化しているが、ラマサストリーはこれはコレマツのケースにも似ていると指摘する。「いずれの件においても、政府は拘留する権利、しかも永続的に拘留する権利を不当に自身のものとした。誰が拘留されるべきかという司法審査の決定なしに」(9)

一方、政府を批判するときに、公正でも正確でもないやり方で日系人収容を取り上げた者もいる。これは特に同時多発テロの直後に見られた。当局が何千人というムスリム系とアラブ系の外国人を取り押さえて無期限拘留したとき、これをすぐに日系人収容と比較して批判する声が多かった(10)。だが問題となっているのは、特に国防のために、政府が多数の外国人を取り押さえて拘留する力についてではない。日系人収容が非道だったのは、外国人と一緒にアメリカ国民も一掃したことにある。

ブッシュ政権は、ムスリム系アメリカ人を収容することは、賢明にもその可能性さえ言及していない

(ジョン・アッシュクロフト元司法長官は、「敵の戦闘員」用に小規模な収容所を主張したが)。ロジャー・ダニエルズなど、日系人収容について研究している歴史学者は、ブッシュ政権は(ルーズベルト政権と違って)軍の権限下に置くことについて、市民と外国人をだいたいにおいて区別していると指摘している。もっとも有名なのは、アフガニスタンで逮捕された「アメリカ人のタリバン」、ジョン・ウォーカー・リンドの件は、軍ではなく刑事裁判所が行なった件だ。

しかし、ブッシュ政権がルーズベルトと同じような介入を行なう道を進んでいることも無視できない。たとえばイーサー・ハムディとホセ・パディラの少なくとも二人のアメリカ市民を「敵の戦闘員」として逮捕した件は、その一例だ。この行動には大きな問題がある。それはルーズベルトと同様、軍に無限の数の市民を収容する法的、官僚的な手段を与えたからだ。大統領の気の赴くままに、もしやするとある民族全体またはある宗教の信徒全体を収容できることになる。

マルキンらはまた、日系人収容の例を挙げてブッシュ政権を批判した声に対しても、日系人収容を弁護している。そうすることによって、テロ後、収容所への扉を開いているという批判に対してマルキンは、著書からポイントとなる一文を引用している。「間違えないでほしい。私はアラブ人全員やムスリム系全員を取り押さえたり、収容所に入れたりすることを支持しているのではない。攻撃されたとき、『人種プロファイリング』あるいはもっと的確に言うなら『脅威プロファイリング』が正当化されるべきだと言っているのだ」

これは、正直だとはいえない。なぜなら、マルキンの著書は人種プロファイリングを正当化しているだけでなく、人種に基づく集団収容も正当化しているからだ。なぜ、提案されているような比較的限られた措置を正当化するために、市民権を大幅に侵害するのか。その喫緊の問いはひとまず置いておくとして、この理屈にはある効果がある。ある行動を正当化することは、必ずしもそれを支持するという意味にはならない。だが、効果は同じこともある。事実、数週間のうちに、アラブ系やムスリム系を収容する可能性について議論は移った。『USニューズ&ワールド・レポート』誌のコラムニスト、ジョン・レオは、マルキンの著書を褒めちぎり、次のように断言している。「過去と現在における収容の問題について、率直な議論を行なうことが合理的であり重要である」[11]。同じように、ブッシュ政権が米国平和研究所に任命したダニエル・パイプスは、国内の敵に対する戦時下の措置について、正直な議論をするための道をふたたび開いたとして、マルキンの著書を論説で褒めている[12]。

だが、マルキンやその弁護者のあまり説得力のない警告を認めたとしても、これまで見てきたように、第二次大戦当時の歴史的記録に見られる集団収容のモデルから、人種プロファイリングが、特に国防や公共の福祉のために効果的あるいは賢明だったことを示す証拠はまったくない。戦後の圧倒的な証拠からわかるのは、収容は、破壊活動やスパイ活動があったとしても、それをほとんどまったく防止しなかったということだ。さらに、日系人の収容は明らかに不当であり、憲法の高潔さに打撃を与え、それによって危険な前例が作られたというだけでなく、底知れないほどの浪費だった。それは戦費に明らかな損害をきたし、巨額の税金が無駄遣いされる価値はまったくなかったことが証明された。

収容自体には何億ドルというカネがかかった。まず一二万人もの人間を列車に乗せて、「集合センター」に集めた。僻地に一〇か所の「転住センター」を設けて、そこに収容者を送り込み、その後三年間、収容所を維持管理した。これには収容者が収容所外で働き口を見つける援助をして、全員に食事、衣服、教育を提供することも含まれた。さらに収容所を閉めたあとは、日系人がかつて住んでいた地域の近くに家を見つけられるように援助した。以上のコストに加えて、一九四八年には最初の補償金三七〇〇万ドル、そして一九八八年に議会が可決した補償金一二億ドルがかかっている。

一方、西海岸の日系人は、「軍事地域」の七〇〇〇件もの農場において、同地域で消費される青果の約半分を生産していた（日系人は青果を中西部や東部にもたくさん発送していた）。事実、日系人の農場は、ピーマン、サヤマメ、セロリ、イチゴ、レタス市場の大部分など、数多くの作物を独占して作っていた。ベルビューの農場の例で見たように、西海岸地域の白人は何人か、作物で儲けようと考えて、日系人の農場を運営しようとした。しかし労働力があまりにも少なく、どこも五週間も続かず、収穫に成功した者はいなかった。この農場のほとんどは、次の四年間、使われることがなかった。青果の生産量の大きな損失は、銃後に明らかにダメージをきたした。そして、戦時中に配給を起こした大きな引き金になった。

日系人収容が明らかにしたのは、ある人種や宗教の信徒をすべて収容するというような膨大な社会的計画には成功の保証がなく、そのコストは極度に高いということだ。ムスリム系アメリカ人の収容が、日系人収容と同じように、すべてにおいて無駄であり、おそらく無意味である可能性は高い。

だがこれはもっぱら実務的な話だ。ほかにも公民的、倫理的、道徳的、そして精神的な側面がある。もっとも顕著なのは、政府が第二次大戦時、大半の市民の要望によって日系人に及ぼしたことは、憲法に対する嘆かわしい打撃だったという点だ。それは、「法」、「法の適正な手続き」、「無罪の推定」のもと、憲法による力のバランスで人々が平等に守られるという憲法の保障を危うくするものだ。日系人収容は憲法に穴を開けてしまった。その穴は以来ずっと完全には閉じることがなく、いまでもその影響は消えていない。

要するに日系人収容は、証拠がほとんどないにもかかわらず脅威があると決めつけて、およそ七万人ものアメリカ人から家や財産、仕事を奪った、甚大かつ恐ろしいほど無駄で過剰な反応であった。法学教授のエリック・ミュラーは『オハイオ州刑法ジャーナル』誌に掲載した論文（未訳）で次のように述べている。「日系人収容の根本的な過ちは、日系人に対して政府が抱いた疑惑ではない。その疑惑に基づいて、政府が彼らに及ぼした剝奪の甚大さである」。この甚大さは、「人種差別に関係する」としか説明できないとしている。また、社会・法律面の事情は、同時多発テロ以降、同じような飛躍が起きないと保証できるようなものには変わっていないとしている。「ある面では、すべてのケースにおいて出身国は完全に任意的な要素ではない。だが別の面では、政府が出身国という要素を制限された狭い方法でこれほど巧く使ったことはない(13)」

ルーズベルトとブッシュの比較をするのは不適切だという議論に対して、ロジャー・ダニエルズは『クロニクル・オブ・ハイヤー・エデュケーション』誌に次のように書いている（未訳）。

それは逃げ口上だ。そのような逃げ口上を使って、われわれは外部者だと感じた人々に対して取った行動に謝罪する一方で、同じことを別のグループにしている。学者（政府はそうでなくても）は、国としてわれわれは、憲法の精神を侵したと最終的に繰り返し認めている。私たちは、またそれを繰り返し侵そうとしている。

…楽観主義者は、アメリカ市民を収容所に集団収容することは起きないと確証している。だが過去を振り返ると、そう楽観的であるべきではないことがわかる。真珠湾の悲劇だけでなく、そのあとの日本の一連の勝利が大統領命令九〇六六号を引き起こしたのだ。それでは、九・一一後にテロリストの攻撃がおさまらなければ、現在の政府の反応はいまのように中庸的だっただろうか。[14]

これが、自分が生きているあいだ、また歴史が繰り返されるのではないかという二世の収容者の悪夢のもとになったのだ。その恐れは、ハワード・コーブル、ピーター・カーサナウ、ミシェル・マルキンなどの声が上がるにつれて高まった。彼らは歴史をねじ曲げ、日系人の記憶の真実を拒否し、日系人の収容は、けっきょく正しいことだったのだと示唆し、あるいは明言している。人種プロファイリングのような「限定的な」措置を弁護し、一二万人の収容を正当化しようとすることは、ミュラーが述べたように、小さな一歩がいかに簡単に残虐な行為へと飛躍するかを示している。

おそらくこの懸念をもっとも饒舌にあらわしているのは、現在サンフランシスコ近辺に住む九五歳のフレッド・コレマツだ。一九四四年、最高裁判所の彼に対する判決は、収容について決定的な判決だった。法学者の大半は、この判決は「歴史という法廷によって覆された」と考えている。コレマツは、二〇〇四年九月、『サンフランシスコ・クロニクル』紙の論説で次のように書いている。

第二次世界大戦中、政府が日系アメリカ人を抑留したことは正当化されるのか。その問いがふたたび真剣に討議されているのを見るのは心が痛む。私やほかの日系アメリカ人の収容経験者を見て、人種・

民族のスケープゴート探しの危険性が思い起こされることを願うばかりである。
マイノリティに対する恐怖と偏見を呼び覚まし誇張するのはいとも簡単なことだ。それは、そのような恐怖を推し進めようとする人々の政治的目的を果たすことが多い。私はそのようなスケープゴート探しの犠牲者になった気持ちを知っている。そして政府が事実だと決めつけた不当な疑いを晴らすことが、どれほど難しいかも。スパイやテロリストの行動は罪に問われなければならない。だが、スパイやテロリストと同じ人種、民族、宗教だからといって、いかなる者も閉じこめられることがあってはならない。その原則が日系人収容から学ばれていないのであれば、いまアメリカの民主主義は危機にさらされているといえよう。(15)

集団的に有罪だという推定に基づいて、アメリカ市民のあるマイノリティグループ全員を強制収容すること。それは、恐怖に目がくらみ、アメリカ人とは何たるかを忘れてしまったときにのみ起こる。日系人収容の意味は、経験者が物語っている。それは一九四二年も、いま現在も、過ちだということを。

インタビュー協力者

本書は、ベルビューの『ジャーナル・アメリカン』紙（現『キングカウンティ・ジャーナル』）で一九九一年から九四年まで著者が記者をしていたとき、ルポとして始まった。これは一九九二年五月『屈辱の収容所』という題のシリーズとして発表された。この年は日系アメリカ人強制退去・収容の五〇周年だった。本書の基盤となったインタビューのほとんどは、このシリーズの準備のため、同年春に行なわれたものである。

以下に、インタビューに協力いただいた方たちについて、インタビューの日付順に述べる。

ケイノ・ヌモト

一九九二年三月三日火曜日、ベルビューのヌモト家で。ヌモトはいまでも庭の畑でさまざまな作物を丹精つくして育てている。ほかの二世の多くを紹介し、アサイチ・ツシマの本を貸してくれるなど、このプロジェクトのまとめ役として活躍してくれた。無傷で残っていた戦前の写真を提供してくれた数少ない二世の一人でもある（大半の二世は家を荒らされたり火事が起きたせいで写真を失っている）。

トム・タケオ・マツオカ

一九九二年三月一一日、ワシントン州リッジフィールドのマツオカ家で。最初のインタビューはマツオカの孫、ベス・タケカワの計らいで行なわれた（マツオカには一九九四年八月二二日、二〇〇〇年八月三一日にも取材をした）。インタビューはすべて、マツオカの娘レイ・タケカワの同席のもと行なわれた。マツオカにときどき強い訛りがあるときや、逆に私の質問が彼にとってわかりにくいとき、手伝ってくれた。また、レイにもインタビューを行ない、彼女の話はかけがえのないものとなった。マツオカのインタビューは非常に実り多いものであったことは言うまでもない。それは情報の豊富さだけでなく、彼のあたたかい人柄によるものである。

トシオ・イトウ

一九九二年三月一三日、ベルビューのイトウ家で。イトウはベルビュー北部の比較的新しく開発された住宅地で新しい家に住んでいる。ここはかつてミッドレイクス地区の日系人農場があったところから一キロメートル半も離れていない場所だ。イトウはたいへん親切でインタビューしやすかった。言葉の表現ははっきりとしていて、描写力があった。またほかのインタビュー協力者探しにも手を貸してくれた。娘のアリス・イトウは本書にある補足的な情報の多くの提供の手伝いをしてくれた。アリスはＤＥＮＳＨＯ（伝承）プロジェクトの職員の一人である（本書に引用したインタビューはアリスがＤＥＮＳＨＯプロジェクトのために行なったものも多い）。

エド・スグロ

一九九二年三月一三日、シアトル。シアトルのウィング・ルーク・アジア博物館のロン・チュウ館長からスグロを紹介された。インタビューは同博物館で行なった。スグロもまたほかの二世を紹介してくれた。本プロジェクトを進めるなか、私はスグロに連絡を取り続けて、引き続き新しい情報と連絡先を教えてもらった。

トキオ・ヒロタカ、ヒデオ・アラン・ヤブキ、ジョー・マツザワ、アキラ・マック・アラマキ、ケイノ・ヌモト

一九九二年三月一四日、ベルビューのヒロタカ家で。もともとインタビュー対象者はトキオ・ヒロタカだけの予定だったが、私とカメラマンが到着するとほかの二世たちも複数いた。ヒロタカも参加したがマツザワやアラマキほど熱心ではなかった。マツザワら二人はインタビューに積極的に協力してくれた（一九九四年ヒロタカに再度インタビューしようとしたところ、やはり同じように彼はほかの二世を呼んでおり、アラン・ヤブキとほかの二世二人がインタビューに応じた）。この最初のインタビューはいろいろな意味で密度の高い取材にはならなかったが、ほかの重要な取材相手を何人も提供してくれた。そのうちの二人、ヤブキとマツザワには、一九九四年にふたたびインタビューを行なった。ヤブキは何度もインタビューに応じ、数回はベルビューを運転して、かつて日系人農家や学校があったところの現在の様子を見せてくれた。ヒロタカは二〇〇〇年三月三日、マツザワは二〇〇一年五月六日に亡くなった。

キヨ・ヤブキ

一九九二年三月一七日、ワシントン州フォールシティのヤブキ家で。ヤブキの家は人里離れた田舎にあり、ヤブキはそれを好んでいるようだった。もの静かな男で、戦時中のことはあまり語りたくないようだったが、話してくれた。彼の答えは並外れて慎重で、抑え気味だった。

キム・ムロモト

一九九二年三月一九日、ワシントン州クライド・ヒル。ムロモトはかつて家族が農場を持っていた土地から一ブロック半のところに住んでいる。ベルトの大きな銀のバックルには四四二連隊のロゴとスローガン（Go for

Broke!［当たって砕けろ］）が彫られている。ムロモトは四四二連隊にいたことを誇りに思っており、同期会で積極的に活動し、いろいろな思い出の品、すばらしい写真、ビデオも所有している。ほかのすべてのインタビュー対象者と同じように、非常に礼儀正しく明るい人物である。

ミチ（・ツシマ）・ニシムラ

一九九二年三月、ワシントン州カークランド。ニシムラと夫のトム・ニシムラはカークランドの田舎にずっと住んでいる。庭は一エーカーほどもあり、つつましやかな日本の庭園のように、きれいに手入れがされている。夫は頑強で、ニシムラは幸せそうだ。インタビュー参加にはきわめて消極的で、写真撮影を拒否した唯一の参加者だった。だが一度インタビューを始めると、ことのほかあたたかく率直な話をしてくれた。

ローズ（・ヤブキ）・マツシタ

一九九二年三月二五日、ベルビューのマツシタ家で。マツシタは、メディアが反日的な報道をしたり間違った事実を伝えたりしたことから、話すことには気が進まないようだったが、何度か説得して参加していただいた。もっとも実感のこもった心動かされる話を聞かせてくれた。シニカルで感傷的なこともあった。思い出に泣き、話を中断したこともあった。特に両親が不当に扱われたと感じている。

ミチ・シライシ（・カワグチ）

一九九二年三月二六日、ワシントン州シアトルで。シライシは、インタビューした二世のなかでもっとも気の置けない人物だった。ほかの二世が彼女について話すあたたかな様子にもそれがうかがわれた。ビーコンヒルで夫のケンジと暮らしており、収容所の思い出の品をいくつかまだ持っている。収容所で付けられた番号が書かれたたんすはその一つだ。いつも明るく、庭いじりが好きだった。庭はきれいに手入れがされ、ミニチュアの富士山とお堂が奥の方にあった。シライシは一九九八年に亡くなった。

＊

『ジャーナル・アメリカン』紙にシリーズとして発表してから、これはぜひとも本にまとめる必要があると考えた。一九九四年、そのために必要な部分を補う準備を始めた。トム・マツオカ、ジョー・マツザワ、アラン・ヤブキ、ケイノ・ヌモト、レイ・タケカワなど、もともとの協力者にふたたびインタビューした（インタビューはほんの短時間で、私の雑なメモにもそれは現れている）。一九九四年八月二四日には、シアトルのタニノ家で、リョウミ・タニノにもインタビューした。

だがこのプロジェクトは九六年から九九年まで休止した。当時の時事問題を扱った処女作の『神の国で（未訳）』に取りかかっていたためだ。完成後、本プロジェクトに戻り、公文書記録をさらに調べ、二〇〇〇年八月、トム・マツオカに最後のインタビューを行なった。

このとき、二〇〇〇年八月一九日にジョン・マツオカに、二〇〇〇年八月二三日にタイラス・マツオカにも、それぞれベルビューの自宅でインタビューした。ミツコ・ハシグチも二〇〇〇年八月二九日、こころよくインタビューに応じてくれた。

ベルビュー歴史協会の協力により、本書で述べたできごとが起きた当時の、日系人以外のベルビューの住民にもインタビューした。パトリシア・サンドボーは、二〇〇〇年八月二九日、ベルビュー歴史協会ウィンターハウスで、ベアトリス・マシューソンは、二〇〇〇年九月七日、ワシントン州レントンの実家で、ロバート・ヘニッグは、二〇〇〇年九月一二日、メディナ地区のヘニッグ家で行なった。ここはかつて彼の家族がブドウを作っていたところから遠くない。

そしてさらに、九・一一テロのあと、二〇〇二年一一月二八日、ＪＡＣＬのジョン・タテイシ会長にインタビューした。トシオ・イトウとローズ・マツシタには、二〇〇五年一月六日にふたたび話を聞いた。以上の人々の言葉として本書で引用されているものは、特に明記していない限り、すべて以上のインタビューから取った。

インタビューにつきまとった問題がある。聞くべき重要な質問の多くは、日系人の文化を理解していなければならない性質のものだったにもかかわらず、私が若い世代の、他州出身の白人だったという点だ。適切なバックグラウンドと知識がある人物ならもっと的を射たインタビューができたことだろう。インタビュー中、深い沈黙が流れることも多々あった。多くのインタビュー協力者が心を開き、率直に話してくれたことに感謝している。けれども、当時のできごとと文化的背景をじゅうぶん知っている者なら、ほかにもっと聞くべき質問があったことは間違いない（それはのちほどわかった）。

この点において私を救ってくれたのはＤＥＮＳＨＯ（伝承）プロジェクトである。トム・イケダが指揮を執る日系アメリカ人のオーラルヒストリーの電子公文書記録で、ウィング・ルーク・アジア博物館と協力している。一九九六年から、主に日系アメリカ人で占められているＤＥＮＳＨＯの取材班は、後世に伝えるため、みごとなオーラルヒストリーをビデオにまとめており、その内容は電子化されている（ウェブサイトもあるhttp://www.densho.org）。多数のインタビューには、トム・マツオカ、レイ・タケカワ、ミツコ・ハシグチ、ジョー・マツザワ、トキオ・ヒロタカなど、ベルビューの二世も対象に含まれている。また、チズコ・ノートン、セイイチ・ハヤシダなど、私が会ったことのないベルビュー近辺に住んでいた人たちも含まれる。むろん、これらのインタビューは私自身が行なったインタビューを補う重要な役割を果たしてくれた。また、本書の内容を伝えるのに、あらたな視点を加えてくれた。ＤＥＮＳＨＯのインタビューを直接引用した場合は、脚注に記した。

訳者あとがき

本書は、米国ワシントン州ベルビューという一都市に焦点を当て、第二次世界大戦前の日系アメリカ人社会の誕生から発展、そして戦時中の強制収容による崩壊までの経緯を追っている。豊富な歴史資料を丁寧にひもとき、収容体験者の細かな証言をありのまま紹介した希少な書物である。

日系アメリカ人の強制収容については、古くは山崎豊子氏の『二つの祖国』（新潮社、一九八三年）、最近ではテレビドラマ『99年の愛〜JAPANESE AMERICANS〜』（TBSテレビ、二〇一〇年）など、フィクション仕立てのドラマや小説などで何度か大きく取り上げられてきた。しかし体験者の生の声や資料などが含まれた日本語の文献は驚くほど少なく、翻訳・出版されてから年月が経ったものも目立つ。本書は二〇〇五年に刊行されており、二〇〇一年の九・一一テロをきっかけに、戦時中のあやまちが繰り返されてはならないと、日系二世が静かに立ち上がる姿がエピローグで描かれているなど、比較的最近の動きも取り上げられている。二〇一一年に放送されて反響を呼んだNHKのドキュメンタリー番組『九・一一テロに立ち向かった日系人』でもこれに似たテーマが取り上げられたことから、本書に関心を寄せる読者も多いかもしれない。

この本の大きな魅力の一つは、インタビュー対象者が語る生き生きとしたオーラルヒストリーである。

残念ながらインタビュー対象者はほとんどがすでに故人だが、いまでもDENSHO（伝承）ウェブサイトで、トム・マツオカ、トシオ・イトウ、ジョー・マツザワ、トキオ・ヒロタカ、ローズ・ヤブキなどのインタビュー（英語）を見ることができる（http://www.densho.org/densho.asp）。本書に掲載されている写真のいくつかもこのウェブサイトに収録されている。

さらに本書が特徴的であるのは、日本からの移民（一世）がベルビューで、未開墾の土地を農地に開墾して不動産としての価値を高めたこと、そして地域で日系人収容をいちばん声高に主張したのが、その土地を利用しようとした開発業者であったことが浮き彫りにされている点である。同様の例が西海岸のほかの地でもあったかどうかは他書に譲るが、この種の経済的利益も日系人収容の背景にあったというダイナミクスの一例をはっきりと描いた数少ない一冊であろう。

また、ここでは実在したごく普通の日系人の証言をそのまま記録することで、フィクションでは描ききれなかったかもしれない日系人の姿を明確にするとともに、実にさまざまな歴史資料に照らし合わせ、強制収容がどのような文化的、社会的、政治的な背景のもとに起きたのか、理解を深めやすい構成になっている。アメリカ全体を俯瞰するのではなく、あえてベルビューという一都市の歴史と、さらにトム・マツオカという日系二世や周辺の人々に焦点をあて、その一生を追うことによって、読者は、彼ら一人一人の体験をより身近に感じることができるだろう。

二〇一一年三月一一日、日本は東日本大震災という未曾有の危機を経験した。震災後、パニックに陥ることなく秩序を持って行動した日本人の姿は、海外から深い感動と尊敬の念を集めた。時代も状況もまったく異なるが、本書を読み、静かに苦難に立ち向かった日系人の姿に、そのときのわれわれ日本人の姿や、その後復興のために力を尽くす日本人の姿を重ね合わせる読者もいるだろう。また福島原発の事故で、日本社会が今後長いあいだコミュニティの崩壊という問題に向き合っていかなければならないなか、本書をそのアナロジーとしてとらえる読者もいるかもしれない。

著者デヴィッド・ナイワートはワシントン州シアトル在住のジャーナリストである。アイダホ州アイダホ・フォールズで育ち、モンタナ州を経てワシントン州に移った。一九七八年から九六年まで米国北西部（シアトル近辺）で新聞記者として働き、一九九六年〜二〇〇〇年、ニュースサイトＭＳＮＢＣ（MSNBC.com）にてライター・プロデューサーを務めた。二〇〇〇年には、同サイトに連載した国内テロリズムについての記事で、米国ナショナル・プレスクラブ主催「オンライン・ジャーナリズム優秀賞」（National Press Club award for Distinguished Online Journalism）を受賞。主な著書に、*And Hell Followed with Her: Crossing the Dark Side of the American Border*（Nation Books, 2013）、*The Eliminationists: How Hate Talk Radicalized the American Right*（PoliPoint Press, 2009）、*Death on the Fourth of July: The Story of a Killing, a Trial, and Hate Crime in America*（Palgrave/St. Martin's, 2004）などがある。

ドイツ系アメリカ人である著者が、なぜ日系人収容というテーマを選んだのか、その背景についてＥメールで問い合わせてみた。

ナイワートは子どものころ、本書にも出てくるミニドカ収容所（アイダホ州）の跡地にキジ狩りに連れて行ってもらったことがあるという。また、本書のマツオカのように、労働の口を得て収容所から出てそのままその土地に住みついた日系人の子どもたちと親しくしていた。そして彼らから、親が収容された経験を聞き、とても驚いた。アメリカの中学・高校は今でこそ日系人収容について教えているが、当時は学んだことがなかったからだ。

その後ワシントン州に移り、ケントやベルビューで日系人収容所について地域の博物館の展示に触れるにつれ、そのオーラルヒストリーの豊富さに魅せられ、ぜひとも題材にしたいと考えるようになった。

ナイワートによれば、自らの著作に共通しているのは、ヘイトクライムや極右派など現代社会の問題の根底を探ることである。本書も同様だが、本書にはいわば「救い」となっている要素がある。それは日系人が不屈の精神と勇気と品性を持って困難に立ち向かい、そして乗り越えたという事実だ。日系人たちのその姿にナイワートは深く心を打たれたという。

ナイワートは長年の取材を通してマツオカらと親交を深め、深い尊敬の気持ちと親愛の情を感じるようになり、彼らの物語を伝えたい、そう強く思うようになった。故郷アイダホで育んだ日系人の親友たちとの思い出と合わせて、そのような個人的な思い入れのひときわ強い一作だという。

訳者の住むカリフォルニア州モントレーにも、ベルビューと同じように戦前から日系人社会があった。主にアワビ漁業などを基盤として広がったコミュニティで、詳しくは『モンテレー半島日本人移民史——日系アメリカ人の歴史と遺産 1895–1995』（溪水社、二〇〇九年）、*The Japanese in the Monterey Bay Region: A Brief History* (by Sandy Lydon, Capitola Book Co., 1997) などを参照されたい。だが第二次大戦後、ベルビューと同じように強制収容によってコミュニティは崩壊した。時は流れ、その後戻ってきた日系人やその家族のほか、戦後日本からやって来た日本人も含めて、現在はふたたび活力のある日系人コミュニティがつくられている。たとえば近くで花屋を営むある一家は、強制収容と四四二連隊の経験者だ。ある三世の友人は、おじが四四二連隊の日系兵士として戦死し、今年、ほかの遺族と共に戦地だったイタリアに追悼の旅に出ている。近辺には東京裁判で通訳をした日系人や、広島で被爆した日系二世など、まさに歴史の生き証人が住んでいる。しかし一方、もっと若い世代の日本人・日系人にとっては、日本とアメリカが戦争をしたことは遠い昔話になりつつある。

本年二〇一三年で、日系アメリカ人強制収容から七一年目を迎えた。七〇年目の二〇一二年は、各地で収容経験者の講演会などが開かれた。理不尽な強制収容にも誇りを捨てず堪え忍んだ日系人の話を聞けば聞くほど、日本人として誇りに思うとともに、彼らの歴史を風化させてはならないと痛感する。

「過去は過去だ。だが二度と同じことが起きないようにしなければならない」——本書に出てくるミチ・ニシムラの言葉だ。いかなる差別も戦争も、二度と起こしてはならない。本書が、そのメッセージを伝える一助となることを切に願う。

最後に、訳者の質問に真摯に答えてくれた著者のデヴィッド・ナイワートに謝意を表したい。そして、みすず書房とのご縁をつないでくださった、立教大学大学院・異文化コミュニケーション研究科教授の武田珂代子氏に心から深謝する。原註の編集作業は、今年、モントレー国際大学大学院通訳翻訳課程を卒業された棚田周子氏に協力いただいた。同氏の正確な編集作業のおかげで、原註の翻訳がたいへんスムーズに進んだことに感謝を述べたい。また、常にあたたかくも的確かつ迅速な対応をしてくださったみすず書房の島原裕司氏に、この場を借りて厚くお礼を申し上げる。

二〇一三年六月五日

ラッセル秀子

望郷と海 始まりの本	石原吉郎 岡　真理解説	3150
長谷川四郎 鶴/シベリヤ物語 大人の本棚	小沢信男編	2520
天皇の逝く国で　増補版 始まりの本	N. フィールド 大島かおり訳	3780
祖母のくに	N. フィールド 大島かおり訳	2100
へんな子じゃないもん	N. フィールド 大島かおり訳	2520
沖縄を聞く	新城郁夫	2940
辺境から眺める アイヌが経験する近代	T. モーリス＝鈴木 大川正彦訳	3150
拒絶された原爆展 歴史のなかの「エノラ・ゲイ」	M. ハーウィット 山岡清二監訳	3990

（消費税5%込）

デヴィッド・A・ナイワート
ストロベリー・デイズ
日系アメリカ人強制収容の記憶
ラッセル秀子訳

2013年 6 月 25 日　印刷
2013年 7 月 5 日　発行

発行所 株式会社 みすず書房
〒113-0033 東京都文京区本郷5丁目 32-21
電話 03-3814-0131(営業) 03-3815-9181(編集)
http://www.msz.co.jp

本文組版 キャップス
本文印刷・製本所 中央精版印刷
扉・表紙・カバー印刷所 リヒトプランニング

ISBN 978-4-622-07771-8
[ストロベリーデイズ]

著者略歴

(David A. Neiwert 1956－)

フリージャーナリスト．1978～96年まで，米国北西部（シアトル近辺）で新聞記者を務める．1996～2000年，ニュースサイトMSNBC.comでライター・プロデューサーとして勤務．2000年に国内テロリズムについての連載記事で，米国ナショナル・プレスクラブ主催「オンライン・ジャーナリズム優秀賞」を受賞．ワシントン州シアトル在住．著書：*And Hell Followed with Her: Crossing the Dark Side of the American Border* (Nation Books, 2013), *The Eliminationists: How Hate Talk Radicalized the American Right* (PoliPoint Press, 2009), *Death on the Fourth of July: The Story of a Killing, a Trial, and Hate Crime in America* (Palgrave/St. Martin's, 2004) ほか．

訳者略歴

ラッセル秀子〈らっせる・ひでこ〉 翻訳家．聖心女子大学卒，米国モントレー国際大学院修士課程修了．現在，同大学院助教授．フリーランス通訳を経て，翻訳業にたずさわる．カリフォルニア州モントレー在住．訳書：M・ポーラン『フード・ルール』（東洋経済新報社，2010），M・ポーラン『雑食動物のジレンマ』（東洋経済新報社，2009），J・ブリュニール『ツール・ド・フランス 勝利の礎』（アメリカン・ブック＆シネマ，2008）ほか．

人名索引

ア 行

アラマキ，アキラ　55, 58, 106, 147, 148, 152–154, 181, 213, 230, 291, 299, 308, 340
アラマキ，ヒコタラ　43, 124
アラマキ家　306
イトウ，アリス　205, 339
イトウ，イタロウ　44, 56, 205
イトウ，トシオ　44, 55, 56, 103, 107, 137, 146, 154, 185, 191, 205, 212, 213, 316, 339, 343, 345
イトウ家　100, 205, 306, 307, 339
イナツ，マサミ　147, 155, 256–258
ヴァン・ヴァルケンバー，H・C　183, 209
ウォルグレン，モン　165, 261, 272
エンドウ，ミツエ　263
オザワ，タカオ　83

カ 行

ガリオン，アレン　144, 162–165, 237
クーリッジ，カルバン　84
クラーク，チェース・A　175, 240
クラーク，マーク　143, 163, 259
クランデル，ジョージ・H　268, 269, 274, 282
グラント，マジソン　75, 76, 80
クリーブランド，グローバー　18
クリタ，リュウタン　46, 86, 306
コレマツ，フレッド　262, 263, 327–331, 336

サ 行

サカモト，ジェームス　114, 159
サンドボー，パトリシア　105, 187, 342
シャイラー，ランバート　278, 280–282
ジャクソン，ヘンリー　262, 272
ジョンソン，アルバート　79, 82, 84
シライシ，ミチ　52, 53, 103, 106, 114–116, 125, 176, 179, 181, 185, 190, 227, 228, 285, 292, 307, 309, 311, 341, 342
シライシ家　292
スグロ，エド　190, 193, 202, 232, 291, 339
スグロ，トウゴロウ　49, 224
スグロ家　306
スザロ，ヘンリー・M　121, 122
スターク，ハロルド　143
スタダード，ロスロップ　75, 76, 80
スティムソン，ヘンリー　164–169, 218, 236, 262, 264
スティルウェル，ジョセフ　140, 259, 300

タ 行

タカノ，コマジ　147, 151, 153, 154
ダグラス，マルコム　85
タケカワ，レイ・（マツオカ）　56, 96, 98, 104, 127, 137, 157, 169, 185, 196. 201, 204, 205, 311, 339, 342, 343
タケシタ，ハルジ　40, 50

タケシタ家　85
タテイシ，ジョン　317, 318, 320, 322, 343
ダニエルズ，ロジャー　88, 327, 332, 335
タニノ，リョウミ　238, 239, 243, 244, 247-249, 253, 258, 259, 307, 342
タマエ，エンジ　49, 104, 222, 225, 291
チェルスヴィッグ，エセル　138
ツシマ，アサイチ　41, 46, 51, 108, 111, 130-132, 153, 158, 201, 230, 307, 308, 338
ツシマ，ミチ　→ニシムラ，ミチ・(ツシマ) を参照
ツシマ家　307
ディッティ，ジェームス・S　122, 288
デウィット，ジョン　139-145, 159, 162-170, 174-180, 236, 237, 260, 276, 321, 325-329
トルーマン，ハリー　260, 266
トンプソン，L・L　86

ナ 行

ナカムラ，ジョージ　255
ニーンドーフ，フレッド　182
ニシムラ，トム　230, 308, 341
ニシムラ，ミチ・(ツシマ)　46, 108, 131, 230, 257, 307, 308, 310, 341, 348
ヌモト，ケイノ　45, 88, 90, 111, 115, 116, 124, 190, 230, 231, 308, 338, 340, 342
ヌモト，ツルイチ　44, 45
ヌモト，トクオ　43, 92
ヌモト，メイ　230, 231
ヌモト家　45, 307, 338
ノートン，チズコ　49, 104, 107, 109, 224, 225, 232, 291, 343
ノートン，ヘンリー・キットレッジ　15
ノックス，フランク　145, 168

ハ 行

ハースト，ウィリアム・ランドロフ　22, 25
ハシグチ，ミツコ　50, 92, 99, 100, 105, 112, 136, 186, 191, 193, 202, 298, 308, 342, 343
ハシグチ，ムツオ　137, 176, 187, 212
ハシグチ家　187, 226, 233, 297
ハヤシ，カンジ　147, 149, 150, 154
ハヤシダ，セイイチ　187, 190, 191, 193, 196, 221, 230, 233, 298, 343
ハヤシダ，フミコ　177
ハヤシダ家　226
ビドル，フランシス　162, 164-167, 262
ヒラバヤシ，ゴードン　262, 327-329
ヒロタカ，カズエ　→カズエ・(ヒロタカ)・マツオカを参照
ヒロタカ，タツノスケ　42, 93
ヒロタカ，トキオ　117, 147, 150-152, 155, 181, 182, 189, 195, 196, 203, 205, 206, 293, 308, 340, 343, 345
ヒロタカ家　92, 93, 203, 205, 292, 296, 306, 340
フーバー，J・エドガー　165, 168
フェラン，ジェームス・デュバル　23, 24, 26, 29, 76, 167
フリーマン，ケンパー　8, 9, 138, 154, 287, 288, 303, 304
フリーマン，ミラー
　黄禍論　29, 121, 132, 140, 142, 150, 163, 300, 324-326
　トーラン公聴会　170, 174, 275
　特別委員会　147, 170, 171, 276
　排日運動　27, 74-79, 82
　排日同盟　74, 80, 121, 274, 278
　白人優位主義　132
　『パシフィック・フィッシャーマン』紙　27-29
　マーサー島浮橋　122, 123, 303, 305
フレットハイム，アイナー　138
ベクテル，アイザック　39

ベクテル，バーバラ　38
ヘニッグ，アドルフ　100
ヘニッグ，ロバート　91, 100, 113, 286, 342
ベンデソン，カール・R　144, 145, 159, 162, 164-166, 168, 237, 325
ホイットニー，A・J　147, 154, 270, 284, 285
ボビー，チャールズ・W　91, 180, 229, 270, 271, 285, 296, 302

マ 行

マーサー，アーロン　37
マイヤー，ディロン　214, 216, 217, 236, 261, 276
マグナソン，ウォレン　262, 272, 275, 276
マクレモア，ヘンリー　161
マクロイ，ジョン　164, 165, 236, 237, 242, 321
マシューソン，ベアトリス　37, 38, 100, 342
マツオカ，カズエ・(ヒロタカ)　95-98, 110, 114, 115, 129, 179, 181, 185, 204-206, 295, 311-313
マツオカ，カンジュウ　30-32, 34-36, 61, 62, 65, 97, 125
マツオカ，ジェームス　58, 61, 215
マツオカ，ジョン　1-6, 10, 58, 61, 65, 68, 125, 215, 304, 342
マツオカ，タイラス　98, 112, 118, 119, 146, 193, 203, 342
マツオカ，タツ　98, 116, 119, 205
マツオカ，トム・タケオ
　FBI　129-132
　開墾　54, 56
　真珠湾攻撃　127, 129
　ベルビュー青果生産者協会　117-119, 125, 130
　野球　93-95, 114, 125
マツオカ，トリ　31, 34
マツオカ家　66, 97, 119, 129, 205, 295, 296, 338
マツザワ，ジョー　48, 49, 103, 114, 125, 146, 192, 193, 195, 218, 234, 239, 241, 243, 245, 257, 270, 272, 296, 306, 308, 340, 342, 343, 345
マツザワ，ヒチロウ　48, 124
マツシタ，ローズ　51, 93, 106, 191, 212, 299, 308, 309, 316, 341, 343, 345
マルキン，ミシェル　323, 324, 326, 332, 333, 336
マンソン，カーティス　135
ミゾカワ家　307
ミヤモト，フランク　178
ムロモト，キム　51, 235, 252, 254, 255, 257, 258, 266, 308, 340
ムロモト家　307

ヤ 行

ヤスイ，マスオ　200, 201
ヤスイ，ミノル　262, 327, 328, 329
ヤブキ，アラン　52, 112, 192, 233, 257, 265, 267, 289, 298, 340, 342
ヤブキ，カメジ　51, 52, 93, 158, 185
ヤブキ，キヨ　52, 108, 130, 235, 236, 238, 246, 249, 251, 252, 257, 266, 292
ヤブキ，テルマツ　52, 130, 201
ヤブキ家　340
ヤマサキ，トラノスケ　55

ラ 行

ルーズベルト，セオドア　→紳士協定を参照　26, 28
ルーズベルト，フランクリン
　強制収容所　159, 164, 261, 325
　白人優位主義　132
　〜とジョージ・ブッシュ　332, 335

事項索引

ア 行

アジア人排斥同盟　25, 26
アメリカ海軍情報部　134
　マジック（MAGIC）　134, 323
アメリカ憲法　220, 280
アラブ系アメリカ人　316, 319, 322, 323, 331-333
アリゾナ州ポストン　→強制収容所も参照　194, 211, 217, 273
イチゴ
　イチゴの“パラダイム”　69
　一世の特徴　68-70
　象徴としてのイチゴ　70
　ベルビューのストロベリー・フェスティバル　8, 69, 90, 91, 100, 207, 208, 211, 275, 304
　〜と砂糖産業　30
移民国籍法（マッカラン・ウォルター法）　301
ウエスタンファーム&プロデュース　→ベルビュー青果生産者協会も参照　183, 184, 208, 210
エッジシティ　7
FBI　129-132, 135, 136, 138-140, 143, 153, 156, 163, 168, 198, 270, 275, 276
黄禍論　29, 121, 132, 140, 142, 150, 163, 300, 324-326
オザワ対アメリカ合衆国　83

カ 行

外国人土地法　74, 80, 83-87, 110, 306, 324
カリフォルニアのゴールドラッシュ　14
9・11テロ　316, 318, 336, 343, 344
強制収容所
　アラブ系アメリカ人　316, 319, 322, 323, 331-333
　9・11テロ　316, 318, 336, 343, 344
　人種差別　→ジョン・デウィット、ミラー・フリーマンも参照　324, 335
　スパイ容疑者の定義　135, 136
　正当化　237, 263, 279, 281, 310, 319, 322, 332, 333, 336
　騒動　→JACL（日系アメリカ人市民同盟）も参照　217, 273
　大統領命令9066号　→フランクリン・ルーズベルト、および戦時転住局（WRA）も参照　169, 170, 327, 336
　ノーノーボーイズ　224
　描写　→マンザナール、パインデール、アリゾナ州ポストン、ツールレイクも参照　211, 226
　若者　→442連隊を参照
　〜と娯楽　116, 195-197
　〜と修正主義　→ミシェル・マルキンも参照　319, 323
グレート・ノーザン鉄道　31, 298

ケイノ・ヌモト・コレクション　45, 111, 115
公正委員会　239, 240

サ 行

『サンフランシスコ・エグザミナー』紙　25
『サンフランシスコ・クロニクル』紙　24
『シアトル・スター』紙　41, 71, 75, 77, 78, 123
『シアトル・タイムズ』紙　30, 123, 139, 146, 161
『シアトル・ポスト・インテリジェンサー』紙　22, 123, 139, 146, 160, 161, 171, 177, 182, 271, 305
JACL（日系アメリカ人市民同盟）　148, 158, 170, 178, 179, 212, 217, 221, 236, 263, 300, 301, 317, 320, 331, 343
司法省　130, 135, 143, 166, 167, 199, 200, 225, 275, 327, 328, 331
社会ダーウィン主義　9
写真花嫁　35, 36, 43, 49, 73, 74, 78, 95
『ジャパニーズ・アメリカン・クーリエ』紙　114, 159
ジャパン・ソサエティ・オブ・シアトル　171
修正主義　319, 323
“自由のための食糧”プログラム　182
紳士協定　26, 28, 32, 35, 71-74, 84, 171
人種プロファイリング　9, 319, 322, 323, 332, 333, 336
真珠湾攻撃
　アメリカ本土空襲　139, 140
　第100大隊　241
　敵性外国人　164
　～とイタリア人の収容　157, 158
　～と9・11テロ　316, 336
　～と反日ヒステリア　138, 142, 145, 146, 148, 159, 168, 174, 260, 268, 271, 323-327
戦時転住局（WRA）　194, 195, 199, 202-207, 210-219, 222, 228, 236, 260-265, 273, 274, 284
セントラルパシフィック鉄道　15
1790年の帰化法　16, 20, 72
1870年の帰化法　→移民国籍法（マッカラン・ウォルター法）も参照　16

タ 行

第一次世界大戦　71, 72, 74, 165, 189
第五列　136, 145, 149, 168, 171, 323
大統領命令9066号　169, 170, 327, 336
第二次世界大戦　→442連隊、真珠湾攻撃を参照
中国人排斥法　16, 19, 23
ツールレイク　→強制収容所も参照　202, 203, 211, 212, 215, 218, 221-224, 226, 230-238, 259, 261, 266, 273, 291
ディース委員会　273
敵性外国人　9, 136, 144, 156, 163-165, 167, 197, 218, 220, 239, 316
DENSHOプロジェクト　53, 101, 119, 339, 343, 345
東洋人に対する反感　→黄禍論を参照
トーラン公聴会　170, 174, 275

ナ 行

日系人排斥同盟　274, 278, 282-285, 287, 291
『日系人排斥同盟ジャーナル』　278
日中戦争　126
ノーザン・パシフィック鉄道　39, 40, 117, 120

ハ 行

排日移民法　84, 85, 95, 199, 278, 301, 324
排日同盟　74, 80, 121, 274, 278

パインデール　→強制収容所も参照　192-194, 199-202, 208, 215, 230, 238, 243
白人優位主義　132
『パシフィック・フィッシャーマン』紙　→ミラー・フリーマンを参照　27-29
『ベルビュー・アメリカン』紙　123, 147, 158, 186, 207-209, 268, 269, 271, 284, 285, 287
ベルビュー・スクエア　8, 9, 289, 302-304, 306
ベルビュー青果生産者協会　117, 119, 125, 130, 183, 210
ベルビュー日本人会　111, 130
『ホワイトリバー・ジャーナル』紙　21
ホワイトリバー・バレー　20, 21, 33, 41, 42, 62, 65, 68, 69, 117, 215, 274

マ 行

マーサー島浮橋　122, 123, 303, 305
マイクロソフト　6, 8, 304
マジック（MAGIC）　134, 323
マンザナール　→強制収容所も参照　176, 177, 194, 211, 212, 217, 273
ミゾラ基地　156-158, 179, 197, 199, 201, 203, 262
ミツエ・エンドウ事件　263
ミニドカ　211, 222, 223, 226-228, 230, 231, 238, 240, 266, 297, 346

ヤ 行

野球　12, 61, 62, 70, 93-95, 114, 125, 196, 213, 256
輸送園芸　50, 62-67, 88, 89, 102, 116, 183, 270
442連隊　235-267, 286, 300, 301, 340, 341, 347

ラ 行

陸軍省　134, 142-145, 164, 169, 218, 236, 242, 261, 327, 329

ワ 行

ワシントン湖　6, 12, 14, 36, 38-40, 89, 91, 121-123, 275, 287, 303, 304

文献一覧

Armor, John, and Peter Wright. *Manzanar.* New York: Vintage Books, 1989.

Broom, Leonard, and Ruth Riemer. *Removal and Return: The Socio-Economic Effects of the War on Japanese Americans.* Berkeley: University of California Press, 1949.

Burlingame, Burl. *Advance Force Pearl Harbor: The Imperial Navy's Underwater Assault on America.* Honolulu: Pacific Monograph, 1992.

Chan, Sucheng. *Asian Americans: An Interpretive History. Boston*: Twayne Publishers, 1991.

Chang, Thelma. *'I Can Never Forget': Men of the 100th/442nd.* Honolulu: Sigi Productions, 1991.

Chin, Art. *Golden Tassels: A History of the Chinese in Washington, 1857–1977.* Seattle: n.p., 1977.

Chuman, Frank. *The Bamboo People: The Law and Japanese-Americans.* Del Mar, Calif.: Publisher's Inc., 1976.（フランク・F・チューマン著，小川洋訳『バンブー・ピープル――日系アメリカ人試練の100年 上・下』サイマル出版会，1978年）

Committee on Wartime Relocation and Internment of Civilians, *Personal Justice Denied: Report of the Commission on Wartime Relocation and Internment of Civilians.* Seattle: University of Washington Press, 1996.（民間人戦時転住と抑留に関する委員会編，読売新聞社外報部訳編『拒否された個人の正義』三省堂，1983年）

Daniels, Roger. *The Politics of Prejudice: The Anti-Japanese Movement in California and the Struggle for Japanese Exclusion.* Berkeley: University of California Press, 1961.

――――. *The Decision to Relocate the Japanese Americans.* Malabar, Fla.: Robert E. Krieger Publishing Co., 1986.

――――. *Concentration Camps: North America: Japanese in the United States and Canada During World War II.* Malabar, Fla.: Krieger Publishing Company, 1993.

――――. *Concentration Camps USA: Japanese Americans and World War II.* New York: Holt, Rinehart & Winston, 1972.

Darrow, George M. *The Strawberry: History, Breeding and Physiology.* Washington: U.S. Department of Agriculture, 1965.

de Nevers, Klancy Clark. *The Colonel and the Pacifist: Karl Bendetsen, Perry Saito, and the Incarceration of Japanese Americans During World War II.* Salt Lake City: University of

Utah Press, 2004.

Duus, Masayo Umezawa. *Unlikely Liberators: The Men of the 100th and 442nd.* Honolulu: University of Hawaii Press, 1987.（ドウス昌代 著『ブリエアの解放者たち』文藝春秋，1986年）（＊これは日本語の本が原著）

Fiset, Louis. *Imprisoned Apart: The World War II Correspondence of an Issei Couple.* Seattle: University of Washington Press, 1997.

Flewelling, Stan. *Shirakawa: Stories from a Pacific Northwest Japanese American Community.* Auburn: White River Valley Museum, 2002.

Freeman, Miller. *The Memoirs of Miller Freeman.* Bellevue: Private printing, 1956.

Galpin, C. J., and Veda B. Larson. *Farm Population of Selected Counties: Composition, Characteristics and Occupations in Detail for Eight Counties, Comprising Tsego County, N.Y., Dane County, Wis., New Madrid and Scott Counties, Mo., Cass County, N.Dak., Wake County, N.C., Ellis County, Tex., and King County, Wash.* Washington: Department of Commerce and the Census Bureau, 1924.

Garreau, Joel. *Edge City: Life on the New Frontier.* New York: Doubleday and Co., 1992.

Girdner, Audrie, and Annie Loftis. *The Great Betrayal: The Evacuation of Japanese-Americans During World War II.* London: The Macmillan Company, 1969.

Grodzins, Morton. *Americans Betrayed: Politics and the Japanese Evacuation.* Chicago: University of Chicago Press, 1949.

Irons, Peter. *Justice at War.* New York: Oxford University Press, 1962.

Iwata, Masakazu. *Planted in Good Soil: A History of the Issei in the United States Agriculture.* 2 vols. New York: P. Lang, 1990.

Karolevitz, Robert F. *Kemper Freeman, Sr., and the Bellevue Story.* Mission Hill, South Dakota: The Homestead Publishers, 1984.

Kaufman, Robert G. *Henry M. Jackson: A Life in Politics.* Seattle: University of Washington Press, 2000.

LeWarne, Charles Pierce. *Utopias on Puget Sound 1888-1915.* Seattle: University of Washington Press, 1995.

Magden, Ronald. *Furusato: Tacoma-Pierce County Japanese 1888-1977.* Tacoma: Tacoma Japanese Community Service, 1988.

Malkin, Michelle. *In Defense of Internment: The Case for 'Racial Profiling' in World War II and the War on Terror.* Washington: Regnery Publishing Inc., 2004.

Matsuo, Dorothy. *Boyhood to War: History and Anecdotes of the 442nd RCT.* Honolulu: Mutual Publishing of Honolulu, 1992.（ドロシー・マツオ著，新庄哲夫訳『若者たちの戦場――アメリカ日系二世第442部隊の生と死』ほるぷ出版，1994年）

McDonald, Lucile. *Bellevue: Its First 100 Years.* Bellevue, Wash.: Bellevue Historical Society, 2000.

Mikesh, Robert C. *Japan's World War II Balloon Bomb Attacks on North America.* Washington: Smithsonian Institution Press, 1973.

Mitsuoka, Norio. *Nisei Odyssey: The Camp Years.* Fountain Valley, Calif.: Bowder Printing and Publishing Co., 1991.

Modell, John. *The Economics and Politics of Racial Accommodation: The Japanese of Los Angeles, 1900–1942.* Urbana/Chicago: University of Illinois Press, 1963.

Muller, Eric L. *Free to Die for their Country: The Story of the Japanese American Draft Resisters in World War II.* Chicago: University of Chicago Press, 2001.（E・L・ミューラー著，飯野正子・飯野朋美・小澤智子・北脇実千代・長谷川寿美訳『祖国のために死ぬ自由――徴兵拒否の日系アメリカ人たち』刀水書房，2004年）

Niiya, Brian, ed. *The Encyclopedia of Japanese-American History.* Los Angeles: The Japanese-American National Museum, 2001.

Nishinoiri, John Isao. *Japanese Farms in Washington.* Master's thesis, University of Washington, 1926.

Norton, Henry Kittredge. *The Story of California From the Earliest Days to the Present.* Chicago: A.C. McClurg & Co., 1924.

Ogden, August Raymond. *The Dies Committee, A Study Of The Special House Committee For The Investigation Of Un-American Activities, 1938–1944.* Washington: Catholic University Press, 1945.

Rademaker, John Adrian. "The Ecological Position of the Japanese Farmers in the State of Washington." Ph.D. diss., University of Washington, 1939.

Robinson, Greg. *By Order of the President: FDR and the Internment of Japanese Americans.* Cambridge, Mass.: Harvard University Press, 2001.

Sandmeyer, Elmer C. *The Anti-Chinese Movement in California.* Urbana: University of Illinois Press, 1973.

Schmid, Calvin F., Charles E. Nobbe and Arlene E. Mitchell. *Nonwhite Races: State of Washington.* Olympia: Washington State Planning and Community Affairs Agency, 1968.

Schmid, Calvin F., and Wayne W: McVey, Jr. *Growth and Distribution of Minority Races in Seattle, Washington.* Seattle: Seattle Public Schools, 1964.

Schuyler, Lambert. *The Japs Must Not Come Back!* Winslow, Wash.: Heron House, Publishers, 1945.

Seattle Times staff. *A Hidden Past: An Exploration of Eastside History.* Seattle: Seattle Times Publishing, 2000.

Selden, Steven, and Ashley Montagu. *Inheriting Shame: The Story of Eugenics and Racism in America.* New York: Teachers College Press, Advances in Contemporary Educational Thought Series, Vol. 23, 1999.

Smith, Page. *Democracy on Trial: The Japanese American Evacuation and Relocation in World War II.* New York: Simon and Schuster, 1995.

Stoddard, Lothrop. *The Rising Tide of Color Against White World Supremacy.* New York: Charles Scribner's Sons, 1922.

Takami, David. *Divided Destiny: A History of Japanese Americans in Seattle.* Seattle: University of Washington Press, 1998.

Tamura, Linda. *The Hood River Issei: An Oral History of Japanese Settlers in Oregon's Hood River Valley.* Urbana/Chicago: University of Illinois Press, 1993.（リンダ・タムラ著，中野慶之訳『フッドリバーの一世たち――アメリカ・オレゴン州フッドリバーに入植した日本人移民の肉声による歴史』メイナード出版，1996年）

Tanaka, Chester. *Go For Broke: A Pictorial History of the Japanese American 100th Infantry Battalion and the 442nd Regimental Combat Team.* Redmond, Calif.: Go For Broke Inc., 1982.

Tateishi, John. *And Justice For All: An Oral History of the Japanese American Internment Camps.* Seattle: University of Washington Press, 1984.

Tanaka, Stefan Akio. *The Nikkei on Bainbridge Island, 1883–1942: A Study of Migration and Community Development.* Master's thesis, University of Washington, 1977.

Thomas, Dorothy Swaine, and Richard S. Nishimoto. *The Spoilage: Japanese-American Evacuation and Resettlement During World War II.* Berkeley: University of California Press, 1946.

Tsukano, John. *Bridge of Love.* Honolulu: Hawaii Hosts, 1985.

Tsushima, Asaichi. *Pre-WWII History of Japanese Pioneers in the Clearing and Development of Land in Bellevue.* Bellevue, Wash.: Private printing, 1991.

Van Valkenburg, Carol. *An Alien Place: The Fort Missoula, Montana Detention Camp 1941-1944.* Missoula, Mont.: Pictorial Histories Publishing Co., 1995.

Watanabe, James. *The History of the Tacoma Japanese translated from Tacoma Nihonjin Hattenshi.* Tacoma: Pierce County Historical Society, n.d.

Weglyn, Michi. *Years of Infamy: The Untold Story of America's Concentration Camps.* New York: Morrow Quill Paperbacks, 1976.（ミチコ・ウェグリン著，山岡清二訳『アメリカ強制収容所――屈辱に耐えた日系人』政治広報センター，1973年）

Webber, Bert. *Retaliation: Japanese Attacks and Allied Countermeasures on the Pacific Coast in World War II.* Corvallis: Oregon State University Press, 1976.

Wilson, Robert A., and Bill Hosokawa. *East to America: A History of the Japanese in the United States.* New York: William and Morrow Co., 1980.（R・ウィルソン／B・ホソカワ著，猿谷要訳『ジャパニーズ・アメリカン――日系米人・苦難の歴史』有斐閣，1982年）

Woodroffe, Pamela J. *Vashon Island's Agricultural Roots.* iUniverse, 2002.

原　註

プロローグ　豊かな大地

（1） Joel Garreau, *Edge City: Life on the New Frontier* (New York: Doubleday and Co., 1992), pp. 6–9, p. 436. ギャロウは「エッジシティ」125都市の一例としてベルビューを挙げている。
（2） 次の文献のワシントン州ベルビューのデータを参照：U.S. Census Bureau, 2000 Census (table: Race, Hispanic or Latino, and Age) and 1990 Census (table: General Population and Housing Characteristics).

第一章　ベルビューの開墾

（1） Lucile McDonald, *Bellevue: Its First 100 Years* (Bellevue: Bellevue Historical Society, 2000), pp. 90–91. マクドナルドは日系人について３段落ほどにわたって触れているが、間違っている記述もある（たとえば、「大人たちは1930年に公会堂を建て、日本語の夜間学校を作った」とあるが、実際は日本語学校の授業は土曜日のみか放課後で、夜間学校は大人用の英語の授業で、日本語の授業は少ししかなかった）。
（2） Asaichi Tsushima, *Pre-WWII History of Japanese Pioneers in the Clearing and Development of Land in Bellevue* (Bellevue: Private printing, 1991), p. 45. 当時のベルビューの国勢調査はない。キング郡の地方で国勢調査が実施されたのは1950年になってからで、ツシマの出した数字は、ベルビュー住民の記憶によるものである。また、米商務省・国勢調査局が1924年に発表した次の調査にも出ている：*Farm Population of Selected Counties: Composition, Characteristics and Occupations in Detail for Eight Counties, Comprising Tsego County, N.Y., Dane County, Wis., New Madrid and Scott Counties, Mo., Cass County, N. Dak., Wake County, N.C., Ellis County, Tex., and King County, Wash.*, by C. J. Galpin and Veda B. Larson. 1920年の国勢調査のデータから、同郡の農業人口20,630人のうち、およそ2,192人が日系人だったことが示されている。もっとも多かった年齢層は15歳未満（885人）で、合計552人が家を所有していた。だが、このデータにはキング郡南のオーバーン近辺にあった大きな日系人コミュニティ

と、同郡全域に散在していた日系人農家も含まれているため、イーストサイド地域の数字は推定できない。

（3）Henry Kittredge Norton, *The Story of California From the Earliest Days to the Present*（Chicago: A.C. McClurg & Co., 1924）, pp. 283-96.

（4）Ibid., pp.283-96.

（5）Elmer C. Sandmeyer, *The Anti-Chinese Movement in California*（Urbana, Ill.: University of Illinois Press, 1973）, pp. 44-46. 次も参照のこと：Roger Daniels, *The Politics of Prejudice: The Anti-Japanese Movement in California and the Struggle for Japanese Exclusion,* pp. 16-19.

（6）労働騎士団のパンフレット：Thomas Magee,"*China's Menace to the World,*" p.1. 1878年にサンフランシスコで配布。サンフランシスコ市立博物館のウェブサイトにはこのパンフレットのコピーがある（http://www.sf-museum.org/hist/kofl.html)。同博物館によると、マジーは「『サンフランシスコ・リアルエステート・サーキュラー』の創設者で発行者であり、1870年代から、強い排中的な立場を取っていた。1906年になってもサンフランシスコの政治舞台で活動しており、大地震と大火事のあと、不動産市場を安定させようと取り組んだ委員会のメンバーであった。マジーは震災後、チャイナタウンをハンターズ・ポイントに移そうとした試みに関わっていた」という。

（7）James Chan, "'Rough on Rats'—Racism and Advertising in the Latter Half of the Nineteenth Century," Chinese Historical Society of America, 1997, p. 4, インターネット上：http://www.chsa.org/research/ching_conference_excerpt.php. チャンは次のように書いている。「トレードカード（ハガキ大の広告）でよく見られたのが『弁髪を引っ張る』というテーマだった。白人は中国人の弁髪を遊びで引っ張ったり切ったりした。この悪質ないたずらは数多くのトレードカードに描かれており、中国人移民に対して暴力的な傾向を持っていた白人が多かったことを示している。中国人の大人だけでなく、子どもも暴力の対象になった。チン・コレクション（Ching Collection）のトレードカードには、白人の少年に弁髪を引っ張られる中国人少年が描かれているものもいくつもある。あるフランスのトレードカードには、中国人少年の弁髪が強く引っ張られて、鋭い柵で首が切れた様子が描かれている」

（8）Daniels, *The Politics of Prejudice*, p. 17.

（9）Charles Pierce LeWarne, *Utopias on Puget Sound 1885-1915*（Seattle: University of Washington Press, 1995）, pp. 15-16.

（10）Art Chin, *Golden Tassels: A History of the Chinese in Washington, 1857-1977*（Seattle: n.p., 1977）, pp. 2-4.

（11）Stefan Akio Tanaka, *The Nikkei on Bainbridge Island, 1883-1942:A Study of Migration and Community Development*（Master's thesis, University of Washington, 1977）, pp. 24-

26, 38-39.

(12) United States Census Bureau. 次も参照のこと：Daniels, *The Politics of Prejudice,* p.1.

(13) Daniels, *The Politics of Prejudice,* pp. 7-9.

(14) Tanaka, *The Nikkei on Bainbridge Island*, pp. 58-72. 次も参照のこと：Stan Flewelling, *Shirakawa: Stories from a Pacific Northwest Japanese American Community* (Auburn: White River Valley Museum, 2002), pp. 22-25. および Lane Hirabayashi and George Tanaka, "The Issei Community and the Gardena Valley, 1900-1920," Historical Society of Southern California, pp. 127-58.

(15) Tanaka, *The Nikkei on Bainbridge Island*, pp. 72-78.

(16) *Morning Call*, May 29, 1892. 次も参照のこと：Daniels, *The Politics of Prejudice*, p. 20.

(17) Flewelling, *Shirakawa,* pp. 24-25.

(18) *Post-Intelligencer*, April 16-20, 1900.

(19) *White River Journal*, April 21, 1900.

(20) Dr. James Watanabe, *The History of the Tacoma Japanese translated from Tacoma Nihonjin Hattenshi* (Tacoma: Pierce County Historical Society), p. 5.

(21) Ronald Magden, *Furusato: Tacoma-Pierce County Japanese 1888-1977* (Tacoma: Tacoma Japanese Community Service, 1988), p. 21.

(22) Frank Chuman, *The Bamboo People: The Law and Japanese-Americans* (Del Mar, Calif.: Publisher's Inc., 1976), pp. 23-25 (小川洋訳『バンブー・ピープル——日系アメリカ人試練の100年上・下』サイマル出版会，1978年). 次も参照のこと：Daniels, *The Politics of Prejudice,* p. 21.

(23) *San Francisco Chronicle*, May 8, 1900.

(24) これは『サンフランシスコ・クロニクル』紙に1905年２月23日から３月13日に掲載されたもので、同紙の黄禍論的な見出しのほんの一例である。ほかの例については、次を参照のこと：Daniels, *The Politics of Prejudice*, p. 25.

(25) "Asiatic Coolie Invasion," The Asiatic Exclusion League, *Proceedings* (San Francisco, May 1905). インターネット上：Virtual Museum of the City of San Francisco web site, http://www.sfmuseum.net/1906.2/invasion.html.

(26) Asiatic Exclusion League, *Proceedings* (San Francisco, 1907-1912), May 1910, pp. 13-14. 次も参照のこと：Daniels, *The Politics of Prejudice*, p. 28.

(27) *San Francisco Chronicle*, April 27, 1906, "Chinese Colony at Foot of Van Ness; The Plan to Remove Celestials to San Mateo County is Opposed."

(28) ルーズベルトがどのように「紳士協定」を交渉したかについては多数の記述があるが、次が簡潔明瞭である。Daniels, *The Politics of Prejudice*, pp. 31-46. 次も参照のこと：Page Smith, *Democracy on Trial: The Japanese American Evacuation and*

Relocation in World War II (New York: Simon and Schuster, 1995), pp. 48-49.

(29) Miller Freeman, *The Memoirs of Miller Freeman* (Bellevue: Private printing, 1956), pp. 1-38.

(30) Ibid., p. 50.

(31) Letter from Miller Freeman to Dr. Eliot Grinnel Mears of Stanford University, April 1927. 次の書に引用がある。Freeman, *The Memoirs of Miller Freeman*, p. 116.

(32) Letter from Miller Freeman to Lt. Commdr. H. H. Hoefs, Sc USN, San Francisco, Oct. 5, 1949. Miller Freeman archives, University of Washington.

(33)「紳士協定」についてのルーズベルトの行動の背景については、特に次の詳細な説明を参照：Daniels, *The Politics of Prejudice*, pp. 31-45.

(34) この説をもともと唱えたのは、1906年に「黄禍論」運動を始めたハースト系の『サンフランシスコ・エグザミナー』紙である。1907年、リチャード・ピアソン・ホブソンという軍の英雄が湾岸地域を回り、この説を広めた。リーの著書にはフィリピン侵攻について詳しく書かれている。フィリピン侵攻はほぼすべての米国軍事専門家が予測しており、1941年12月の真珠湾攻撃によく似ている。リーの著書は「予言的」だとされ1942年に再出版されており、現在も入手できる（Safety Harbor, Florida: Simon Publications, 2001）（望月小太郎訳『日米必戦論』原書房，1982年）。特に原書の次のページを参照のこと：pp. 149-55, 176-84, and pp. 240-71. 次も参照のこと：Daniels, *The Politics of Prejudice*, pp. 70-78.

(35) Congressional Record, Sept. 10, 1942, speech of Sen. Homer Bone of Washington. ボーンの演説は、フリーマンの1908年の論説を引用している。

(36) "The Price of Peace," by Major R.C. Croxton, 9th U.S. Infantry, *Harpers Weekly*, Jan. 8, 1910, vol. LIV, no. 2768, pp. 31-32.

(37) Freeman, *The Memoirs of Miller Freeman*, p. 67.

(38) *Seattle Daily Times*, "Miller Freeman Sees 'Yellow Peril' Ahead," Aug. 4, 1910.

(39) Miller Freeman, "The Japanese Question," *Pacific Fisherman*, Jan. 25, 1909.

(40) Tom Matsuoka, Densho Project Visual History Interview, May 7, 1998, segment 5.

(41) David Takami, *Divided Destiny: A History of Japanese Americans in Seattle* (Seattle: University of Washington Press, 1998), p. 17.

(42) Ibid., pp. 18-20. 次も参照のこと：Tanaka, *The Nikkei on Bainbridge Island*, pp. 81-95.

(43) Flewelling, *Shirakawa.*, pp. 30-35.

(44) Tanaka, *The Nikkei on Bainbridge Island*, pp. 39, 50-51.

(45) McDonald, *Bellevue*, p. 2 および2000年版にチャールズ・ルワンが寄せた前書き（p. 6）。

(46) Ibid., pp. 2-18.

(47) 著者によるベアトリス・マシューソンとのインタビュー。次の文献にも記

述：McDonald, *Bellevue*, pp. 16-17.

(48) McDonald, *Bellevue*, pp. 18-19.

(49) *A Hidden Past: An Exploration of Eastside History* (Seattle: *Seattle Times* Publishing, 2000), pp. 24-25, 30-32, 33-35.

(50) Tsushima, *Pre-WWII History of Japanese Pioneers*, pp. 10-11, 66, 70.

(51) McDonald, *Bellevue*, p. 99.

(52) Ibid., p. 10.

(53) Tsushima, *Pre-WWII History of Japanese Pioneers*, esp. p. XIII, 1-4, and 12-13.

(54) McDonald, *Bellevue*, p. 113.

(55) Editorial, "Their Land and Your Living," *Seattle Star*, July 31, 1919, p. 8.

(56) Densho Project Visual History Interview: Tokio Hirotaka, Toshio Ito, and Joe Matsuzawa, May 21, 1998; segment 1.

(57) Densho Project Visual History Interview: Chizuko Norton, April 27, 1998, segments 1, 2, and 4.

(58) Robert A. Wilson and Bill Hosokawa, *East to America: A History of the Japanese in the United States* (New York: William and Morrow Co., 1980), pp. 58-71 (猿谷要訳『ジャパニーズ・アメリカン――日系米人・苦難の歴史』有斐閣, 1982年). とりわけワシントン州の土地所有の傾向についての記述は、原書69ページを参照。次も参照のこと：Leonard Broom and Ruth Riemer, *Removal and Return: The Socio-Economic Effects of the War on Japanese Americans* (Berkeley: University of California Press, 1949), pp. 69-71. および Linda Tamura, *The Hood River Issei: An Oral History of Japanese Settlers in Oregon's Hood River Valley* (Urbana: University of Illinois Press, 1993), pp. 70-71, p. 82 (中野慶之訳『フッドリバーの一世たち――アメリカ・オレゴン州フッドリバーに入植した日本人移民の肉声による歴史』メイナード出版, 1996年).

(59) Densho Project Visual History Interview: Tom Matsuoka, May 7, 1998, segment 6.

第二章　イチゴ農場

(1) Masakazu Iwata, *Planted in Good Soil: A History of the Issei in the United States Agriculture* (2 vols.; New York: P. Lang, 1990), pp. 221-50, 539-78. 次も参照のこと：Brian Niiya, ed., *The Encyclopedia of Japanese-American History* (Los Angeles: The Japanese-American National Museum, 2001), pp. 392-93, 135, 365. 次も参照のこと：John Modell, *The Economics and Politics of Racial Accommodation: The Japanese of Los Angeles, 1900-1942* (Urbana/Chicago: University of Illinois Press, 1963), pp. 95-99, 104-10.

(2) Stefan Akio Tanaka, *The Nikkei on Bainbridge Island, 1883-1942: A Study of Migration and Community Development* (Master's thesis, University of Washington, 1977), pp. 107-

09および Modell, *The Economics and Politics of Racial Accommodation,* p. 112.

（3）George M. Darrow, *The Strawberry: History, Breeding and Physiology*（1965: U.S. Department of Agriculture）, pp. 35–89.

（4）Lane Ryo Hirabayashi and George Tanaka, “The Issei Community in Moneta and the Gardena Valley, 1900–1920,” *Southern California Quarterly*, March 1988, pp. 127–58.

（5）John Isao Nishinoiri, “Japanese Farms in Washington”（Master’s thesis, University of Washington, 1926）, p. 20.

（6）Tanaka, *The Nikkei on Bainbridge Island,* p. 104.

（7）Nishinoiri, “Japanese Farms in Washington,” pp. 24–26.

（8）Stan Flewelling, *Shirakawa: Stories from a Pacific Northwest Japanese American Community*（Auburn: White River Valley Museum, 2002）, pp. 26–30, 57–64. 次も参照のこと：Nishinoiri, “Japanese Farms in Washington,” p. 31.

（9）Linda Tamura, *The Hood River Issei: An Oral History of Japanese Settlers in Oregon's Hood River Valley*（Urbana/Chicago: University of Illinois Press, 1993）, pp. 82–87（中野慶之訳『フッドリバーの一世たち——アメリカ・オレゴン州フッドリバーに入植した日本人移民の肉声による歴史』メイナード出版，1996年）.

（10）Hirabayashi and Tanaka, “The Issei Community in Moneta and the Gardena Valley, 1900–1920,” pp. 151–53.

（11）ワシントン州のコミュニティについては次を参照：Nishinoiri, “Japanese Farms in Washington,” pp. 12–33および Iwata, *Planted in Good Soil,* pp. 531–78. ベインブリッジ島については次を参照：Tanaka, *The Nikkei on Bainbridge Island,* pp. 103–12. バション島については次を参照：Iwata, *Planted in Good Soil,* pp. 541–42, 561および Pamela J. Woodroffe, *Vashon Island's Agricultural Roots*（iUniverse, 2002）, pp. 43–44, 72–73. ベルビューのコミュニティについては下記を参照。フッドリバーのイチゴ農業が行なわれていた時期については、次を参照：Tamura, *The Hood River Issei,* pp. 82–87（中野慶之訳『フッドリバーの一世たち——アメリカ・オレゴン州フッドリバーに入植した日本人移民の肉声による歴史』メイナード出版，1996年）および Iwata, *Planted in Good Soil,* pp. 514–16. イワタは原書520〜21ページでラッセルヴィルのコミュニティについても説明している。ガーデナや南カリフォルニアのコミュニティについては、同書の原書397〜407ページおよび Hirabayashi and Tanaka, “The Issei Community in Moneta and the Gardena Valley, 1900–1920” を参照。特に原書151〜53ページではラッセルヴィルのイチゴ農家について記述している。ワトソンビルのコミュニティは、次のパンフレットで詳しく説明されている：Kathy McKenzie Nichols and Jane W. Borg, “Nihon Bunka/Japanese Culture: One Hundred Years in the Pajaro Valley”（Pajaro Valley Arts Council, 1992）. インターネット上：Santa Cruz Public Libraries website, http://www.santacruzpl.org/history/culdiv/nihonl.shtml . ワトソンビルについては次の文献でも説明：Iwata, *Planted in Good*

Soil. フレーザー・バレーの日系人コミュニティについては、次を参照：*A Dream of Riches: The Japanese Canadians, 1877–1977*（Toronto: Japanese Canadian Centennial Project, 1978）, pp. 136–37; the Japanese-Canadian Research Collection, Special Collections Division, University of British Columbia Library, インターネット上：http://www.library.ubc.ca/asian/jcrc.html.

（12）"Deport Japanese: Demanded by Secretary of Veterans' Commission," *Seattle Star,* July 26, 1919, p. Al.

（13）Ibid.

（14）Ibid.

（15）United States Census Bureau. 次も参照のこと：John Adrian Rademaker, "The Ecological Position of the Japanese Farmers in the State of Washington," Ph.D. dissertation, University of Washington, 1939, pp. 21–22.

（16）Roger Daniels, *The Politics of Prejudice: The Anti-Japanese Movement in California and the Struggle for Japanese Exclusion*（Berkeley: University of California Press, 1962）, pp. 46–64.

（17）Ronald E. Magden, *Furusato: Tacoma-Pierce County Japanese 1888–1977*（Tacoma: Tacoma Japanese Community Service, 1998）, p. 57.

（18）このような数字は、ワシントン州とカリフォルニア州で外国人土地法の議論がされたときよく見られたが、間違いである。たとえば、カリフォルニア州財政管理委員会が発表した公式報告では、出生率を白人の3倍に見せようとしている。だが、ダニエルズが *The Politics of Prejudice*（pp. 88–89）で存分に指摘しているように、この数字はまったくのごまかしであり、事実は次の通り。「長期にわたる一世の出生率は現代のヨーロッパからの移民よりやや低く、20年代と30年代において、やや低かったアメリカ生まれの白人の出生率をわずかに上回る程度である」

（19）"Scores Effort to Bar Out Japanese," *Seattle Star,* July 25, 1919, p. 1.

（20）Madison Grant, *The Passing of the Great Race, or The Racial Basis of European History*（New York: Charles Scribner's Sons, 1922）, chapter 14.

（21）Lothrop Stoddard, *The Rising Tide of Color Against White World Supremacy*（New York: Charles Scribner's Sons, 1922）, chapter 12.

（22）アメリカの優生学の運動については、数多くの研究がされている。もっとも優れた研究の一つは次を参照：Steven Selden and Ashley Montagu, *Inheriting Shame: The Story of Eugenics and Racism in America*（New York: Teachers College Press, Advances in Contemporary Educational Thought Series, vol. 23, 1999）および Elof Axel Carlson, *The Unfit: A History of a Bad Idea*（Cold Springs Harbor Laboratory Press, 2001）. 次も参照のこと：Prescott F. Hall, "Immigration Restriction and World Eugenics," *Journal of Heredity,* March, 1919.「細菌の侵入を特定して、部位と栄養供給量をおさえて細菌を死滅させるように、劣った人種を元の生息地にとどまるよう強いることができ

る。限定された地域で繁殖すれば、ほかの生物と同じように、最終的にその数も影響も頭打ちになる。一方で、ほかの人種より自己を制御する優性の人種は、居住する場所と面積がさらに増えて、高みにのぼるだろう」
（23）引用元："The Fight is On!," *Seattle Star,* Aug. 14, 1919, p. 1.
（24）"Seek Body of White Wife of Japanese," *Seattle Star,* June 21, 1919, p. 20.
（25）この見出しは次の日付の『シアトル・スター』紙のA1面に掲載：*Seattle Star,* July 29, 1919; July 30, 1919; July 31, 1919; and Aug. 5, 1919.
（26）"Is *This* To Remain White Man's Land?," *Seattle Star,* July 29, 1919. p. Al.
（27）"Civic Mass Meeting Protests Jap Menace," *Seattle Star,* Aug. 12, 1919, p. 1.
（28）Daniels, *The Politics of Prejudice,* pp. 94-95.
（29）Magden, *Furusato,* p. 59.
（30）Rademaker, "The Ecological Position of the Japanese Farmers in the State of Washington," pp. 323-24.
（31）Grant, *The Passing of the Great Race*, ch. 11, p. 1.
（32）Stoddard, *The Rising Tide of Color Against White World Supremacy,* in ch. 11, p. 8:「有色人種の軍事力の危険性は次のようにまとめることができよう。褐色人種と黄色人種は偉大な軍事力の可能性を持っている。これ（説明の難しい感情的な行動以外）がいきなり強烈に燃え上がる可能性は低い。だが一方で、彼らは白人支配への反乱などの政治的理由や人口過剰などの社会的理由によって動員される可能性がある。黒人は汎イスラム主義の道具として使われる以外、現実的な危険はない。インディアンについては、ただ地域レベルの問題に過ぎない」スタダードは東洋人が労働者として、劣悪な生活をしていることについて詳述している。次も参照のこと：H. M. Hyndman, *The Awakening of Asia* (New York, 1919), p. 180.「白人の労働者は労働市場で中国人の競合相手に永続的に勝つことはできない。生活水準の低さ、粘り強さ、教育の高さにより白人を負かし続けるだろう」
（33）Rademaker, "The Ecological Position of the Japanese Farmers in the State of Washington," pp. 325-26.
（34）Ibid., p. 324.
（35）Magden, *Furusato,* p. 61.
（36）Ibid., pp. 61-62.
（37）Miller Freeman, "The Japanese Question," from the *Great Northern Daily News of Seattle,* a Japanese American newspaper, Jan. 25, 1921. Miller Freeman Archives, University of Washington. これは19世紀の進化論哲学者ハーバート・スペンサーを引用している点も注目に値する。「大きく異なった生活様式に適応した、二つの大きく異なった種の性質を混ぜると、どちらの生活様式にも適応できない性質ができる。そのような性質は適切に機能しない。それはいかなる環境にも合わないからである。…理由を述べたように、アメリカで中国の移民を制限する規制に私

は全面的に同意するものである。…中国人がアメリカに定住することが許されるなら、ほかの人種と混ざらないままなら、従属する人種でいなければならない。それは奴隷でなくても、奴隷に近い階級である。さもなければ劣悪な雑種が作られるだろう。…アメリカやヨーロッパの人種と日本人がかなり混ざる場合も同じことが起きる」

(38) Sucheng Chan, *Asian Americans, an Interpretive History* (Boston: Twayne Publishers, 1991), p. 47. 外国人土地法全般については、次を参照：Douglas W. Nelson, "The Alien Land Law Movement of the Late Nineteenth Century," *Journal of the West* 9:46-49 (1970).

(39) Magden, *Furusato,* p. 65.

(40) Daniels, *The Politics of Prejudice,* p. 98. 本件の名称は次の通り：*Ozawa v. United States,* 260 U.S. 178 (1922), 43 S.Ct. 65, 67 L.Ed. 事実関係は次の通り。「上訴人は日本で生まれた日本人民族である。彼は1914年10月16日、合衆国連邦ハワイ地区地方裁判所にアメリカ市民として認められるよう申請した。彼の請願はハワイ地区検事長に退けられた。上訴人はハワイに在住した期間を含めて、アメリカに20年間継続して在住している。彼はカリフォルニア州バークレーの高校の卒業生であり、カリフォルニア大学に約3年間在籍しており、子どもをアメリカの学校で教育させ、家族はアメリカの教会に通い、家では英語で話している。彼には人格面も教育面も市民としての資格があることが認められる」法廷の答えは次の通り。「『白人』とは『白色人種』だという結論の効果は、帰化の資格がある者とそうでない者の境界をはっきりと引くものではない。それは、やや議論の余地のある領域を決めるものであり、その一方の外にいる者は明らかに帰化の資格があり、そのほかの一方の外にいる者は明らかに帰化の資格がない。この領域に入る者については、当法廷があるケース (*Davidson v. New Orleans,* 96 U.S. 97, 104) で述べた『司法の包含と除外の漸進的なプロセス』によってその都度決定されなければならない。しかし本件の上訴人は明らかに白色人種ではなく、したがってこの領域の外、資格のない者に属している。連邦裁判所と州裁判所の多数がそのように決定しており、それに明らかに反するケースは見つけられない。この決定は数多くの科学的権威によって支持されており、検討する必要はないと考える。われわれはこの決定は正しいものであると考え、それを維持するものである」

(41) 本件の名称は次の通り：*Terrace v. Thompson,* 263 U. S. 197, 44 S. Ct. 15, 68 L. Ed. 255 (1923). 事実関係は次の通り。「テラスはワシントン州に土地を所有しており、ナカツカに5年間貸すことを希望していた。ナカツカは日本人で外国人であり、アメリカの市民権を得る意思を表示していなかった。ワシントン州の1921年外国人土地法のもとでは、アメリカの市民権を得る意思を表示していないいかなる外国人にも土地を売ったり貸したりすることは刑事犯罪になる。州司法長官のトンプソンは、ナカツカに土地が売られた場合、同法を適用するとテラ

スに警告した。テラスはそのような行動に対して挑み、トンプソンがそのような法を施行することを禁じるよう提訴した」裁判所は原告の平等保護条項についての訴えに対して次のように答えている。「外国人の権利、特権、義務は市民のそれと大きく異なる。また、米国帰化申請者のそれは非申請者のそれと大きく異なる。誠意のある申請者を市民と同じ種だとするのは、資格がない外国人、あるいはその意思を表示しなかった資格がない外国人を不正に差別するものではない。分類は帰化における資格と目的に基づく。帰化法により、外国人は必然的に二つに分類される。市民になれる者とそうでない者だ。この件に関して議会が確立した規則はそれ自体のみで当該法で定義されているように外国人に土地所有権を与えないという、州法における合理的な分類を提供している。市民でない者や、市民になれない者は、国の福祉のために有効に働く関心と力に欠けていることは明らかであり、そのためそのような者が国内の不動産を所有し貸す権利を国は正当に拒否することができる。国内の農地を所有、占領、使用する者の質と忠誠は、もっとも重要な問題であり、国自体の安全と力に影響するものである」

(42) Magden, *Furusato,* pp. 65–66; Daniels, *The Politics of Prejudice,* pp. 98–103 および Page Smith, *Democracy on Trial: The Japanese American Evacuation and Relocation in World War II* (New York: Simon and Schuster, 1995), p. 50.

(43) Audrie Girdner and Annie Loftis, *The Great Betrayal: The Evacuation of Japanese-Americans During World War II* (London: The Macmillan Company, 1969), p. 364.

(44) Flewellen, *Shirakawa,* pp. 76–79.

(45) Nishinoiri, "Japanese Farms in Washington," pp. 78–79, and 102–05. 次も参照のこと：Asaichi Tsushima, *Pre-WWII History of Japanese Pioneers in the Clearing and Development of Land in Bellevue* (Bellevue: Private printing, 1991), p. 45.

(46) 1921年の外国人土地法施行後に起きた主な事件の詳細についてと、法を支えた主な法的前例については次を参照：Nishinoiri, "Japanese Farms in Washington," pp. 9–11, 61–89. 次も参照のこと：Rademaker, "The Ecological Position of the Japanese Farmers in the State of Washington," pp. 29–32. および Magden, *Furusato,* pp. 62–64.

(47) Rademaker, "The Ecological Position of the Japanese Farmers in the State of Washington," pp. 35–36.

(48) Tanaka, *The Nikkei on Bainbridge Island, 1883–1942,* pp. 113–14 および Modell, *The Economics and Politics of Racial Accommodation,* p. 151.

(49) Rademaker, "The Ecological Position of the Japanese Farmers in the State of Washington," pp. 35–39.

(50) Daniels, *The Politics of Prejudice,* p. 88. 次も参照のこと：Modell, *The Economics and Politics of Racial Accommodation,* p. 151 および Tanaka, *The Nikkei on Bainbridge Island, 1883–1942,* pp. 111–17.

(51) *A Hidden Past: An Exploration of Eastside History* (Seattle: *Seattle Times* Publishing, 2000),「メイデンバウワーの捕鯨者たち：ベルビューはアメリカで稼働していた最後の捕鯨港のひとつだった」pp. 57-59.

(52) 次を参照：McDonald, *Bellevue,* pp. 84-118. ヘニッグは著者のインタビューに答えて、父親のブドウ園について説明してくれた。

(53) この記述は、当時ベルビューで農業に関わっていたインタビュー対象者に対する著者の取材に基づいている。彼らはみなベルビューの農家は日系人がほとんどだったと述べている。だがイーストサイド地域にはほかにも農家はいた。また、輸送園芸は日系人農家のみが行なっていたと、みな口を揃えている。

(54) この数字は次からの引用。ベルビューの農業について話したときインタビュー協力者のほぼすべてが実証している。McDonald, *Bellevue* (p. 90).

(55) McDonald, *Bellevue,* pp. 77-79および *A Hidden Past,*「素晴らしい行楽地：1920年代はじめ、イーストサイドは晴れた日曜日に人々が出かける観光地だった」pp. 52-53.

(56) McDonald, *Bellevue,* pp. 113-15.

(57) Tsushima, *Pre-WWII History of Japanese Pioneers,* p. 83.

(58) Gregory Roberts, "Before Pearl Harbor," *Seattle Post-Intelligencer,* Friday, May 25, 2001, p. C1.

(59) Densho Project Visual History Interview: Tom Matsuoka, May 7, 1998, segment 8.

(60) Ibid., segments 10-11.

(61) タイラス・マツオカは、父がタイラス・カッブにちなんで名前を付けたが、カッブが悪名高い人種差別主義者だということについて「彼がどういう人間か知るずっと前」だったと話している（2002年２月16日の著者のインタビューによる）。

(62) Densho Project Visual History Interview: Tokio Hirotaka, Toshio Ito, and Joe Matsuzawa, May 21, 1998, segment 16.

(63) Densho Project Visual History Interview: Chizuko Norton, April 27, 1998, segment 4.

(64) Densho Project Visual History Interview: Rae Takekawa, May 8, 1998, segment 14.

(65) Densho Project Visual History Interview: Chizuko Norton, April 27, 1998, segment 8.

(66) Ibid., segments 7-14.

(67) Tsushima, *Pre-WWII History of Japanese Pioneers,* pp. 24-30.

(68) この教師の一人、カネジ・タケカワは、のちにレイの姑になる。

(69) クーリエ・リーグについては次を参照：Gregory Roberts, "Before Pearl Harbor."

(70) Miller Freeman, *The Memoirs of Miller Freeman* (Bellevue: Private printing, 1956), pp.165-166.

(71) Robert F. Karolevitz, *Kemper Freeman, Sr., and the Bellevue Story* (Mission Hill, SD: The Homestead Publishers, 1984), pp. 27-34.
(72) Densho Project Visual History Interview: Tom Matsuoka, May 7, 1998, segment 19.
(73) Densho Project Visual History Interview: Rae Takekawa, April 27, 1998, segment 11.
(74) 1992年3月11日、トム・マツオカの著者とのインタビューから。本書のインタビューの引用についてはすべて、エピローグあとの「インタビュー協力者」を参照のこと。

第三章　ジャップはジャップだ

(1) Peter Irons, *Justice at War* (New York: Oxford University Press, 1962), p. 20
(2) Greg Robinson, *By Order of the President: FDR and the Internment of Japanese Americans* (Cambridge, Mass.: Harvard University Press, 2001), pp. 32-43.
(3) Franklin D. Roosevelt, "Roosevelt Says," *Macon Telegraph,* April 30, 1925. インターネット上：http://www.cviog.uga.edu/Projects/gainfo/FDRedito.htm#anchor440429.
(4) Robinson, *By Order of the President,* pp. 54-57 および Tetsuden Kashima, *Judgment Without Trial: Japanese American Internment During World War II* (Seattle: University of Washington Press, 2003), p. 16.
(5) Kashima, *Judgment Without Trial,* pp. 55-57.
(6) Kashima, *Judgment Without Trial,* pp. 38-39および *Personal Justice Denied,* pp. 471-75. (民間人戦時転住と抑留に関する委員会編，読売新聞社外報部訳編『拒否された個人の正義』三省堂，1983年).
(7) *Personal Justice Denied: Report of the Commission on Wartime Relocation and Internment of Civilians* (Seattle: University of Washington Press, 1996), pp. 52-53 (民間人戦時転住と抑留に関する委員会編，読売新聞社外報部訳編『拒否された個人の正義』三省堂，1983年). 次も参照のこと：Kashima, *Judgment Without Trial,* pp. 40-41, および Daniels, *The Decision to Relocate the Japanese Americans* (Malabar, Fla.: Robert E. Krieger Publishing Co., 1986), pp. 8-9.
(8) Kashima, *Judgment Without Trial,* pp. 27-29 および Louis Fiset, *Imprisoned Apart: The World War II Correspondence of an Issei Couple* (Seattle: University of Washington Press, 1997), p. 28. 調査書の編集については、次を参照：Committee on Wartime Relocation and Internment of Civilians, *Personal Justice Denied,* pp. 53-55 and 471-78 (民間人戦時転住と抑留に関する委員会編，読売新聞社外報部訳編『拒否された個人の正義』三省堂，1983年), Carol Van Valkenburg, *An Alien Place: The Fort Missoula, Montana Detention Camp 1941-1944* (Missoula, Mont.: Pictorial Histories

Publishing Co., 1995), pp. 35-36.

(9) Fiset, *Imprisoned Apart,* pp. 28-29および Irons, *Justice at War,* p. 22.

(10) Department of Justice, Press Releases, Dec. 8 and Dec. 13, 1941; Feb. 16, 1942. シアトルの抑留者の数字を載せている次の文献も参照のこと：FBI, Memorandum for the Director, April 6, 1943, "Re: Apprehension of Japanese Individuals" (FBI document from Freedom of Information Reading Room, Custodial Detention, pt. la, pp. 141 and 174).

(11) Densho Project Visual History Interview: Rae Takekawa, May 8, 1998, segment 14.

(12) "Ban on Japanese In Busses Is Corrected," *Seattle Times,* Dec. 9, 1941, p. 3.

(13) "Sailor's Wife Leads Glass-Smashing Mob, Blacking Out Lights," *Seattle Times,* Dec. 9, 1941, pp. 1-3.

(14) "30 Enemy Planes Fly Over S.F.," *Seattle Times,* Dec. 9, 1941, p. 2.

(15) Roger Daniels, *The Decision to Relocate the Japanese Americans* (Malabar, Fla.: Robert E. Krieger Publishing Co., 1986), pp. 14-15. 次も参照のこと：Audrie Girdner and Annie Loftis, *The Great Betrayal: The Evacuation of Japanese-Americans During World War II* (London: The Macmillan Company, 1969), pp. 6-7.

(16) "Coast Blacked Out," *Post-Intelligencer,* Dec. 9, 1941, p. 1. 小見出しは次の通り：「謎の飛行機をサンフランシスコで駆逐」「金門橋で大編成隊を駆逐」。最初の段落は次の通り：「サンフランシスコ、12月 8 日（AP）——今晩、日本の戦闘機がサンフランシスコ湾岸地域の爆撃を試みたと思われる事件が報告された。報告した第四迎撃軍団のウィリアム・オード・ライアン准将は、多数の航空機が金門橋で駆逐されたと述べている」この記事には次の最新情報も書かれている：「ワシントン、12月 9 日（AP）——本日、陸軍省は『西海岸を敵機が攻撃しようとしたという報告については情報がなく、確認する手段も現在のところはない』と述べている」

(17) Page Smith, *Democracy on Trial: The Japanese American Evacuation and Relocation World War II* (New York: Simon & Schuster, 1995), p. 106. 次も参照のこと：Girdner and Loftis, *The Great Betrayal,* pp. 6-7.

(18) Daniels, *The Decision to Relocate the Japanese Americans,* pp. 14-15.

(19) Girdner and Loftis, *The Great Betrayal,* pp. 6-7および Daniels, *The Decision to Relocate the Japanese Americans,* pp. 14-15.

(20) Burl Burlingame, *Advance Force Pearl Harbor: The Imperial Navy's Underwater Assault on America* (Honolulu: Pacific Monograph), pp. 344-52.

(21) Bert Webber, *Retaliation: Japanese Attacks and Allied Countermeasures on the Pacific Coast in World War II* (Corvallis: Oregon State University Press, 1976), pp. 29-32, 53-67. 次も参照のこと：Burlingame, *Advance Force Pearl Harbor,* p. 346. および Daniels, *The Decision to Relocate the Japanese Americans,* pp. 24-25. 焼夷弾についての当時の記事は

次を参照：*Post-Intelligencer,* "Incendiaries Drop in Forested Areas," June 2, 1943, p. A1; "Bombs From Balloons Fell On Oregon," June 11, 1943, p. A1; "N.W. Forests Get Big U.S. Fire Fund," June 4, 1943, p. A1.

(22) Robert C. Mikesh, *Japan's World War II Balloon Bomb Attacks on North America* (Washington, Smithsonian Institution Press, 1973), pp. 7-24, 38, and 67-69 および Webber, *Retaliation,* pp. 93-123.

(23) Klancy Clark de Nevers, *The Colonel and the Pacifist: Karl Bendetsen, Perry Saito, and the Incarceration of Japanese Americans During World War II* (Salt Lake City: University of Utah Press, 2004), pp. 77-83. 次も参照のこと：Smith, *Democracy on Trial,* pp. 102-16 および Daniels, *The Decision to Relocate the Japanese Americans,* pp. 14-18.

(24) Girdner and Loftis, *The Great Betrayal,* p. 16.

(25) Smith, *Democracy on Trial,* p. 120.

(26) Daniels, *The Decision to Relocate the Japanese Americans,* p. 42.

(27) Ibid., pp.16-17.

(28) Ibid., p. 7.

(29) Ibid., p. 15.

(30) Girdner and Loftis, *The Great Betrayal,* p. 17-18.

(31) Smith, *Democracy on Trial,* p. 106. ノックスは軽率なことで知られており、後日、ひどい外交的な失策をやらかし新聞の見出しを飾ることになる。蔣介石の義兄、宋子文を公式に訪問した際、アメリカは必ずや日本を打ち負かすと言い、背中を叩き「大丈夫です、やつら黄色い悪魔を潰してやりますよ」と発言。次を参照："Is Knox's Face Red? He Mixed His 'Yellows'," *Seattle Times,* March 4, 1942, p.1.

(32) Daniels, *The Decision to Relocate the Japanese Americans,* p. 12.

(33) Norio Mitsuoka, *Nisei Odyssey: The Camp Years* (Fountain Valley, Calif.: Bowder Printing and Publishing Co., 1991), p. 5.

(34) "Fires Set to Aid Enemy Planes," "Flaming Arrows Planted by 5th Columnists to Guide Foe Toward Seattle," *Post-Intelligencer,* Dec. 11, 1942, p. 1. 同紙 3 ページには、この記事では触れられていない話が書かれている。「迎撃司令本部はオリンピック半島の火の矢印についての詳細を明らかにしていないが、カニングハムは開墾していた白人によって火が付けられたと AP 通信に話している」

(35) "26 Japanese Girls Leave School Jobs," *Post-Intelligencer,* Feb. 26, 1942, p. 1.

(36) この集会の模様は、フリーマンの個人秘書が記録した議事録から再現したものである。引用部はすべてこの議事録から直接取った。議事録が収録されているのは次の文献である：Miller Freeman Archives at the University of Washington Archival Collection, Seattle; Folder 6, "Minutes," Documents 1, 2, and 3.『ベルビュー・アメリカン』紙でもホイットニーが短い説明を載せている：*Bellevue American,* Dec. 18, 1941, "Special Committee at Work," p. 1.

(37) 著者が1992年３月14日に行なったアラマキとのインタビュー。

(38) 次の文献を参照：Morton Grodzins, *Americans Betrayed: Politics and the Japanese Evacuation* (Chicago: University of Chicago Press, 1949), pp. 149-52. 同書には、1919年と1924年にさらに請願書が通り、二重国籍を得るための条件が厳しくなり、「そのような通知を行なわなかった場合は、生まれた子供が日本国籍を持たないという推定になる」とある。さらに、「日本人を祖先とするアメリカ人市民が日本政府につながっているという非難の主たる理由は、二重国籍により不忠誠があるということである。忠誠の問題についてこれほど無関係な話もないが、これは長年、カリフォルニア合同移民委員会の常套手段だった。そしてほとんどそれだけが、カリフォルニア州人事委員会がその『調査』を行ない、日系アメリカ人の被雇用者を解雇する口実になった」

(39) Miller Freeman Archives at the University of Washington Archival Collection, Seattle; Folder 6, "Minutes," Documents 1, 2, and 3.

(40) Densho Project Visual History Interview: Rae Takekawa, April 27, 1998, segment 14.

(41) Van Valkenburg, *An Alien Place,* pp. 41-47. 次も参照のこと：Fiset, *Imprisoned Apart,* pp. 36-42. 施設の描写は、2000年８月31日に著者がトム・マツオカに行なったインタビューによる。

(42) *Missoulian,* Dec. 20, 1912; cited in Van Valkenburg, *An Alien Place,* p. 46.

(43) *Bellevue American,* Nov. 20, 1941, "Bellevue Japanese Buy Defense Bonds," p. 1.

(44) "American-Born Japanese Loyal, Editor Asserts," *Seattle Times,* Dec. 9, 1941, p. 3.

(45) deNevers, *The Colonel and the Pacifist,* p. 93.

(46) Associated Press dispatch, "Japs Planning Sabotage In U.S. Soon, Says Solon," *Seattle Post-Intelligencer,* March 7, 1942, p. 9.

(47) "Whites Try to Buy Them Out at Low Price, Say Japanese," *Seattle Daily Times,* March 21, 1942, p. 12.

(48) "Nisei Citizenship," letter to the editor, *Seattle Post-Intelligencer,* Feb. 28, 1942, p. 8.

(49) Associated Press dispatch, "Japs? 'Get Tough'—Solon," *Seattle Post-Intelligencer,* March 22, 1942, p. 7.

(50) "Japs Reside Near Vital Plants Here," *Seattle Daily Times,* March 5, 1942, p. 1. この前日、同紙は「国防に重要な地域をジャップが掌握」という見出しのAP通信の記事を一面に載せている。

(51) Henry McLemore, "This Is War! Stop Worrying About Hurting Jap Feelings," *Seattle Times,* Jan. 30, 1942, p. 6. 彼は同紙に毎日コラムを掲載し、このあと何か月も頻繁に日系アメリカ人を罵倒した。日系人の学校は大日本帝国プロパガンダの温床であるという考えを広めた次の記事は、その例である："Excuse, Please; But What's In Those Jap Text-Books," *Seattle Times,* Feb. 7, 1942.

（52） Letter to the editor, "Fourteenth Amendment," *Post-Intelligencer,* March 10, 1942, p. 12.
（53） Girdner and Loftis, *The Great Betrayal,* p. 17. 次も参照のこと：Smith, *Democracy on Trial,* pp. 107–25.
（54） Smith, *Democracy on Trial,* pp. 107–13. 大がかりな手入れを要請したデウィットをビドルが拒否したことについて、スミスはビドルの役割を重要だとしている。これで政治的な圧力は少し和らぎ、デウィットが市民権について考慮していたとき納得させたという。だがこの結論は、よく見ても不確かなものだと著者は考える。デウィットはこのあと西部防衛軍での任務において不安定な行動に走り、この状況においてどのように彼が行動したか予測するのは、不可能でないにしても軽率だと思われる。彼の傾向を考えると、いずれにせよ集団収容は起きていた可能性は確かに高いと思われる。次も参照のこと：Daniels, *The Decision to Relocate the Japanese Americans,* pp. 6–8.
（55） Smith, *Democracy on Trial,* pp. 111–13.
（56） Army G-2 Information Bulletin, "Japanese Espionage," January 21, 1942, p. 3.
（57） Smith, *Democracy on Trial,* p. 427.
（58） Memo, Gen Clark for Judge Advocate GHQ, 24 Jan 42, GHQ file, WDC: Enemy Aliens.
（59） de Nevers, *The Colonel and the Pacifist,* pp. 83–90.
（60） Girdner and Loftis, *The Great Betrayal,* pp. 17–21.
（61） Robinson, *By Order of the President,* pp. 97–124 および de Nevers, *The Colonel and the Pacifist,* pp. 91–114.
（62） Daniels, *The Decision to Relocate the Japanese Americans,* pp. 10–11 および Smith, *Democracy on Trial,* p. 119.
（63） Grodzins, *Americans Betrayed,* pp. 74–75.
（64） Ibid., pp. 72–78.
（65） Smith, *Democracy on Trial,* p. 120.
（66） *Congressional Record,* December 15, 1941.
（67） *Congressional Record,* February 26, 1942.
（68） Masayo Umezawa Duus, *Unlikely Liberators: The Men of the 100th and 442nd* (Honolulu: University of Hawaii Press, 1987), p. 62（ドウス昌代『ブリエアの解放者たち』文藝春秋，1986年）. 次も参照のこと：Girdner and Loftis, *The Great Betrayal,* p. 17.
（69） Smith, *Democracy on Trial,* pp. 121–22.
（70） John Hersey, "A Mistake of Terrifically Horrible Proportions," introductory essay to John Armor and Peter Wright, *Manzanar* (New York: Vintage Books, 1989), pp. 18–21.
（71） "Final Recommendation of the Commanding General, Western Defense Command

and Fourth Army, Submitted to the Secretary of War," General DeWitt to Secretary of War Stimson, February 14, 1942. 次も参照のこと：Smith, *Democracy on Trial,* pp. 123–27.

（72）Mike Masaoka, Tolan Committee Hearings, February 21 and 23, 1942, San Francisco, p. 11137:「…軍事的必要性と国家の安全という理由からはっきりと生まれるあらゆる避難の政策について、われわれは完全に同意するものである。アメリカ市民として、ほかの立場を取ることはできないし、取るべきではない。しかしまた、アメリカ市民として、われわれは市民たることの高潔さを信じ、避難がその高潔さを侵すような場合は、反対しなければならないと考える。日系人が西海岸から避難することがこの国の安全を確証するための主なステップだと軍・連邦当局が判断した場合、その判断に内在する必要性に従うことをわれわれは躊躇しない。だが一方で、そのような避難が、その表面的な緊急性をもって、自己利益という動機のみによりわれわれが出て行くことを希望している、政治団体やほかの圧力団体の望みを隠している方策に過ぎないのなら、われわれはアメリカ市民としてのわれわれの真価に平等な判断を要求し、抗議するあらゆる権利を持つものだと考える」

（73）"Freeman Calls Japan Society '5th Column,'" *Seattle Post Intelligencer*, Feb. 27, 1942, p. A1.

（74）すべての引用は２月27日～３月４日の聴取会に関する次の新聞記事から取った：*Post-Intelligencer:* "Freeman Calls Japan Society '5th Column'"; "Tolan Sees Early Ouster of Japs"; "East Side Doesn't Want Japs, Says: Governor Quizzed on State's Alien Policy"; and the *Seattle Times:* "Mass Ouster of Japanese is Demanded by Att. Gen."; and "Enemy Alien Evacuation Order Held Imminent."

（75）"Army Order Reveals Eventual Ouster of All Coast Japanese," *Seattle Times,* March 3, 1942, p. 1

（76）Dorothy Swaine Thomas and Richard S. Nishimoto, *The Spoilage: Japanese-American Evacuation and Resettlement During World War II*（Berkeley: University of California Press, 1946）, pp. 24–25.

（77）Eric L. Muller, *Free to Die for Their Country: The Story of the Japanese American War Resisters in World War II*（Chicago: University of Chicago Press, 2001）, pp. 32–33（飯野正子，飯野朋美，小澤智子，北脇実千代，長谷川寿美訳『祖国のために死ぬ自由——徴兵拒否の日系アメリカ人たち』刀水書房，2004年）.

（78）Civilian Exclusion Order No. 1, Headquarters, Western Defense Command and Fourth Army, Presidio of San Francisco, California, March 24, 1942.

（79）Daniels, *The Decision to Relocate the Japanese Americans,* p. 54.

（80）Ronald Magden, *Furusato: Tacoma-Pierce County Japanese 1888–1977*（Tacoma:Tacoma Japanese Community Service, 1988）, p. 132, 126. 次も参照のこと：Daniels, *The*

Decision to Relocate the Japanese Americans, 54-55, 71-76. および Smith, *Democracy on Trial,* p. 427.

(81) Public Proclamation No.3, Headquarters, Western Defense Command and Fourth Army, Presidio of San Francisco, California, March 24, 1942. 次も参照のこと：Smith, *Democracy on Trial,* pp. 122-26.

(82) "Jap Given 15 Days For Violating Curfew," *Post-Intelligencer,* April 15, 1942, p. 5.

(83) Anne Stewart, "Japs Accept Army Order With Bewilderment and Obedience," *Seattle Times,* March 22, 1942, p. 6.

(84) Frank Miyamoto, "The Seattle JACL and Its Role in Evacuation," p. 26, File 6.24, Japanese Evacuation and Resettlement Study, Bancroft Library, University of California, Berkeley.

(85) *Seattle Post-Intelligencer,* April 4, 1942, "Keeping Japanese Lands Producing Offers Problem," by Fred Niendorff, p. 14.

(86) Leonard Broom and Ruth Riemer, *Removal and Return: The Socio-Economic Effects of the War on Japanese Americans* (Berkeley: University of California Press, 1949), pp.82-83.

(87) *Bellevue American,* "200 Workers Needed Now to Care for Crops in Overlake Area," May 28, 1942および "Workers Needed for Crops," June 11, 1942. 著者にとってもうひとつの主な情報源は、ジョー・マツザワが以前持っていた書類だった。戦後、彼の兄弟がベルビュー青果生産者協会の元倉庫の隅に見つけたものだ。大部分は領収書だが、同社への要求と反訴など、同社とその客が交わした書簡も含まれている。時系列で整理すると、これが書類から得られた構図である。書類を提供してくださったマツザワ氏に感謝する。

(88) "Operators For Jap Farms Lag," *Post-Intelligencer,* April 2, 1942, p. 6.

(89) Densho Project Visual History Interview: Rae Takekawa, May 8, 1998, segment 17.

(90) "Eastsiders in Exile," by Janet Burkitt, from *A Hidden Past: An Exploration of Eastside History* (Seattle: *Seattle Times* Publishing, 2000), pp. 69-71.

第四章　強制退去

(1) Densho Project Visual History Interview: Tokio Hirotaka, Toshio Ito, and Joe Matsuzawa, May 21, 1998, segment 22.

(2) Densho Project Visual History Interview: Seichi Hayashida, Aug. 21, 1998, segment 14.

(3) Ibid., segment 15.

(4) Densho Project Visual History Interview: Mitsuko Hashiguchi, July 28, 1998, segment 36.

(5) Ibid., segment 40.
(6) Densho Project Visual History Interview: Seichi Hayashida, Aug. 21, 1998, segment 15.
(7) Page Smith, *Democracy on Trial: The Japanese American Evacuation and Relocation in World War II* (New York: Simon & Schuster, 1995), p. 156.
(8) Smith, *Democracy on Trial,* pp. 161-62.
(9) Ibid., pp. 156, 161-62, 181-82, and 218 および Roger Daniels, *Concentration Camps: North America: Japanese in the United States and Canada During World War II* (Malabar, Fla.: Krieger Publishing Company, 1993), p. 104. 数字の違いはいつ何が数えられたかによる。収容所の人口は死亡数、出生数、出所者数、転居者数により毎日変わった。
(10) Smith, *Democracy on Trial,* p. 162.
(11) Ibid., pp. 176-77.
(12) Densho Project Visual History Interview: Tokio Hirotaka, Toshio Ito, and Joe Matsuzawa, May 21, 1998, segment 26.
(13) Densho Project Visual History Interview: Seichi Hayashida, Aug. 21, 1998, segment 21.
(14) Carol Van Valkenburg, *An Alien Place: the Fort Missoula, Montana Detention Camp 1941-1944* (Missoula, Mont.: Pictorial Histories Publishing Co., 1995), pp. 46-50. 次も参照のこと：Louis Fiset, *Imprisoned Apart: The World War II Correspondence of an Issei Couple* (Seattle: University of Washington Press, 1997), pp. 53-59. 船の写真は原書59ページにある。
(15) マツオカはこのエピソードを著者とDENSHOプロジェクトに一度ずつ話している。もっとも優れているのは直接引用されている次の文献である：Louis Fiset, *Imprisoned Apart* .
(16) NARA Japanese-American Internee File, 1942-1946, Record Group 210: Records of the War Relocation Authority, File #412297, Takeo Tom Matsuoka, copy of note from Department of Justice File No.146-13-2-82-79.
(17) Van Valkenburg, *An Alien Place,* pp. 65-72. これは1985年に遂に明かされた、この審問の優れた詳細な記述である。
(18) John Tateishi, *And Justice For All: An Oral History of the Japanese American Internment Camps* (Seattle: University of Washington Press, 1984), pp. *66-67.*
(19) Densho Project Visual History Interview: Rae Takekawa, May 8, 1998, segment 22.
(20) Densho ProJect Visual History Interview: Mitsuko Hashiguchi, July 28, 1998, segment 43.
(21) Densho Project Visual History Interview: Rae Takekawa, May 8, 1998, segment 24.
(22) NARA Japanese American Internee File, 1942-1946, Record Group 210: Records of the War Relocation Authority, File #412297: Letter dated Aug. 21, 1943 from the WRA

Relocation Officer, Murray E. Stebbins in Havre, to Raymond R. Best, Project Director at Tule Lake.

(23) "200 Workers Needed Now to Care for Crops in Overlake Area" *Bellevue American,* May 28, 1942, p. A1.

(24) "Workers Needed for Crops," *Bellevue American,* June 11, 1942.

(25) 収容前後のウエスタンファーム&プロデュース社についてのこの記述は次の二つを参照にした。当初の同社についての記事：*Bellevue American,* 特に "200 Workers Needed Now to Care for Crops in Overlake Area," May 28, 1942 および "Workers Needed for Crops," June 11, 1942. もう一つ、たいへん役に立ったのはジョー・マツザワが所持していた書類である（第三章、註87）。

(26) *Personal Justice Denied: Report of the Commission on Wartime Relocation and Internment of Civilians* (Seattle: University of Washington Press, 1996), p. 157（民間人戦時転住と抑留に関する委員会編，読売新聞社外報部訳編『拒否された個人の正義』三省堂, 1983年).

(27) John Armor and Peter Wright, *Manzanar* (New York: Vintage Books, 1989), p. 75.

(28) Densho Project Visual History Interview: Tokio Hirotaka, Toshio Ito, and Joe Matsuzawa Interview, May 21, 1998, segment 28.

(29) Dorothy Swain Thomas and Richard S. Nishimoto, *The Spoilage: Japanese-American Evacuation and Resettlement During World War II* (Berkeley: University of California Press, 1946), pp. 25-26. 次も参照のこと：Smith, *Democracy on Trial,* p. 223.

(30) たとえば次の投稿を参照：Letter to the editor, *The Missoulian,* from Mrs. Walter Luke, Feb. 27, 1942. 日系人の労働者を同州に連れてくると、住民は放火などの危険にさらされ、森林や畑は「あっという間に灰になり、猟獣類は完全にいなくなるだろう。よって、危険なジャップが来て破壊活動を始めたら、道の必要はなくなるだろう（すべての仕事の源がなくなるだろう)」と警告している。同紙の次の投稿では森林に及ぼされる危険について警告している：Letter to the editor from Joe Kalispell, *The Missoulian,* Feb. 28, 1942。

(31) Van Valkenburg, *An Alien Place,* pp. 76-77.

(32) 収容者に対する戦時中の運動は次に詳述：本書第六章、269-77頁。

(33) Letter, on American Legion letterhead, from H. L. Chaillaux, National American Commission, to Miller Freeman, Feb. 9, 1942, 決議の添付あり。Miller Freeman Archives, University of Washington.

(34) Smith, *Democracy on Trial,* pp. 252-58.

(35) マンザナール、ポストン、ツールレイク収容所の暴動については記述が数多くあるが、もっとも優れているものは次を参照：Arthur A. Hansen and David A. Hacker, "The Manzanar Riot: An Ethnic Perspective," *Amerasia Journal* (Fall 1974) 2:112-57. 次も参照のこと：Audrie Girdner and Annie Loftis, *The Great Betrayal: The*

Evacuation of Japanese-Americans During World War II（London: The Macmillan Company, 1969），pp. 318–26 および Michi Weglyn, *Years of Infamy: The Untold Story of America's Concentration Camps*（New York: Morrow Quill Paperbacks, 1976），pp. 156–73（山岡清二訳『アメリカ強制収容所——屈辱に耐えた日系人』政治広報センター，1973 年）および Daniels, *Concentration Camps: North America,* pp. 104–26 および *Personal Justice Denied,* pp. 178–79 and 245–52（民間人戦時転住と抑留に関する委員会編，読売新聞社外報部訳編『拒否された個人の正義』三省堂，1983年）および Thomas and Nishimoto, *The Spoilage,* pp. 45–52.

（36）Thomas and Nishimoto, *The Spoilage,* p. 56.

（37）Dorothy Matsuo, *Boyhood to War: History and Anecdotes of the 442nd RCT*（Honolulu: Mutual Publishing of Honolulu, 1992），p. 43（新庄哲夫訳『若者たちの戦場——アメリカ日系二世第442部隊の生と死』ほるぷ出版，1994年）.

（38）ツールレイク収容所の闘争についてもっとも詳細な説明がされているのは次の文献である：Thomas and Nishimoto, *The Spoilage.* 特に次のページを参照：pp. 72–146.

（39）Densho Project Visual History Interview: Seichi Hayashida, August 21, 1998, segment 30.

（40）ツールレイク収容所の暴動の詳細については次を参照：Weglyn, *Years of Infamy,* pp.156–73（山岡清二訳『アメリカ強制収容所——屈辱に耐えた日系人』政治広報センター，1973年）. 次も参照のこと：Thomas and Nishimoto, *The Spoilage,* pp. 113–46 および Girdner and Loftis, *The Great Betrayal,* pp. 318–26 および Smith, *Democracy on Trial,* p. 299.

（41）Densho Project Visual History Interview: Seichi Hayashida, August 21, 1998, segments 30–31.

（42）Smith, *Democracy on Trial,* pp. 310–21. 残ることに決めた「イエスイエス」派については次の文献にも書かれている：Thomas and Nishimoto, *The Spoilage,* pp.103–04.

（43）ツールレイク収容所に残ることに決めた多くの「イエスイエス」派や、新しくやってきた者に反対した保守派については次を参照：Thomas and Nishimoto, *The Spoilage,* pp. 88–102.

（44）Densho Project Visual History Interview: Chizuko Norton, April 27, 1998, segment 24.

（45）Thomas and Nishimoto, *The Spoilage,* pp. 114–15; Girdner and Loftis, *The Great Betrayal,* pp. 326–27および Smith, *Democracy on Trial,* p. 323.

（46）*Personal Justice Denied,* p. 176 and 248–49（民間人戦時転住と抑留に関する委員会編，読売新聞社外報部訳編『拒否された個人の正義』三省堂，1983年）および Girdner and Loftis, *The Great Betrayal,* pp. 324–25.

（47）Densho Project Visual History Interview: Chizuko Norton, April 27, 1998, segment 27.

（48）Thomas and Nishimoto, *The Spoilage,* pp. 271-73.

（49）送還についての大混乱についてもっとも詳しく書かれたものは次を参照：Thomas and Nishimoto, *The Spoilage,* pp. 333-61. 次も参照のこと：*Personal Justice Denied,* pp. 251-52（民間人戦時転住と抑留に関する委員会編，読売新聞社外報部訳編『拒否された個人の正義』三省堂，1983年）および Smith, *Democracy on Trial,* pp. 331-33, 414.

（50）Densho Project Visual History Interview: Chizuko Norton, April 27, 1998, segment 28.

（51）ダニエルズは次の著書で鋭い観察をしている：Roger Daniels, *Concentration Camps USA: Japanese Americans and World War II* (New York: Holt, Rinehart & Winston, 1972), p. 96:「貪欲な開拓者たちが見向きもしなかったか、うち捨てただろうこの地域に、1942年になってもまだ何もなかったという事実は、その魅力のなさを声高に物語っている」

（52）Smith, *Democracy on Trial,* pp. 352-53.

（53）エド・スグロとの著者のインタビュー。ツールレイク収容所での生活について説明した箇所だが、このような家族の絆の崩壊については、ほかのさまざまな収容所についての二世の説明でも触れられている。

（54）Smith, *Democracy on Trial,* pp. 310-21.

第五章　当たって砕けろ

（1）Thelma Chang, *'I Can Never Forget': Men of the 100th/442nd* (Honolulu: Sigi Productions, 1991), p. 102.

（2）Roger Daniels, *The Decision to Relocate the Japanese Americans* (Malabar, Fla.: Robert E. Krieger Publishing Co., 1986), p. 82.

（3）John Hersey, "A Mistake of Terrifically Horrible Proportions," introductory essay to John Armor and Peter Wright, *Manzanar* (New York: Vintage Books, 1989), pp. 56-58. 次も参照のこと：Page Smith, *Democracy on Trial: The Japanese American Evacuation and Relocation in World War II* (New York: Simon & Schuster, 1995), pp. 315-16. および Commission on Wartime Relocation and Internment of Civilians, *Personal Justice Denied: Report of the Commission on Wartime Relocation and Internment of Civilians* (Washington, D.C., 1982), pp. 216-18（民間人戦時転住と抑留に関する委員会編，読売新聞社外報部訳編『拒否された個人の正義』三省堂，1983年）.

（4）Hersey, "A Mistake," pp. 59-60 および Roger Daniels, *Concentration Camps: North*

America: Japanese in the United States and Canada During World War II (Malabar, Fla.: Krieger Publishing Company, 1993), pp. 278-79 および *Personal Justice Denied,* pp. 215-23.（民間人戦時転住と抑留に関する委員会編，読売新聞社外報部訳編『拒否された個人の正義』三省堂，1983年）.

(5) Audrie Girdner and Annie Loftis, *The Great Betrayal: The Evacuation of Japanese-Americans During World War II* (London: The Macmillan Company, 1969), pp. 279-84. 著者らは324ページで次のように述べている。「過激派は多数派ではなかった。…だが、彼らに反抗しようとするグループがいなかったため、多数派のように振る舞った」

(6) Fair Play Committee Bulletin #3 (March 1, 1944). 公正委員会のメンバーは、徴兵に登録も出頭もしないと発表した（インターネット上にあるこの会報の写しは次を参照：http://www.pbs.org/conscience/resistance/we_hereby_ refuse/02_fpc_1.html）。

(7) 特に次を参照：Eric L. Muller, *Free to Die for their Country: The Story of the Japanese American Draft Resisters in World War II* (Chicago: University of Chicago Press, 2001)（飯野正子，飯野朋美，小澤智子，北脇実千代，長谷川寿美訳『祖国のために死ぬ自由——徴兵拒否の日系アメリカ人たち』刀水書房，2004年）. クラークの件について、原書124～130ページで詳述している。抵抗者について追った番組（Frank Abe, PBS, *Conscience and the Constitution*）も参照のこと。この番組はウェブサイト（http://www.pbs.org/conscience/index.html）もあり、この件と、戦時中のJACLの行動に関する歴史的研究のすぐれた資料となっている。

(8) Chester Tanaka, *Go For Broke: A Pictorial History of the Japanese American 100th Infantry Battalion and the 442nd Regimental Combat Team* (Redmond, Calif.: Go For Broke Inc., 1982), pp. 26-44.

(9) Associated Press story of Oct. 21, 1943, cited in John Tsukano, *Bridge of Love* (Honolulu: Hawaii Hosts, 1985), pp. 195-97.

(10) Masayo Umezawa Duus, *Unlikely Liberators: The Men of the 100th and 442nd* (Honolulu: University of Hawaii Press, 1987), pp. 151-52（ドウス昌代『ブリエアの解放者たち』文藝春秋，1986年）.

(11) Densho Project Visual History Interview: Tokio Hirotaka, Toshio Ito, and Joe Matsuzawa, May 21, 1998, segment 38.

(12) 2000年6月、クリントン大統領により、ほかの22名も名誉勲章を授与された。そのうち生存していたのは7名のみだった。シアトルの連邦裁判所に、シアトル出身の追叙贈位者ウィリアム・K・ナカムラを記念して彼の名前が付けられた。ナカムラは1944年7月4日、カステリーナ近くの戦闘で亡くなった。

(13) Matsuo, *Boyhood to War: History and Anecdotes of the 442nd RCT* (Honolulu: Mutual Publishing of Honolulu, 1992), p. 139（新庄哲夫訳『若者たちの戦場——アメリカ

日系二世第442部隊の生と死』ほるぷ出版，1994年）および Chang, *'I Can Never Forget',* p. 19および Smith, *Democracy on Trial.* p. 342.

（14）この戦いについては鮮明な記述が多数あるが、もっとも優れたものはこの文献である：Matsuo, *Boyhood to War,* pp. 98-103（新庄哲夫訳『若者たちの戦場――アメリカ日系二世第442部隊の生と死』ほるぷ出版，1994年）.

（15）Ibid., pp. 109-10.

（16）Chang, *'I Can Never Forget',* pp. 32-33. この著者はブリュイエルを1995年に訪ね、高齢の村長など、何人もの住人から解放について熱の入った話をたくさん聞いている。毎年10月に開かれる祭りは、あたたかく受け止められており何人もの二世の元兵士たちがこの美しい村を訪れ、歓迎されている。二世兵士の家族や友人が作った美しく温かい記念碑は戦闘のいくつかが起きた近くの峡谷の上に建てられている。

（17）Ibid., p. 38.

（18）Tanaka, *Go For Broke,* pp. 92-93.

（19）次の文献に引用された匿名の元442連隊兵士の言葉：Tanaka, *Go For Broke,* p. 85.

（20）Tsukano, *Bridge of Love,* pp. 259-67および Matsuo, *Boyhood to War,* pp.112-13.

（21）442連隊が捨て石的な部隊として使われたことについては次を参照：Matsuo, *Boyhood to War,* pp. 102-05（新庄哲夫訳『若者たちの戦場――アメリカ日系二世第442部隊の生と死』ほるぷ出版，1994年）および Smith, *Democracy on Trial,* pp. 389-90. これについては議論もあるが、442連隊についてのオーラルヒストリー資料のほとんどに見られる。ヴォージュ山脈での武勲をたたえて2000年６月にクリントン大統領に名誉勲章を授与されたとき、442連隊のジョージ・サカトは「われわれ部隊は砲弾の餌食として使われた」と記者に発言している。

（22）*Personal Justice Denied,* p. 260.（民間人戦時転住と抑留に関する委員会編，読売新聞社外報部訳編『拒否された個人の正義』三省堂，1983年）.

（23）Smith, *Democracy on Trial,* pp. 391-92.

（24）Ibid., p. 391.

（25）War Relocation Authority report, Impounded People: Japanese Americans in the Relocation Centers, 1946. 次の文献に引用：*Democracy on Trial,* pp. 391-92.

（26）*Personal Justice Denied,* pp. 213-243（民間人戦時転住と抑留に関する委員会編，読売新聞社外報部訳編『拒否された個人の正義』三省堂，1983年）. 次も参照のこと：Smith, *Democracy on Trial,* PP. 267, 310-15.

（27）*Personal Justice Denied,* pp. 227-28（民間人戦時転住と抑留に関する委員会編，読売新聞社外報部訳編『拒否された個人の正義』三省堂，1983年）.

（28）Robert G. Kaufman, *Henry M. Jackson: A Life in Politics*（Seattle: University of Washington Press, 2000）, pp. 35-37 および Warren G. Magnuson Archives, University

of Washington Archives, 3181-2, box 6, folders 53-58; and box 7, folder 44-45.「日系人の問題」について、マグナソンと有権者とのやり取りが収録されている。第6章で指摘したように、日系人の問題についてマグナソンはミラー・フリーマンとも定期的にやり取りをしている。書簡については次も参照：WGM archives in 3181-2, box 6, folders 46-47.

(29) Sucheng Chan, *Asian Americans: An Interpretive History* (New York: Twayne Publishers, 1991), pp. 135-37.

(30) Ibid., pp. 137-38.

(31) 判決名：*Ex Parte Mitsuye Endo,* 323 U.S. 283 (1944).

(32) Smith, *Democracy on Trial,* pp. 368-71.

(33) *Personal Justice Denied,* pp. 240-41 (民間人戦時転住と抑留に関する委員会編, 読売新聞社外報部訳編『拒否された個人の正義』三省堂, 1983年).

(34) Ibid., p. 395.

第六章　遠い家路

(1) これは二つの出典による記述である。ひとつはホイットニーの比較的短い次の記事である："Excitement Prevails as Rumors Spread—No Japanese in This Area," *Bellevue American,* June 24, 1943であり、さらに詳しくはダグ・ウェルチによる次の記事を参照："Bellevue 'Jap' Only Chinese: Woo Boo, Farmer Whose Truck Balked, Startles Suburb," *Post-Intelligencer,* June 27, 1943, p. 5.

(2) 次などを参照："Japan Plans Attack On Pacific Coast, Magnuson Asserts," *Post-Intelligencer,*Sunday, June 13, 1943, p.1.

(3) "Coast Visits By U.S.-Jap Soldiers Hit," *Post-Intelligencer,* May 6, 1943, p.1.

(4) 演説の草稿は次を参照：Henry M. Jackson Archives, University of Washington Archives. 3560-2156/31. また、次でも草稿の引用のほか、日系アメリカ人に対するジャクソンの初期の姿勢についても触れられている：Robert G. Kaufman, *Henry M. Jackson: A Life in Politics* (Seattle: University of Washington Press, 2000), pp. 35-37.

(5) *Personal Justice Denied: Report of the Commission on Wartime Relocation and Internment of Civilians* (Seattle: University of Washington Press, 1996), pp. 224-26 (民間人戦時転住と抑留に関する委員会編, 読売新聞社外報部訳編『拒否された個人の正義』三省堂, 1983年).

(6) "Japs Drill in Internment Camp To Aid Coast Attack," *Seattle Post-Intelligencer,* Friday, June 11, 1943, p. 1.

(7) Page Smith, *Democracy on Trial: The Japanese American Evacuation and Relocation World War II* (New York: Simon & Schuster, 1995), p. 312.

（8）“Demand for Return of Freed Japs Made,” *Seattle Post-Intelligencer,* June 24, 1943, p. 12.
（9）“Aged Japs Plotted Oregon Forest Fires,” *Seattle Post-Intelligencer,* June 11, 1943, p. 8.
（10）“Jap Inquiry Bares Shameful Facts,” *Seattle Post-Intelligencer,* June 20, 1943, p. 1.
（11）“Jap Internees Get Best Food, Dies Charges,” *Seattle Post-Intelligencer,* June 1, 1943, p. 12.
（12）ディース委員会の派手な経歴に関するもっともすぐれた概観は次を参照：August Raymond Ogden, *The Dies Committee, A Study of the Special House Committee For The Investigation Of Un-American Activities, 1938-1944*（Washington: Catholic University Press, 1945）.
（13）本書第四章、194-95頁参照。
（14）Audrie Girdner and Annie Loftis, *The Great Betrayal: The Evacuation of Japanese-Americans During World War II*（London: The Macmillan Company, 1969）, p. 361.
（15）Lucile McDonald, *Bellevue: Its First 100 Years*（Bellevue: Bellevue Historical Society, 2000）, p. 115.
（16）Miller Freeman Archives, University of Washington: Box 11, Folder 15. この記録には、日系人によるさまざまな活動について不満を述べた司法省とFBI宛の手紙も入っている：ファイル3-23, ホーマー・R・ボーン議員への手紙、1943年6月25日；ファイル4-19, 司法省への手紙；ファイル4-22, 反米的活動の報告に関する手紙の受領を知らせた、FBIからの通知；ワシントン州立大学に在学する日系人学生名簿の提供を拒否した、シアトルFBIのH・B・フレッチャー担当官からの手紙。
（17）Letter from M. J. Hopkins, Rolling Bay, Bainbridge Island, to Miller Freeman, April 26, 1945. Miller Freeman Archive, University of Washington, Box 11, Folder 13.
（18）“Japs ‘Bleed’ Leased Farms, Says Bainbridge Economist,” *Japanese Exclusion League Journal,* June 1945, p. 1.
（19）“A Program That All Can Back!,” *Japanese Exclusion League Journal,* June 1945, p. 4.
（20）Lambert Schuyler, *The Japs Must Not Come Back!*（Winslow, Wash.: Heron House, Publishers, 1945）, pp. 4-5.
（21）Ibid., p. 8.
（22）Ibid., pp. 11-15.
（23）“Anti-Jap League Solicits Membership Fund at Meet,” *Seattle Star,* April 3, 1945, p. 7.
（24）“Anti-Jap League Bans Opposition,” *Seattle Times,* April 3, 1945, p. 11.
（25）“Pearl Harbor Unit Will Be Organized,” *Seattle Times,* April 3, 1945, p. 11; and Girdner and Loftis, *The Great Betrayal,* p. 399.
（26）“Editorial,” *Bellevue American,* April 5, 1945, p. A1.

(27) "To Hold Town Meeting at Bellevue School Next Thursday, April 19," *Bellevue American,* April 12, 1945, p. A1.
(28) Robert F. Karolevitz, *Kemper Freeman, Sr., and the Bellevue Story* (Mission Hill, SD: The Homestead Publishers, 1984), pp. 80-82.
(29) Ibid., p. 82.
(30) *Bellevue American,* March 10, 1946.
(31) Asaichi Tsushima, *Pre-WWII History of Japanese Pioneers in the Clearing and Development of Land in Bellevue* (Bellevue: Private printing, 1991), pp. 16-17, 35-40および収容についての口述や新聞記事からの数字。
(32) United States Census Bureau figures for Seattle in 1940 and 1950. 次も参照のこと：Calvin F. Schmid, Charles E. Nobbe, and Arlene E. Mitchell, *Nonwhite Races: State of Washington* (Olympia: Washington State Planning and Community Affairs Agency, 1968), pp. 11-12; 19-20; 24-25; 32-37; 62-63 および Calvin F. Schmid and Wayne W. McVey, Jr., *Growth and Distribution of Minority Races* in *Seattle, Washington* (Seattle: Seattle Public Schools, 1964), pp. 14-15, and figures 1:10 and 1:11. 1950年の米国国勢調査は、ベルビューのあるキング郡の地方の統計をはじめて出している。1940年の統計はないため比べることはできないが、戦前に存在していたと思われる非白人人口は1950年までに消えてしまったのは確かである。ベルビューの二つの区画（KC-66とKC-67）を合わせた記録では、1950年、総人口6,660人のうち、非白人はわずか161人だった。
(33) Linda Tamura, *The Hood River Issei: An Oral History of Japanese Settlers* in *Oregon's Hood River Valley* (Urbana/Chicago: University of Illinois Press, 1993), pp. 226-33 (中野慶之訳『フッドリバーの一世たち――アメリカ・オレゴン州フッドリバーに入植した日本人移民の肉声による歴史』メイナード出版, 1996年).
(34) Leonard Broom and Ruth Riemer, *Removal and Return: The Socio-Economic Effects of the War on Japanese Americans* (Berkeley: University of California Press, 1949), p. 109.
(35) Densho Project Visual History Interview: Chizuko Norton, April 27, 1998, segment 30.
(36) Densho Project Visual History Interview: Rae Takekawa, May 8, 1998, segment 27.
(37) Densho Project Visual History Interview: Tom Matsuoka, May 7, 1998, segment 31.
(38) Densho Project Visual History Interview: Rae Takekawa, May 8, 1998, segment 32.
(39) Densho Project Visual History Interview: Seichi Hayashida, August 21, 1997, segment 14.
(40) Smith, *Democracy on Trial,* pp. 392-93.
(41) Deborah K. Lim, "Research Report prepared for Presidential Select Committee on JACL Resolution #7," 1990, "IIA: JACL Position on Legal Test Cases: (4) Change of Policy":「方針の変更についての正式な通知は、1943年3月4日、マサオカ全米

委員会委員長からJACLのリーダーと全米理事会のメンバーすべてに宛てられた『会報第7号』に書かれている。2ページの『公民権委員会』の下に、日系アメリカ人が同化できないこと、二世の忠誠に対する二重国籍の影響、日系アメリカ人の学校と教化について、政府は不穏な主張をしてきたことをマサオカは伝えている」

(42) 第二次世界大戦の日系アメリカ人の公民権についてもっとも優れた議論は次を参照：Peter Irons, *Justice at War* (New York: Oxford University Press, 1962). 次も参照のこと：Suchen Chang, *Asian Americans: An Interpretive History* (New York: Twayne Publishers, 1991), pp. 139-40.

(43) ロジャー・ダニエルズが次の著書で指摘しているように、この法は「連邦法でもっとも時代錯誤なものの一つである。…トルーマン大統領が拒否権を発動したにもかかわらず可決したこの法案は、海外からの学者をあらゆる屈辱にさらし、さまざまな意味でジョセフ・R・マッカーシー議員と冷戦ヒステリアの時代の典型的なやり口だと言えよう。だがこの厭うべき法案を補えるような正義が見られた。それは、移民帰化における東洋人の排除が終焉したという点である」：Roger Daniels, *Concentration Camps: North America: Japanese in the United States and Canada During World War II* (Malabar, Fla.: Krieger Publishing Company, 1993), p. 170.

(44) 特に次を参照：Daniels, *Concentration Camps: North America,* pp. 162-63.

(45) Lucile McDonald, *Bellevue: Its First 100 Years* (Bellevue: Bellevue Historical Society, 2000), pp. 147-50.

エピローグ　強制収容の記憶と意味

(1) "N.C. Congressman Says Internment of Japanese-Americans during World War II Was Appropriate," Associated Press, Feb. 5, 2003.

(2) Nick Maheras, "Groups Call on Coble for Apology," *High Point Enterprise,* Feb. 7, 2003.

(3) Eric Muller, *Is That Legal?,* http://www.isthatlegal.org, 次の記事を参照：*2/7/2003, 2/8/2003, 2/9/2003.*

(4) *Personal Justice Denied: Report of the Commission on Wartime Relocation and Internment of Civilians* (Seattle: University of Washington Press, 1996), p. 89.（民間人戦時転住と抑留に関する委員会編，読売新聞社外報部訳編『拒否された個人の正義』三省堂，1983年）

(5) Ben Pershing, "Asian-American Members Unhappy With Coble Letter," *Roll Call,* Feb. 13, 2003

(6) Niraj Warikoo, "Arabs in U.S. Could Be Held, Official Warns," *Detroit Free Press,* July

20, 2002. インターネット上：http://www.freep.com/news/metro/civil20_20020720.htm.

(7) Michelle Malkin, *In Defense of Internment: The Case for "Racial Profiling" in World War II and the War on Terror* (Washington: Regnery Publishing, Inc., 2004). 特に次のページを参照：pp. viii-xxxv, 17-51, and 65-85.

(8) Tetsuden Kashima, *Judgment Without Trial: Japanese American Imprisonment during World War II* (Seattle: University of Washington Press, 2003). 特に次のページを参照：pp. 14-66.

(9) Anita Ramasastry, "Do Hamdi and Padilla Need Company: Why Attorney General Ashcroft's Plan to Create Internment Camps for Supposed Citizen Combatants Is Shocking and Wrong." FindLaw, Aug, 21, 2002. インターネット上：http://writ.news.FindLaw.com/ramasastry/20020821.html.

(10) James Ridgeway, "John Ashcroft's New America," *Village Voice,* Oct. 2, 2001:「[ムスリム系のアメリカ人700万人以上を政府が管理できる人種プロファイリングは]現代版の収容所かもしれない」次も参照のこと：David Cole, "Enemy Aliens," *Stanford Law Review,* vol. 54, no. 953 (2002), p. 997:「9・11後の反応は過去にわれわれが侵した最大の過ちを再現している」Susan M. Akram and Kevin R. Johnson, "Race, Civil Rights, and Immigration Law After September 11, 2001: The Targeting of Arabs and Muslims," *NYU Annual Survey of American Law,* vol. 58, no. 295 (2002), p. 337:「連邦政府が行なった9・11の［アラブ系とムスリム系の外国人に対する］捜査は第二次大戦中の日系人収容に似ている」

(11) John Leo, "The Internment Taboo," *U.S. News and World Report,* Sept. 27, 2004, p. 74.

(12) Daniel Pipes, "Why the Japanese Internment Still Matters," *New York Sun,* Dec. 28, 2004.

(13) Eric L. Muller, "Inference or Impact? Racial Profiling and the Internment's True Legacy," *Ohio State Journal of Criminal Law,* vol. 1, no. 1, November 2003.

(14) "Detaining Minority Citizens, Then and Now," *Chronicle of Higher Education,* Feb. 15, 2002.

(15) Fred Korematsu, "Do we really need to relearn the lessons of Japanese American internment?," *San Francisco Chronicle,* Sept. 16, 2004. インターネット上：http://www.sf- gate.com/cgi-bin/article.cgi?file=/chronicle/archive/2004/09/16/EDGP28P0T11.DTL.